Com amor,
FREDDIE

Lesley-Ann Jones

Com amor, FREDDIE

A vida e o amor secreto
de Freddie Mercury

Tradução de Gabriel Zide Neto

Rocco

Título original
LOVE, FREDDIE
Freddie Mercury's Secret Life and Love

Primeira publicação em 2025 por Lesley-Ann Jones,
em parceria com Whitefox Publishing Ltd.

EDITORA ROCCO LTDA.
Rua Evaristo da Veiga, 65 – 11º andar
Passeio Corporate – Torre 1
20031-040 – Rio de Janeiro – RJ
Tel.: (21) 3525-2000 – Fax: (21) 3525-2001
rocco@rocco.com.br
www.rocco.com.br

Printed in Brazil/Impresso no Brasil

Preparação de originais
TIAGO LYRA

CIP-BRASIL. CATALOGAÇÃO NA PUBLICAÇÃO
SINDICATO NACIONAL DOS EDITORES DE LIVROS, RJ

J67c

Jones, Lesley-Ann, 1956-
Com amor, Freddie : a vida e o amor secreto de Freddie Mercury / Lesley-Ann Jones ; tradução Gabriel Zide Neto. - 1. ed. - Rio de Janeiro : Rocco, 2025.

Tradução de: Love, Freddie : Freddie Mercury's secret life and love
ISBN 978-65-5532-594-2
ISBN 978-65-5595-393-0 (recurso eletrônico)

1. Mercury, Freddie, 1946-1991. 2. Músicos de rock - Inglaterra - Biografia. I. Zide Neto, Gabriel. II. Título.

CDD: 782.42166092
25-99545.2 CDU: 929:784.7.071.2

Meri Gleice Rodrigues de Souza - Bibliotecária - CRB-7/6439

O texto deste livro obedece às normas do
Acordo Ortográfico da Língua Portuguesa.

"Maravilhoso, gentil e comovente. Delicado, respeitoso e cuidadoso — exatamente como ele era. Um retrato fiel da vida real de Freddie Mercury."

— "B."

Para B., com amor e eterna gratidão

Venha a mim no silêncio da noite;
Venha na linguagem silenciosa de um sonho;
Venha com um rosto macio e redondo, e olhos que brilham
Como o sol nas águas de um rio;
Venha, com lágrimas nos olhos,
A memória, a esperança, o amor dos anos que se foram.

Ó, sonho tão doce, doce demais, amargo demais,
Que, ao acordar, eu deveria estar no Paraíso,
Onde as almas que borbulham de amor residem e se encontram,
Onde olhos sedentos, cheios de desejo,
Enxergam aquela porta que,
Depois de abrir, de deixar entrar, não deixa mais sair.

Pois venha a mim em sonhos, que me permitam viver
Minha própria vida de novo, ainda que depois de morto:
Venha a mim em sonhos, para que eu possa dar
Uma pulsação de cada vez, uma respiração de cada vez:
Fale baixinho, incline-se sobre mim,
Como fazia há tanto tempo, meu amor, há tanto tempo.

Christina Rossetti (1830–1894)

IN MEMORIAM

Farrokh Bulsara: Frederick/Freddie/Fred Bulsara:
Freddie Mercury
5 de setembro de 1946 — 24 de novembro de 1991

• • •

Boomanshaw Rustomji: Bomi Bulsara, pai de Freddie
14 de dezembro de 1908 — 26 de dezembro de 2003

Jer Bomi Bulsara: Jer Bulsara, mãe de Freddie
16 de outubro de 1922 — 13 de novembro de 2016

Maria de Montserrat Viviana Concepción Caballé i Folch:
Montserrat Caballé
12 de abril de 1933 — 6 de outubro de 2018

Ursula Ledersteger: Barbara Valentin
15 de dezembro de 1940 — 22 de fevereiro de 2002

Michael Edward Chester Smith:
Michael David Rock: Mick Rock
21 de novembro de 1948 — 18 de novembro de 2021

Robert Andrew Peebles, "Andy"
13 de dezembro de 1948 — 22 de março de 2025

Joseph "Joe" Fannelli
12 de abril de 1954 — 2 de junho de 1993

David Minns
4 de fevereiro de 1954 — maio de 2007

James "Jim" Hutton
4 de janeiro de 1949 — 1º de janeiro de 2010

Anthony Philip Swern: Phil Swern, o "Colecionador"
30 de junho de 1948 — 31 de agosto de 2024

Peter Waters Dingley: Johnnie Walker
30 de março de 1945 — 31 de dezembro de 2024

O trabalho de alguém é uma maneira
de escrever um diário.

Pablo Picasso

Se a liberdade significa alguma coisa,
significa o direito de dizer às pessoas
aquilo que elas não querem ouvir.

George Orwell

As melhores pessoas têm um faro para a beleza,
a coragem para se arriscar, a disciplina para
falar a verdade, a capacidade de se sacrificar.
Mas, ironicamente, suas virtudes as tornam vulneráveis;
elas quase sempre são feridas, e às vezes destruídas.

Ernest Hemingway

SUMÁRIO

CAPÍTULO 1

TOCANDO O SOL

15 de dezembro de 2021. Uma quarta-feira. Depois de levantar cedo, fui à cozinha preparar um chá, voltei com uma xícara para a cama e me encolhi entre as cobertas, com o celular na mão, para ler as manchetes antes de começar a trabalhar. Naquela época, não era a coisa mais fácil em que prestar atenção.

O mundo estava lidando com a covid-19. O primeiro lockdown do Reino Unido havia sido imposto no dia 23 de março do ano anterior e suspenso dois meses depois. No entanto, mais restrições vieram ao longo de 2020, em resposta ao aumento alarmante no número de casos. A maioria dessas regras foi sendo atenuada durante a terceira onda, da variante Delta, em meados de 2021. Naquele momento, dez dias antes do Natal, porém, estávamos nos defrontando com a mortal e temida variante Ômicron, a que a Agência de Segurança Sanitária do Reino Unido afirmava ser "talvez a principal ameaça" da pandemia até aquele ponto, e alertavam para um "crescimento assustador" previsto para os próximos dias. Essa onda se estenderia até meados de 2022. Àquela altura, a covid teria ceifado 16 milhões de vidas.

Boris Johnson, o primeiro-ministro britânico na época, enfrentou uma resistência humilhante contra as medidas para diminuir a velocidade de contágio da variante. A notícia de que mais de um milhão de pessoas poderiam passar o Natal em isolamento causou um alvoroço. O diretor-geral de saúde da Inglaterra, Chris Witty, avisou que a variante Ômicron se alastrava de uma maneira "assustadoramente rápida". No dia anterior, 14 de dezembro de 2021, 59.610 casos tinham sido confirmados, mas os especialistas da área acreditavam que o número de infecções deveria ser infinitamente maior. De sua sede em Genebra, a Organização Mundial da Saúde afirmava que a nova variante do coronavírus estava se espalhando pelo planeta numa velocidade sem precedentes.

Outra manchete anunciava que a massa crítica de gelo na Antártida, chamada geleira Thwaites, poderia se romper dali a três a cinco anos, causando um enorme aumento no nível do mar. Também foi confirmado que a sonda Parker, da NASA, havia atravessado uma parte inexplorada da atmosfera solar, chamada corona, e conseguido tocar o Sol. Na verdade, isso tinha acontecido em abril, mas aquele feito extraordinário só pôde ser confirmado meses mais tarde, quando dados cruciais chegaram à Terra.

Será que esse acontecimento extraordinário dominou as manchetes, ampliou nossas perspectivas e iluminou o mundo com um mais do que bem-vindo sopro de esperança? Na verdade, ninguém percebeu. A mídia estava em polvorosa com uma festa irresponsável dada na sede do Partido Conservador em dezembro de 2020, que veio a público um ano depois, quando alguém vazou um vídeo de funcionários do alto escalão da residência oficial do primeiro-ministro se divertindo numa festa de Natal totalmente ilícita. Corta para a multidão enfurecida. O governo parecia estar dando uma banana para o povo ao ignorar as mesmas regras que impunha. Para muitos desses funcionários, as consequências foram catastróficas, embora nem de longe tão graves quanto para os tantos que morreram e que ainda morreriam isolados em hospitais e enfermarias, longe de seus entes queridos e sem direito sequer a uma despedida digna.

Mas outra coisa aconteceu naquele 14 de dezembro que ajudaria a fixar a data e aqueles acontecimentos na minha memória de tal maneira que duvido que um dia conseguirei esquecê-los. Foi a chegada, na minha caixa postal, às 11h55, de um e-mail com o título “Aos cuidados de Lesley-Ann Jones, sobre seu livro”. Mal sabia eu que aquela seria a primeira de uma avalanche de mensagens sobre Freddie Mercury que eu receberia ao longo dos três anos e meio seguintes, relatando uma história tão improvável e sem precedentes que em determinado momento cheguei a questionar minha sanidade mental por acreditar naquilo tudo.

Depois de ter pesquisado e escrito três livros sobre Freddie, publicados pela mesma editora, Hodder & Stoughton, entre 1997 e 2021 — biografias que exigiram longas e complexas viagens à sua terra natal,

Zanzibar, uma ilha na África Oriental, e à escola St. Peter's, em Panchgani, na Índia, o internato onde ele estudou dos oito aos dezesseis anos de idade —, seria de se esperar que meu conhecimento sobre o ex-líder do Queen fosse muito abrangente. No entanto, tudo o que eu sabia se tornou insignificante diante da imensa quantidade de revelações fornecidas voluntariamente por aquela fonte anônima, cuja primeira comunicação, enviada sem qualquer aviso, tinha inacreditáveis 26 mil palavras.

"Já faz muito tempo que tenho vontade de escrever para você (quase quinze anos, desde a primeira edição do seu livro)", começava a pessoa. "Por anos hesitei, e pensei bastante antes de tomar essa decisão. Porque o Freddie queria que a vida particular dele continuasse particular; porque ainda é muito difícil e doloroso para mim; porque ele teria ficado uma fera e me odiado por isso. Mas você é a biógrafa dele. E, como fez um excelente trabalho em seu último livro, acredito que alguns fatos deveriam vir ao seu conhecimento sobre a infância dele, a música, a poligamia e bissexualidade, sobre Phillimore Gardens e a vida privada de Freddie [e] sobre seu testamento. É a primeira vez que você vai ouvir falar disso, e terá o direito de utilizar essas informações como bem entender. Não estou pedindo nada em troca... a não ser a verdade, em respeito a ele.

"Não escrevo profissionalmente", continuava. "Como não falo inglês há décadas, não sou mais fluente (não é a língua da minha mãe)" — com isso, a pessoa queria dizer que não era sua língua materna. "Por isso, me perdoe pelos erros de grafia/ gramática/ conjugação/ sintaxe, e se a escrita for arrastada demais. Feliz Natal e tudo de bom para você, sua família e seus amigos. B."

• • •

Será que aquilo era um trote? Será que não passava da imaginação fértil de algum hater ou troll da internet descontente? Escritores conhecidos estão acostumados a receber mensagens excêntricas. Por isso, não respondi de imediato. Imprimi aquele e-mail de 41 páginas, enfiei na bolsa e fui até meu café favorito perto de casa. Eu responderia à noite, depois de digerir tudo e fazer algumas anotações. Se fosse mesmo verdade, as revelações seriam explosivas. Poderia até haver consequências. Eu tinha a intenção de responder, mas também precisava descobrir quem era o remetente. E queria reler e absorver todo aquele conteúdo antes.

Eu sentia que precisava explicar à tal pessoa que sua sugestão principal — aliás, o motivo de ter me contatado — era impossível. Eu não poderia atualizar *Love of My Life*,[1] meu livro mais recente sobre Freddie, sem ter uma prova de que aquelas revelações impressionantes eram mesmo autênticas. Eu teria que conhecer essa fonte pessoalmente antes de ir adiante. Também precisaria de uma autorização por escrito para a publicação. Agentes, editores e advogados teriam que ser envolvidos. As revelações muito provavelmente gerariam comoção internacional. Como não? O Queen continua sendo uma banda de grande importância mundial. A morte prematura de Freddie lhe rendeu uma imortalidade comparável à de James Dean, Marilyn Monroe, Elvis Presley e tantas outras lendas que transcendem o tempo. Haveria também o risco de incomodar certas pessoas que poderiam se sentir ofendidas e até mesmo tentar me processar. Eu deveria deixar aquilo quieto ou publicar tudo e que se dane? Essa resposta eu tinha. "Se você for mesmo uma pessoa tão próxima do Freddie como seu e-mail dá a entender", escrevi, "eu estaria pronta para mover montanhas e arriscar tudo o que tenho para tornar isso realidade. Mas preciso de provas. Se, por exemplo, você fosse Mary Austin [ex-noiva do Freddie], isso já bastaria. Mas quem sabe você não seja uma pessoa ainda mais próxima?".

Agradeci ao remetente pela gentileza, lhe desejei um feliz Natal também e um Ano-Novo "seguro e com saúde". Sim, as pessoas diziam isso naqueles anos de covid. Ninguém tinha certeza de nada.

Dois dias depois, recebi mais dois e-mails, com poucas horas de diferença. O primeiro chegou às 08h43. O segundo, logo após o meio-dia.

O primeiro me assegurava: "Eu não sou Mary Austin. Tenho o maior respeito por ela, e pelo amor e pela paz que ela proporcionou [ao Freddie]. É claro que seria mais fácil, para você e para mim, se ela se pronunciasse. Mas ela optou por ficar em silêncio nesses últimos trinta anos, apesar de tudo o que passou. Eu a admiro por isso e respeito sua decisão."

A pessoa escreveu que também tinha o maior respeito pelo baixista do Queen, John Deacon, e pelo baterista, Roger Taylor. Mas afirmou não ser nenhum dos dois. Nem Reinhold Mack, o produtor da banda, ou um dos filhos dele com a esposa, Ingrid, caso essa fosse a minha conclusão — que, de certa maneira, poderia ser óbvia, já que o terceiro filho do casal, John Frederick, é afilhado de Freddie e John Deacon, e foi batizado em homenagem ao cantor. Também não era parente de nenhum dos citados. Seria então um dos "ditos 'amigos' de Freddie", para usar as mesmas palavras do próprio remetente? Em hipótese alguma. Independentemente de quem fosse, por que estava escrevendo para mim?

"Para quem mais eu escreveria?", foi a resposta. "É verdade que o seu livro tem alguns erros, mas sei que você o escreveu com o que sabia na época sobre o assunto e de acordo com as informações que recebeu. Foi um trabalho sério e agradeço por isso. Essa foi a minha razão para entrar em contato. Porque você deveria ter acesso a certos fatos. Ainda há muito o que falar sobre os quarenta e cinco anos de vida [de Freddie]. Sim, eu poderia ter contatado seu amigo David Wigg, não tenho nada contra ele. Poderia até parecer a escolha mais óbvia. Ele é o jornalista em que o Freddie mais confiava. Deu mais entrevistas a ele do que a qualquer outra pessoa, inclusive algumas longas e aprofundadas, não só aquelas rapidinhas, de quinze minutos. Mas as coisas mudaram nos últimos seis anos da vida do Freddie. Ele nunca contou ao David ou a qualquer outro jornalista que tinha contraído HIV, nem revelou quando a aids se manifestou. Então, não, eu não poderia recorrer a David Wigg. Não faria sentido.

"Você foi a única pessoa que tentou descobrir quem [o Freddie] era além das carreiras de cocaína, das doses de vodca e das noitadas sórdidas", escreveria a tal pessoa depois. "Foi a única que não pegou algo que aconteceu por um pequeno período e supôs que essa tivesse sido a vida inteira dele. A época sombria foi só de 1983 a 1985. Ele já era promíscuo antes, é verdade, mas num estado emocional totalmente diferente. Freddie gostava de manter sua privacidade. E ultrapassei esse limite ao falar com você. Inúmeras vezes, todos aqueles supostos 'amigos' o atacaram pelas costas, um após o outro. Todos os livros, matérias e documentários que o retratavam de determinado jeito (...) Ao longo dos anos e das décadas, protegi meu coração e minha mente desse tipo de ataque.

"Ele não era perfeito. Ninguém é. Eu conhecia seu lado sombrio, mas também conheci seu lado brilhante. E também sabia por que ele tinha esses dois lados. Se pretendo contar tudo? Todas as imperfeições? Sim, mas sem as mentiras. Porque assim é melhor. É por isso que estou ultrapassando esse limite. Por ele, e não por mim."

• • •

E foi assim que começou nossa relação. Houve noites em que eu mal conseguia dormir de tão ansiosa que ficava, esperando pelo próximo e-mail. Não demorou muito para que a conversa se voltasse para o polêmico e muito bem-sucedido filme sobre o Queen.

No dia 24 de outubro de 2018 (e 2 de novembro, nos Estados Unidos), vinte e sete anos depois da morte de Freddie, o Queen e alguns sócios lançaram o filme *Bohemian Rhapsody*. No papel principal, Rami Malek interpretava Freddie, e Lucy Boynton aparecia como Mary Austin, apresentada como amiga de longa data e ex-noiva do cantor. Gwilym Lee fazia o papel do guitarrista Brian May, Ben Hardy era o baterista Roger Taylor, e Joe Mazzello era o baixista John Deacon. Centrado na vida do vocalista, o filme narra a trajetória da banda desde a formação, em 1970, até a apresentação triunfal no *Live Aid*, um espetáculo monumental de filantropia organizado por Bob Geldof e Midge Ure no antigo estádio de Wembley, em Londres, no dia 13 de julho de 1985. Produzido pela Regency Enterprises, GK Films e Queen Films e distribuído pela 20th Century Fox, *Bohemian Rhapsody* quebrou recordes no mundo inteiro. Faturou mais de 910,8 milhões de dólares, apesar do orçamento relativamente modesto de 50 milhões de dólares. Foi o sexto filme de maior bilheteria do mundo em 2018 e a maior cinebiografia do ano, título que ele só passaria cinco anos mais tarde para *Oppenheimer*, com Cillian Murphy no papel de J. Robert Oppenheimer, o pai da bomba atômica. Na 91ª cerimônia do Oscar, em 2019, *Bohemian Rhapsody* ganhou quatro estatuetas: de melhor ator para Rami Malek, de melhor montagem, de melhor edição de som e de melhor mixagem de som. Indicado na categoria de melhor filme junto com *Pantera Negra*, *Infiltrado na Klan*, *A Favorita*, *Roma*, *Nasce uma Estrela*, *Vice* e *Green Book: O Guia*, perdeu para este último. Ganhou na categoria de melhor filme de drama no 76º Globo de Ouro. Foi indicado a melhor filme na premiação do Sindicato dos Produtores dos Estados Unidos e levou o BAFTA de melhor filme britânico. Para fazer companhia ao Oscar, Malek também faturou o Globo de Ouro, o prêmio do Sindicato dos Atores e o BAFTA de melhor ator. E, para coroar a sequência de sucessos, *Bohemian Rhapsody* foi o filme mais vendido do Reino Unido em plataformas digitais de todos os tempos, com 265 mil downloads em apenas oito dias.

Mas, para os realmente entendidos, o longa deixou a desejar. Críticos profissionais disseram que ele era "mais ou menos", "meio confuso", "muito limpinho", "ridículo" e "majestosamente constrangedor". Foi tachado de "horrível", "egocêntrico" e "revisionista" e chamado até de "uma mitificação descarada". Os criadores foram acusados de serem "displicentes com os fatos". Um jornalista debochou dos produtores, dizendo que, para levar mais gente ao cinema, eles "fizeram um filme palatável para toda a família a partir de uma vida rock'n'roll proibida para menores". O problema? Parecia ser verdade. A internet quase entrou em colapso, com as pessoas se digladiando e se esforçando para apontar os muitos erros e soluções fáceis do filme. Como, por exemplo, ignorar os primeiros dezoito anos da vida de Freddie, vividos em Zanzibar e na Índia — que, apesar de todo o sucesso mundial que ele viria a ter com o Queen, talvez tenham sido os mais ricos, os mais esfuziantes, mais destemidos e mais trágicos da vida de Freddie. Também teve a questão dos olhos azuis. Os de Freddie eram de um castanho tão escuro que, dependendo da luz, pareciam pretos. Como a pessoa que escrevia os e-mails mais tarde comentaria:

"Os olhos azul-claros foram um erro grave do filme. Ele comunicava tanto com os olhos: aprovação, reprovação, incentivo, apoio. Alegria, tristeza, ternura e, com o tempo, certa melancolia. Seu olhar tinha um poder incrível. Ninguém podia contestar o que ele expressava. Muito menos eu. Também percebi no filme que a mandíbula dele não combina com aquela voz poderosa. A maneira como se senta ao piano está errada. E os braços, e as mãos? Onde é que estão? Ele não falava só com as mãos, falava com os braços inteiros, o tempo todo, até nas conversas mais sérias ou tranquilas. Ele só controlava os braços e as mãos nas coletivas de imprensa ou nas entrevistas para a TV. No resto do tempo, falava gesticulando, de uma maneira linda e apaixonada. Onde foi parar o senso de humor dele? As piadas que fazia? As brincadeirinhas? A alegria diária (e não estou falando só das festas)? Eu mal reconheço o Freddie do filme."

Quanto ao fato de ele ser apresentado no longa pelo nome de nascença, Farrokh Bulsara, e tê-lo mudado só depois de entrar no Queen, também não foi assim que aconteceu. O apelido "Freddie" já existia desde cedo, dado pelos colegas de escola, enquanto ele ainda estava no internato na Índia, a milhares de quilômetros de casa. E um dos personagens-chave do filme, um executivo de uma gravadora chamado Ray Foster, interpretado por Mike Myers, de *Quanto Mais Idiota Melhor* nunca existiu na vida real.

O filme também conta com um ator interpretando o falecido DJ Kenny Everett, da Capital Radio, um amigo de Freddie, supostamente a pessoa que lançou a icônica "Bohemian Rhapsody" em seu programa de rádio em Londres.[2] Só que não foi o "Ev" que teve essa honra, mas sim o "Diddy", David Hamilton, da BBC Radio 1, o primeiro apresentador a colocar a faixa no ar. David fez isso em seu programa nacional, apresentando-a como a Música da Semana.

Mais alguma coisa? O baixista John Deacon não gravou como vocalista em nenhum disco da banda, embora às vezes fizesse backing vocal no palco. Algumas músicas do Queen tocadas no filme estão fora da ordem cronológica. É o caso, por exemplo, de "We Will Rock You" e "Fat Bottomed Girls". O filme apresenta Jim Hutton, que viria a ser namorado de Freddie, como garçom numa das festas que o artista dava em casa, mas Jim trabalhava como cabeleireiro no hotel Savoy quando eles se conheceram. Não foi a ex-noiva Mary Austin que convenceu o Freddie a "voltar para a banda" e participar do *Live Aid.* Eles simplesmente tinham acabado a turnê *The Works* e estavam descansando. Também não foi o Freddie que "convenceu" o restante da banda a se apresentar no *Live Aid.* Esse privilégio coube ao empresário do grupo, Jim "Miami" Beach, interpretado no filme por Tom Hollander, que repassou a ordem de Bob Geldof como se fosse um pedido pessoal. Freddie ainda não sabia que tinha HIV na data do show em Wembley, em 13 de julho de 1985. Ou seja, ao contrário do que se mostra, ele não comunicou essa notícia devastadora aos companheiros de banda logo antes da apresentação. "O filme, obviamente, não poderia ignorar a questão da aids", escreveu a pessoa por trás dos e-mails. "Eles não tinham escolha. Mas a doença só se manifestou plenamente em 1989, não em 1985. Uma afirmação como essa muda toda a história dos últimos seis anos de sua vida."

Freddie não levou o novo namorado, Jim, para conhecer seus pais antes do *Live Aid.* O filme afirma, nos créditos finais, que Freddie continuou amigo de Mary e se relacionando com Jim até falecer. Mas a relação entre Freddie e Mary, porém, nunca terminou. Eles permaneceram juntos até a morte dele. Jim, como muitos de nós já suspeitávamos, não era mais que uma conveniência, um parceiro sexual que morava com Freddie numa época em que, por conta da aids, ele não podia mais transar com qualquer um. O filme também deixa completamente de fora a vida que ele levou em Munique nos anos 1980, um episódio que representou seu último flerte fatal com o hedonismo antes de abandonar tudo aquilo e buscar refúgio — tarde demais para se salvar — em uma vida doméstica, mais recolhida e comportada. Além disso, e esse foi um erro *gravíssimo*, o filme não faz menção alguma à atriz Barbara Valentin, alemã nascida na Áustria, embora todo mundo soubesse de sua influência marcante na vida de Freddie. A certa altura, o casal era tão próximo que chegaram a comprar um apartamento juntos.

Em resumo, uma obra desconjuntada que passeia pela cronologia sem absolutamente nenhum compromisso com a realidade, a ponto de parecer ridícula em alguns momentos. Distorce totalmente os fatos em nome do entretenimento. Não é a cara de Hollywood? Parte das licenças artísticas é compreensível: é impossível resumir quarenta e cinco anos de vida em uma cinebiografia de pouco mais de duas horas. Mas a maneira como ela se baseia em um personagem que não passa de uma reinvenção completa do homem que se propõe a homenagear é imperdoável, além de ser um clichê monumental. Mas isso também não é a cara do Queen? Seus fãs de longa data sempre souberam e aceitaram bem essas coisas. Os que acompanham o grupo desde os anos 1970 fingiram que não viram e perdoaram os erros, as omissões e os acréscimos, tratando-os como "liberdade criativa" e "ironias", da mesma forma que, por tanto tempo, abraçaram as excentricidades e as peculiaridades curiosas da banda. Eles tinham se apaixonado pelo Queen por serem daquele jeito e o adoravam pelas suas diferenças. Os próprios clichês do grupo eram o que o tornava único. Em suma, os fãs do Queen aceitaram o filme, souberam apreciá-lo pelo que era, se apaixonaram pela música mais uma vez, e encararam as soluções fáceis e os defeitos com a reserva necessária.

Muitos outros espectadores saíram do cinema decepcionados, com uma má impressão e a sensação estranha de que "alguma coisa muito importante e elementar ficou de fora", como escreveu Peter Travers na revista *Rolling Stone*. Evidentemente, ele não tinha como saber, quando escreveu a matéria, que suas palavras eram um grande eufemismo.

• • •

O remetente dos e-mails lembrou que "Freddie não aparece rindo no filme uma única vez. Não parece estar feliz uma única vez. O filme atraiu toda uma nova geração de fãs que não vai conhecer não só Freddie Bulsara, como também sequer o Freddie Mercury, porque o filme mostra uma versão distante demais da realidade. O pior de tudo é que muita gente começou a reescrever toda a história dele só para combinar com a imagem que fizeram".

O filme não mostra quem foi Freddie Mercury, insistia a pessoa do outro lado. "Muito menos Freddie Bulsara. A única coisa verdadeira é a trilha sonora. E demoraram dez anos para isso!"

Isso é um pouco pesado. A *única* coisa verdadeira?

"Para defendê-los um pouco", disse o remetente, "sei que a banda e os seus representantes estavam num beco sem saída. Houve problemas com os produtores e a direção, desavenças durante as filmagens, muitos atrasos, tensão, quebras de contrato… e era claro que tinham um compromisso legal e financeiro de lançar o filme dentro do cronograma acordado. Foi a primeira vez desde o tempo dos irmãos Sheffield que a banda não se protegeu o bastante". A pessoa estava se referindo aos irmãos Norman e Barry Sheffield, cofundadores e coproprietários do estúdio de gravação Trident, em Londres, que deram ao Queen sua primeira oportunidade — que teve seu preço e que acabou atrapalhando o início da carreira do grupo.

"Freddie teria ficado horrorizado com o filme", foi a conclusão a que a tal pessoa chegou. "Teria ficado com os cabelos em pé. Se ele ainda estivesse vivo, o resultado teria sido totalmente diferente. Teria se envolvido por completo em cada etapa do processo criativo. Como sempre, teria controlado tudo, até os mínimos detalhes. As coisas teriam sido feitas da maneira *dele*, senão o filme nem seria lançado. Se bem que acho que, se fosse o caso, nunca teria sequer ficado pronto, porque Freddie logo teria perdido a paciência, mudado de ideia e desistido de tudo antes de finalizar o projeto."

O remetente continuava, chamando de "lamentáveis" as muitas homenagens póstumas que Freddie recebeu no seu aniversário e no "aniversário oficial" de cinquenta anos da banda, comemorado em 2020, e os eventos que marcavam as efemérides de sua morte — "Como é que se pode homenagear a morte de alguém? Isso é uma coisa que nunca entendi" —, além de demonstrar seu pesar pelo falecimento, no mês anterior, de Mick Rock. O fotógrafo que "registrou os anos 1970" foi um amigo leal de Freddie por muitos anos e guardou, por toda a vida, os maiores segredos do cantor. A morte de Rock, confessou minha fonte, reabriu "muitas questões emocionais dentro de mim".

E os outros membros da banda?

"Eu faço uma distinção entre a Máquina do Queen e os quatro membros", respondeu. "A parte comercial *versus* a banda propriamente dita. Eu nunca diria que Roger Taylor ou John Deacon se aproveitaram da morte do Freddie. John sempre teve a mesma postura, a de quem foi 'o último a entrar'. Ele até opinava ou expressava seu ponto de vista, mas se calava quando um assunto ia a votação. Isso, por si só, já é uma maneira de se posicionar. Diz muito o fato de que, por quase vinte e cinco anos, ele não tenha se pronunciado abertamente sobre Freddie.

"Sempre que o Roger fala do Freddie", acrescentou, "é muito respeitoso. Sem ironias ou duplos sentidos. Você precisa manter em mente que, enquanto a banda Queen era formada por Freddie, Roger, John, Brian e mais ninguém, e os quatro tomavam as decisões, o Queen como entidade já era praticamente só o Freddie, desde o começo. Foi ele que criou o Queen. Sim, é verdade que havia uma banda antes, chamada Smile, com Roger e Brian, mas o Queen era muito diferente dela. A ambição, a visão e os objetivos eram todos do Freddie. Ele nunca desistia, mesmo quando estavam afundados em problemas com os irmãos Sheffield, endividados até o pescoço, e lidando com outras questões desafiadoras. Era sempre Freddie que dava a palavra final. Roger, John e Brian tinham que acatar as decisões dele — que raramente eram questionadas, mesmo que os outros três discordassem. Sabiam que Freddie tinha uma visão que ia além da deles. Embora a sonoridade do Queen viesse muito do Roger e do Brian, era Freddie que fazia o Queen ser *o Queen*. Talvez este seja um dos motivos pelos quais John saiu de cena depois da morte do Freddie".

• • •

Em agosto de 2021, Brian May começou a fazer menções, em entrevistas, a uma possível sequência de *Bohemian Rhapsody*. Disse que ele e Roger Taylor estavam "discutindo o assunto". O que não foi surpresa alguma. Poucos estúdios ou produtoras perderiam a chance de fazer a continuação de um filme que se revelou um verdadeiro fenômeno mundial e deixou algumas pessoas tão ricas que nunca vão conseguir gastar todo o dinheiro que ganharam. Brian já admitiu que pode "levar anos" até acertarem o roteiro. Afinal, também foram necessários "anos" para que encontrassem a narrativa totalmente errática de *Bohemian Rhapsody*. Como seria possível se superar? E se a única maneira fosse trair a confiança que Freddie depositara neles, quebrar a promessa que fizeram e revelar, para o mundo inteiro, o último e mais extraordinário segredo que ele guardava?

Pessoalmente, acho difícil de acreditar que seriam capazes de fazer uma coisa dessas. Eu me perguntei: mas seriam esses boatos sobre o novo filme a gota d'água, o gatilho que fez essa tal "fonte", ainda desconhecida, me procurar e propor revelar tudo o que sabia? No início, talvez. Mas, como eu iria descobrir ao longo dos três anos e meio seguintes, a questão era bem mais complicada.

• • •

"Eu sei que estou caindo em contradição ao contar tudo isso para você", disse minha fonte. "Freddie queria que sua vida particular continuasse sendo particular, e, no entanto, aqui estou, falando tudo isso para você. Por quê? Por causa de um filme que é cheio de invencionices. Por causa dos ditos 'amigos' que o apunhalaram pelas costas. Por causa de todos os livros, artigos e documentários cheios de disparates que pintam uma imagem falsa dele, como alguém muito diferente de quem realmente era. Eu me protegi ao longo de décadas dos muitos ataques cruéis e das injustiças cometidas por interesse. Mas agora vejo que não posso mais ficar em silêncio. Não tenho vontade, desejo ou aspiração de sair das sombras, de falar de mim, de dar entrevistas à imprensa, de tirar fotos ou de aparecer na televisão. Nunca na vida vou compartilhar aquilo que mais prezo: as fotos, os vídeos, as cartas, os bilhetes, os presentes e tudo o mais que o Freddie me deu. Sei que tudo isso pode me fazer parecer uma pessoa egoísta, mas nunca fui uma mulher pública. (...)"

Opa! Essa era a primeira indicação do gênero da remetente.

"Eu sou uma pessoa tímida, introvertida, reservada, distante e calada", disse *ela*. "Por fora, sou muito diferente dele. Não uso figurinos estilosos. Não tenho uma persona pública. Não tenho perfis em redes sociais. Vivi no anonimato por quarenta e cinco anos e sou mais do que feliz do jeito que sou. Meu estilo de vida não vai mudar em função do que estou lhe contando, não importa se essas informações vierem a público ou não. Não tenho intenção alguma de abrir a caixa de Pandora. Uma das muitas coisas preciosas que o Freddie me ensinou é que, se você quiser que um segredo permaneça secreto, tudo o que precisa fazer é guardá-lo no coração e não contar a ninguém... a não ser o Mic, meu gato na época."

"*... das muitas coisas preciosas que o Freddie me ensinou...*" foram as palavras que mudaram tudo. A ficha começou a cair. De repente, percebi que já podia enxergar o rosto dela. Eu entendia. Sabia exatamente — ou tinha uma boa ideia, por mais improvável que fosse — com quem estava lidando. O coração vem na boca em momentos assim, e realmente perdi o fôlego. Estava muito agitada, mas continuava sentada à escrivaninha. Será que eu me atreveria a fazer a pergunta que tanto desejava? E ela? Negaria tudo? Será que a minha intromissão poderia assustar aquela mulher a ponto de ela nunca mais me contatar?

Mas ela se antecipou.

"Não tenho condições emocionais de ir além. Você tem o direito e a minha permissão e autorização para revelar a verdade. Pode citar minhas palavras e tudo o mais que precisar fazer. Nenhum outro biógrafo escreveu qualquer coisa que merecesse uma resposta minha. Só você. Tenho plena ciência de que estou te colocando numa posição complicada e constrangedora. A última coisa que quero é arrumar problemas para você. Não consigo expressar o quanto isso é difícil para mim.

"Eu sei que deveria ter tido a coragem de escrever a você muitos anos atrás e lamento profundamente não ter feito isso. Não posso dar uma boa explicação para isso. Tudo o que posso dizer é que estou aqui agora."

• • •

Um tempo depois, ela chegou a divagar que talvez um dia Freddie tivesse escrito as próprias memórias, aos sessenta ou sessenta e cinco anos.

"Quem sabe? Acho que sim. Parte dele queria que o mundo soubesse a verdade a seu respeito, porque odiava mentiras e traições mais do que tudo. Esse tipo de coisa era o que mais o magoava e enfurecia. Como era quase incapaz de cometer desonestidades, automaticamente acreditava que os outros seriam tão honestos quanto ele. Mas, no fim das contas, foi usado, humilhado e traído. Freddie detestava que só vissem o seu lado espalhafatoso, ficava irritadíssimo quando as pessoas só se sentiam atraídas pela fama e pela fortuna e o retratavam como um homem superficial, tolo e arrogante, quando na verdade era o contrário de tudo isso. Por trás do personagem teatral, ele era um homem muito tímido e reservado. Sua timidez escondia uma alma sensível e profunda que poucas pessoas conheciam. Provavelmente chegaria um momento em que ele não aguentaria mais tanta mentira e traição e explodiria — esse era o jeito dele —, e acabaria contando a própria versão das coisas. Acredito de verdade que ele teria feito isso algum dia. Era só uma questão de tempo."

• • •

Nós continuamos próximas. Criamos um vínculo, e passamos a confiar e a compreender uma à outra. Passamos a nos tratar como amigas. No momento em que escrevo, já nos conhecemos há mais de três anos. Como prometi que nunca revelaria o nome dela, durante todo este livro vou chamá-la apenas de "B.". Devo deixar registrado oficialmente que, em nenhum momento, ela me ofereceu dinheiro para escrever este livro, e eu jamais teria aceitado qualquer recompensa de sua parte. Quero deixar claro que escrevi a verdadeira história de Freddie sem receber nenhuma gratificação, sem compromisso e por minha livre e espontânea vontade. E ela deseja deixar claro que não vai ganhar nada nem com as vendas deste livro, nem com qualquer adaptação que venha a ser feita dele.

Ela me mandou uma carta manuscrita, cujo texto está traduzido a seguir, e cujo original é reproduzido mais adiante neste livro.

• • •

"Freddie Mercury era e é o meu pai. Tínhamos uma relação muito próxima e amorosa, do momento em que nasci e durante os últimos quinze anos de sua vida. Ele me adorava e era um pai muito dedicado. As circunstâncias em torno do meu nascimento podem parecer, para os padrões de muita gente, incomuns e até ofensivas. Não seria surpresa alguma. Isso nunca o afastou de seu compromisso de me amar e cuidar de mim. Ele me adorava como se eu fosse um tesouro valioso. E, naturalmente, sua morte me deixou destruída.

"Pouco antes de morrer, ele me deu uma coleção de cadernos particulares em que vinha escrevendo desde 1976, antes mesmo de eu vir ao mundo. Eles revelavam, às vezes nos mínimos detalhes, toda a história da vida dele. Foram totalmente escritos à mão, com caneta esferográfica, em suas próprias palavras. E ele confiou a mim, sua única filha e parente mais próxima, o registro físico de suas reflexões, suas memórias e seus sentimentos sobre tudo o que havia vivenciado. Esse presente foi o nosso segredo. Embora as pessoas que conviveram com Freddie e participaram de sua vida soubessem da existência desses diários, nenhuma delas soube, depois da morte, o que aconteceu com eles. Sua família, os outros integrantes da banda, os amigos mais próximos, sócios e empresários nunca tiveram ideia, até hoje, de que ele os dera de presente para mim.

"Mary Austin — a mulher maravilhosa que, ao fim e ao cabo, foi sua esposa até a morte — sabia de absolutamente tudo sobre Freddie, inclusive os segredos que ele nunca revelou para mais ninguém. Os outros — os verdadeiros amigos, que ele podia contar nos dedos de uma das mãos; a banda; a grande legião de supostos amigos, funcionários e auxiliares contratados, aqueles com quem ele mantinha relações profissionais (jornalistas, designers, cineastas, roadies, líderes de fã-clubes); a legião ainda maior de assistentes pessoais disso e daquilo (secretária pessoal, cinegrafista pessoal, designer pessoal, fotógrafo pessoal...); conhecidos mais distantes e todos os demais — só sabiam o que Freddie queria que eles soubessem. E não era muita coisa.

"Freddie era um homem muito reservado. Ficou conhecido por dar poucas entrevistas. E assim foi fácil que, desde sua morte, muita gente se aproveitasse disso e o traísse. Gente que distorceu suas palavras, reescreveu sua história, especulou e inventou uma ou outra teoria sobre a vida dele, para adequá-lo à imagem do Freddie Mercury que queriam retratar. Essas versões inventadas eram muito distantes do homem que ele realmente era. Essas pessoas foram movidas pelo dinheiro e pelo ego. Freddie teria ficado profundamente magoado com tudo isso. Depois de mais de trinta anos de mentiras, especulações e distorções, está na hora de deixá-lo falar.

"Eu já tinha lido tudo o que Lesley-Ann Jones havia escrito sobre meu pai quando entrei em contato com ela, no final de 2021, na intenção de lhe oferecer a responsabilidade de compartilhar a verdadeira história dele. Tinha vontade de contatá-la havia muitos anos, depois de ter lido tantos de seus livros, não só sobre o Freddie, mas também sobre outros artistas. Fiquei muito impressionada com sua evidente dedicação à verdade e com quanto chegou perto de capturar 'o verdadeiro Freddie'. Seu livro *Love of My Life: The Lives and Loves of Freddie Mercury*, publicado em 2021, traçou um retrato mais preciso do que qualquer outro que eu tenha lido. Tanta coisa escrita sobre ele, transformada em filme, com ajuda dos ditos amigos, amantes, funcionários e colegas, foi, na melhor das hipóteses, uma distorção grosseira da realidade e, na pior, um ato de exploração. Os que sabiam da minha existência mantiveram aquele que foi seu maior segredo por lealdade ao Freddie. A decisão de me apresentar ao mundo em plena meia-idade é exclusivamente minha, em nenhum momento fui coagida a isso.

"Lesley-Ann e eu conversamos bastante sobre isso por muitos meses, desde o fim de 2021. Continuamos a nos falar até hoje. Nossas longas conversas foram muito emocionantes, às vezes dilacerantes e doloridas. Revelei a ela de quem eu era filha. Contei-lhe a verdade sobre a infância dele, a vida e tudo aquilo que formou o menino, o garoto, o adolescente, o jovem, o adulto, o pai que ele foi para mim, a personalidade artística e a máscara de Freddie Mercury que ele mesmo criou. Expliquei como ele compartimentava sua vida e, claro, falei muito do precioso tempo que passamos juntos.

"Lesley-Ann pegou um avião até Montreux em maio de 2023. Eu não moro lá, mas escolhemos a cidade pela ligação de Freddie com o lugar. Lesley-Ann viajou para se encontrar comigo e com minha família. Para ver os dezessete cadernos de Freddie, além de cartas, bilhetes pessoais, extratos bancários e outros documentos importantes. Para ver fotos e vídeos particulares, e ouvir algumas gravações. Por muito tempo, ela tentou me convencer a publicar pelo menos algumas das fotos e não tem culpa alguma pela minha recusa. Embora compreenda perfeitamente a importância de ilustrar um livro como este, tive que me negar a publicar os registros do tempo que passamos juntos. São registros de um pai para sua única filha, registros do meu pai e do avô dos meus filhos. São tesouros que guardamos com carinho, mas são particulares e queremos que continuem assim. Nenhum desses itens pessoais jamais virá a público nem irá a leilão. No entanto, tenho o direito legal de compartilhar tudo o que sei e as informações que li nos cadernos do meu pai. Também é meu direito destruí-los, se algum dia considerar que é o correto a fazer. Os fãs do Freddie, as pessoas que amam sua música e os milhões que honram sua memória vão ter que respeitar. Espero e rezo para que isso aconteça. Se não, só vai provar que eu estava mais do que certa em manter essas recordações em segredo.

"A vida que levo com meu marido e minha família em outro país é extremamente reservada. E queremos que continue assim. Valorizamos nossa paz e o anonimato e não queremos que nada perturbe isso. Ninguém precisa saber quem sou. Não direi nada além do que revelei neste livro. Não haverá entrevistas além das que dei a Lesley-Ann. Devo ao meu pai o apreço pela privacidade como um dos maiores privilégios que a vida pode nos oferecer. Como ele mesmo dizia, essa foi a coisa que ele mais se arrependeu de abrir mão tão facilmente. A coisa mais importante que ele gostaria de poder recuperar.

“E aqui, portanto, pela primeira e única vez, está a verdadeira história de Freddie Mercury. Escolhi confiar essa missão à minha querida amiga Lesley-Ann Jones. Todas as sílabas que vocês vão ler foram reveladas a mim pelo próprio Freddie Mercury.

B.”

CAPÍTULO 2

MEU MAIOR *TRÉSOR*

O tempo é a última das ilusões. Ele escapa por entre os dedos como mercúrio. Nós não podemos capturá-lo. Embora possamos desperdiçá-lo, nunca seremos capazes de dominá-lo nem de deter seu ritmo. Apenas na ficção ele permanece imóvel, faz os relógios e corações pararem e se coloca em nossas mãos. Não se pode apressá-lo, nem fazê-lo voltar. Que o tempo dança em seu próprio e irrefutável ritmo é algo que o Freddie entendia mais do que a maioria das pessoas. Seu tempo neste planeta foi curto demais. Ele cantava as verdades do Tempo, mas não recebeu sua bênção. O tempo não espera ninguém, e não esperou por ele. Não que Freddie tenha se consumido pelo arrependimento. A única coisa que ele queria ter no fim da vida era mais tempo com sua amada e única filha.[1]

Freddie a chamava de "meu maior *trésor*" e "minha rãzinha". Esses apelidos carinhosos são facilmente explicados. *Trésor* é "tesouro" em francês. E "rãzinha" é uma alusão às *cuisses de grenouilles*, ou pernas de rãs, uma clássica iguaria gaulesa. A mãe dela, a amante de Freddie, como a filha revela, era francesa. Mas *quem* era ela?

• • •

Teria sido um caso de uma noite só de Freddie? Quando se trata de astros do rock, sexo sem compromisso poderia muito bem fazer parte da descrição do cargo. Que ele tenha engravidado uma garota não seria surpresa alguma, dado seu conhecido histórico de relacionamentos com mulheres. O que o torna único é que ele nunca negou isso nem tirou o corpo fora, tentou comprar o silêncio da mulher ou instruiu advogados a obrigar a pobre infeliz a abortar — reações que, nesse meio, estão entre as mais comuns. Ele não sumiu. Assumiu o compromisso. Não apenas reconheceu que a criança era sua como pulou de alegria e teria feito qualquer sacrifício para ter essa experiência. Ele se atirou de corpo e alma na paternidade iminente e celebrou a chegada da filha como a maior realização de sua vida. Quando ela nasceu, Freddie estava com trinta anos. Quando morreu em novembro de 1991, ele tinha quarenta e cinco. A única filha ainda não havia completado quinze anos. Durante toda a sua bem-sucedida carreira como líder do Queen, sem que as legiões de fãs apaixonados ao redor do mundo soubessem, ele foi um pai dedicado e presente. A filha secreta era o verdadeiro amor da vida dele. Era sua prioridade, à frente de qualquer outra pessoa, inclusive de Mary Austin, a quem ele amou por tanto tempo. E, como se não bastasse, Freddie também tem netos. Se ao menos tivesse vivido o bastante para conhecê-los e amá-los... Mas os netos sabem quem ele é. Foram criados com as gravações do avô lendo contos de fada para a mãe quando ela era uma menininha, e é essa memória do "Papy" que eles acalentam, e não a lenda de um rock star mundialmente famoso. A vida familiar secreta de Freddie, documentada pelo próprio em diários particulares que há tempos eram tidos como perdidos ou destruídos, vai reescrever quase tudo o que pensávamos saber a respeito dele.

• • •

Mesmo não tendo dito com todas as letras, ela não negou quando fiz a pergunta diretamente. Até então, eu pensava que minha correspondente poderia ser Rory Taylor, a filha médica do baterista Roger Taylor.[2] A única dica que eu tinha era certa quantidade de referências médicas nos e-mails que recebera. Então, nas primeiras horas do dia 14 de janeiro de 2022, acordei de sobressalto depois de me dar conta de quem ela devia ser. Eu estava desesperada para saber, mas me contive, com medo de espantá-la. Às 11h35, mandei este e-mail para ela:

"Estou cada vez mais convencida de que você é filha do Freddie (...), só pelas vezes que mencionou que ele não esteve presente para te ajudar enquanto você crescia, pelas referências que faz ao fato de ter sido protegida, por não ser citada no testamento dele, por que outro motivo

Freddie teria lhe dado seus pertences mais pessoais etc. Sabemos que ele tinha afilhados, mas ninguém nunca falou de você. Outros integrantes da 'comitiva' do Freddie com certeza sabem da sua existência. [Jim] Beach e [John] Libson (os executores do testamento) com certeza sabem, já que presumo que tenham te deixado algum dinheiro. (...) Você contou que a língua materna de sua mãe não é/era o inglês. (Quem era ela? O que aconteceu com ela?) Se isso for verdade, é impressionante que nada nunca tenha vazado. Mas tenha certeza de que quem souber dessa história, mais cedo ou mais tarde, vai acabar contando. Será que Peter Freestone, que todos afirmam 'saber tudo o que se podia sobre Freddie' não teria conhecimento de uma coisa dessas? É uma pergunta que faço a mim mesma. Você sabe que estou queimando a mufa pensando nesse assunto noite e dia."

A resposta não foi bem a que eu esperava.

"Eu poderia ter optado por nunca te contatar. Poderia ter queimado tudo [os cadernos de Freddie, confiados a ela pouco antes de morrer] ou esperado décadas antes de fazer qualquer coisa com isso. Como Catherine Camus [filha do escritor e filósofo Albert Camus, falecido em 1960], que publicou a correspondência entre o pai e a amante quase sessenta anos depois da morte dele."

Ela estava me lembrando que não tinha pressa. Embora tivesse, de certa forma. Se fosse esperar uma geração inteira, a verdadeira história de Freddie teria um impacto consideravelmente menor, porque muitos daqueles que tinham papel relevante em tudo aquilo — os demais integrantes da banda, os fãs e seguidores da época — já teriam morrido.

"De fato, você poderia [ter esperado e publicado os cadernos muitos anos depois]", respondi. "É uma comparação interessante essa que você fez com Camus. A relevância dele já diminuiu muito. A publicação da tal correspondência não foi tão incendiária como poderia caso tivesse vindo a público antes. Mas o mundo do rock é bastante curioso. Ao mesmo tempo que o '40/80' do John Lennon — ano que marcou o quadragésimo aniversário de sua morte e no qual ele completaria oitenta anos se estivesse vivo — é considerado o último grande ano do artista (e também foi quando saiu meu livro sobre o ex-Beatle), sempre chega um momento em que o valor de todo astro do rock começa a diminuir. A geração Z ainda 'entende' Freddie. Mas não acredito que a música do Queen dure muito depois que os outros integrantes da banda morrerem (...), sendo que dois deles são os únicos responsáveis por manterem a chama acesa."

Ficamos pisando em ovos nesse assunto por todo o restante do mês. Eu estava mais do que ansiosa para saber mais. Ela relutava em confirmar sua identidade por escrito. Começou a dar para trás. Nós nos despedimos várias vezes, prometendo não escrever mais uma para a outra. Chegamos a dizer adeus. Mas a chama tinha sido acesa e se recusava a ser apagada. O desejo de contar a verdadeira história ardia dentro de nós duas. Ela confessou que estava apavorada de expor seus entes mais queridos a intromissões e perturbações indesejadas. Concordei em nunca revelar sua identidade nem onde ela morava, assim como em não publicar seu nome nem as circunstâncias em que vivia. Prometi que, comigo, seus segredos estariam muito bem guardados. E ficamos assim... cada uma de nós, acredito, sabendo que nunca haveria uma despedida final.

• • •

Passados dez dias e muitos e-mails extensos, ela voltou a me mandar mensagem, pouco depois das sete da manhã.

"Você já sabe quem eu sou", escreveu. "Já tinha adivinhado. Claro que as pessoas mais próximas dele — a verdadeira família, os verdadeiros amigos — sabem que eu existo, porque Freddie era a razão pela qual tínhamos uma conexão. Não tenho condições emocionais de ir além, por conta das promessas que fiz, e porque é muito difícil e doloroso reviver tudo isso. Eu nunca me recuperei da morte dele e provavelmente nunca vou me recuperar. Sei que você compreende e agradeço."

• • •

A existência dela não começou com uma história de amor incrivelmente romântica. Começou, confessou ela, "num daqueles eventos que acontecem desde que o mundo é mundo: um ato de adultério. Para as famílias da minha mãe e do meu padrasto, divórcio e aborto estavam fora de cogitação. Casos extraconjugais eram varridos para debaixo do tapete e os filhos bastardos, escondidos. Questões particulares eram tratadas a portas fechadas. A discrição era absoluta e da máxima importância. Se um erro fosse cometido, era preciso se responsabilizar pelas consequências".

Freddie, a mãe e o padrasto já eram amigos próximos por muitos anos antes da concepção.

"Minha mãe e meu padrasto continuaram casados mesmo depois que nasci. Devo dizer que, na verdade, eles permaneceram juntos até ela morrer, alguns anos mais tarde, e pareciam ser muito felizes. Eles também mantiveram a amizade com o Freddie, provavelmente por minha causa. Não deve ter sido fácil para o meu padrasto continuar amigo de alguém que teve relações com a mulher dele enquanto ele viajava, assim como não deve ter sido fácil aceitar de braços abertos a criança concebida na ocasião. Mas ele era um homem muito resiliente, meu padrasto, e eu o admirava muito."

Quando Freddie voltou da parte australiana da turnê *A Night at the Opera*, no fim de abril de 1976, foi confrontado pelo então namorado, David Minns.

"Minns enchia o saco do Freddie por causa da noiva dele, Mary Austin, e da relação dos dois", conta B. a partir das anotações dos diários de Freddie. "Não foi uma época fácil para ele. Meu pai se sentia confuso, precisava de apoio moral. Enquanto isso, minha mãe acabara de passar por um aborto espontâneo e estava triste e deprimida. No fim de março, o marido tinha partido numa viagem de negócios na qual passaria uns dois ou três meses. Foi nesse contexto que ela se aproximou do Freddie e eles acabaram encontrando amor e conforto nos braços um do outro. Não foi preciso fazer nenhum teste, porque nunca houve dúvida sobre a paternidade.[3] Não tinha como o meu padrasto ser o pai, porque ele estava viajando."

Para a mãe dela, no sentido mais católico da palavra, o casamento era tudo.

"Tirando esse caso com o Freddie", comenta B., "ela não teve mais ninguém. Era uma católica apostólica romana e uma esposa dedicada. Ou *quase*. É importante dizer que ela nunca culpou Freddie pelo que aconteceu entre eles. Sempre culpou a si mesma pela sua 'fraqueza'. E também *me* culpou. Eu era uma mácula em seu casamento, um lembrete diário e visível do erro que ela havia cometido".

Já Freddie nunca viu o caso deles como um erro.

"Mas ele se sentia culpado. Não pelo fato de eu ter nascido: ele ficou maravilhado por se tornar pai e não poderia ter ficado mais contente. O problema é que eu não ia nascer numa família de comercial de margarina, com pai, mãe, irmãos, animais de estimação, numa linda casa com quintal. Esse era o tipo de vida que Freddie sempre vislumbrou para si mesmo e para os filhos, se tivesse essa sorte algum dia."

E por que a mãe dela nunca pensou em se separar?

"Por causa da religião", explica B. "E também porque eram os anos 1970. Uma coisa dessas, naquele tempo, era impensável."

Os abortos já eram legalizados no Reino Unido desde outubro de 1967, mas sob orientação médica e em condições muito limitadas. Mas, para a mãe de B., essa nunca foi uma opção.

"Os três se sentaram e tiveram conversas difíceis e um tanto conturbadas antes do meu nascimento. Graças a Deus, todos foram inteligentes o bastante para resolver tudo de maneira pacífica e civilizada. Eu nasci em fevereiro de 1977, enquanto Freddie estava em turnê pelos Estados Unidos."

Por que, pergunto a ela, o nome de Freddie não aparece na certidão de nascimento?

"Porque minha mãe era esposa de outro homem. Em 1977, para os registros oficiais, o marido da mãe era automaticamente considerado o pai da criança."

O Queen havia partido para a turnê norte-americana de *A Day at the Races* no mês anterior, onde fizeram quarenta apresentações entre janeiro e março, antes de voltar para a Europa e se apresentarem na Suécia,

Dinamarca, Alemanha Ocidental, Holanda, Suíça e no Reino Unido. O encerramento triunfal foram duas apresentações no Earls Court, em Londres, no início de junho.

"Freddie ficou dividido. Ele sabia que estaria a milhares de quilômetros de distância no dia do meu nascimento e que só seria capaz de me ver dali a várias semanas. A maneira que encontrou para lidar com isso foi registrando seus pensamentos e sentimentos naqueles cadernos. Ele escrevia dia após dia, noite após noite, hora a hora, para a posteridade. Pôs no papel toda sua história secreta e seus sentimentos e reflexões mais pessoais, numa série de cadernos grandes e de boa qualidade."

Dos dezessete diários que compõem a coleção, quatro são encadernados com capa de tecido azul-escuro. Os outros treze têm capas de couro costuradas. Cinco são pretos, dois azul-marinho, dois amarelo-açafrão, dois vermelhos e dois verde-escuros. As páginas são grossas, pautadas e têm cantos arredondados. Cada caderno tem 192 páginas. Freddie escrevia com caneta, às vezes preta, às vezes azul. Raramente usava lápis. Cada página contém entre 160 e 180 palavras e é completamente preenchida, sem espaços. Alguns cadernos têm 28 linhas por página, outros, trinta. Num cálculo grosseiro, Freddie escreveu cerca de 555 mil palavras — mais de meio milhão, pelo menos cinco livros e meio em publicação tradicional —, por um período de quase quinze anos. Somente Mary Austin, a mãe e o padrasto de B. e sua babá sabiam que ele tinha deixado esses cadernos para a filha.

A primeira anotação no primeiro diário foi feita num domingo, dia 20 de junho de 1976 — um ano bissexto —, dois dias depois do lançamento do single "You're My Best Friend", composta por John Deacon, faixa do disco *A Night at the Opera*, de 1975. O Queen estava se preparando para uma pequena turnê no Reino Unido em setembro daquele ano, na qual realizaria seu maior show até então, no Hyde Park, em Londres, no dia 18. Essa data por acaso também marcava o aniversário da morte de Jimi Hendrix, um ídolo do Freddie.

"Ele começou a escrever o diário assim que soube que minha mãe estava grávida e que seria pai", explica B., "porque não tinha ideia de como as coisas se desenrolariam e como lidaria com tudo aquilo. Naquela época, a vida dele já estava bastante complicada, graças a toda a questão com os meus pais, ao relacionamento com Mary e a um período confuso e cada dia mais violento com David Minns, que o incitava a terminar de vez com ela e ficar só com ele. E então, para completar, surgiu uma gravidez não planejada e seu novo papel de pai. Freddie começou a colocar tudo nos cadernos para espairecer, processar a situação e pensar nos próximos passos. As longas e difíceis discussões com meu padrasto continuaram. A amizade que havia entre eles estava abalada devido à infidelidade, é claro, e poderia ter sido destruída. Freddie tinha que arranjar um jeito de atravessar aquele campo minado sem causar muitos danos. Meu padrasto fez algumas exigências. Juntos, os três decidiram fazer o melhor que poderiam: formar uma família nada convencional, composta por uma mãe, dois pais e vários filhos, que seriam todos tratados exatamente da mesma maneira".

Freddie viu pela primeira vez a linda filha em meados de março de 1977, assim que a banda retornou da turnê norte-americana de *A Day at the Races*. Existe uma filmagem caseira do primeiro encontro dos dois, com o bebê sendo posto nos braços de Freddie pela babá, Maria.

"Tem coisas dos meus primeiros anos que sei nos mínimos detalhes porque vi os vídeos e li os diários", ela conta, "embora eu mesma não tenha nenhuma recordação de fato".

Maria também contribuiu com testemunhos pessoais valiosos. A querida babá, que havia muito tempo fazia parte da família, continuou a morar com a filha de Freddie até falecer, em 2023, aos noventa e seis anos de idade.

"Ela testemunhou quase tudo dessa história, mesmo antes de eu nascer", revela B. "Ela esteve presente ao longo da minha infância inteira, participou dos preparativos para o nascimento e viu todo o desenrolar da relação entre o Freddie, minha mãe e meu padrasto, as idas e vindas, as visitas, os telefonemas, as desculpas e as estratégias que eram necessárias para evitar que as pessoas percebessem minha ligação com Freddie. Ela estava lá em todos os aeroportos, aviões e hotéis, nos carros, nos shows, nas esperas... esperas intermináveis. Ela se tornou ainda mais importante na minha vida depois que meus irmãos nasceram, e mais ainda depois que Freddie ficou doente. Maria me deu amor, afeto e atenção e se revelou uma verdadeira *mamma* italiana, a principal figura materna da minha vida — muito mais do que minha mãe biológica. Presenciou o nascimento dos meus filhos e também os viu crescer. Sempre que ela tinha alguma coisa a falar a meu respeito, todos escutavam. Era um ser humano maravilhoso e extraordinário.

"Depois que nasci e o Freddie se tornou oficialmente pai, ele passou a escrever sem parar no diário sobre como eu crescia e os momentos que passávamos juntos. Não queria esquecer nada. Escrevia também para aliviar um pouco a complexidade daquela situação e conseguir lidar com algo tão delicado. Escrevia porque ele mesmo havia sofrido traumas na infância e na adolescência e não queria que eu passasse pelas mesmas coisas. Queria que eu soubesse que ele me amava incondicionalmente, que eu estava sempre em seu coração e em sua mente — mesmo quando não estávamos juntos e só podíamos nos falar pelo telefone.

"A maior parte das lembranças físicas de sua infância e adolescência ficaram em Zanzibar, de onde ele e a família tiveram que fugir em 1964, durante o genocídio. Ele perdeu quase tudo. A família precisou abandonar todos os móveis, a maioria das roupas e muitos de seus preciosos pertences. Por causa disso, na época em que nasci, Freddie já tinha o hábito de guardar absolutamente tudo. Por ter pouquíssimos objetos da própria infância — nada além de uns poucos bilhetes, fotos e coisinhas pequenas —, ele estava determinado a registrar por completo tudo o que era meu.

"Ele escreveu todas as lembranças que tinha da infância. Contou sua vida nos mínimos detalhes, inclusive tudo aquilo que o fez ser quem era. Não escondeu nada. Descreveu todos os aspectos de seu passado. Hoje me parece provável que ele usasse aqueles escritos como uma forma de autoanálise."

Nos cadernos, Freddie expõe seus pensamentos e sentimentos mais profundos com detalhes absolutamente crus.

"Não são confissões", afirma a filha. "São verdadeiras confidências, sem qualquer resguardo em relação a si mesmo. Claro, algumas pessoas vão ficar surpresas e insatisfeitas com certas revelações. Por tudo o que ele me disse, não creio que tenha escrito aqueles cadernos para serem publicados algum dia, nem que quisesse que alguém além de mim os lesse. Ele os preencheu em segredo e os manteve escondidos no apartamento da Phillimore Gardens, onde ele e Mary continuavam em uma relação amorosa mesmo depois de terem oficialmente 'terminado'. Logo antes de morrer, ele me deu os diários. Se um dia decidisse escrever as próprias memórias, talvez os tivesse usado como referência. Mas não foi por isso que os escreveu.

"Ele me proibiu de ler alguns trechos até que eu tivesse vinte e cinco anos. Pelo que dizia, fez isso para me proteger. Quando ele morreu, só não queimei os cadernos porque tinha lhe prometido. Estava pronta para destruí-los, mas meu padrasto argumentou que talvez fosse melhor esperar chegar naquela idade para me decidir. Depois de destruídos, não teria volta."

Em relação à mãe, B. admite não ter muito o que falar.

"Nossa relação poderia ter sido melhor, mas ela estragou tudo. Era fria comigo, nem um pouco maternal. Parei de tentar entender quando meu padrasto disse que ele próprio não compreendia. Foi aí que percebi que jamais teria uma resposta satisfatória. É possível que ela mesma não soubesse o porquê. Devo confessar que eu raramente fazia perguntas. As coisas são como são. Todos os envolvidos tentaram lidar com a situação da melhor maneira que puderam. Por mais estranho que pareça, meu consolo era o quanto meu padrasto me adorava.

"Nada nunca foi varrido para debaixo do tapete. Eles nunca tentaram esconder a verdade. Freddie não fugia das perguntas e sempre respondia as dúvidas da forma mais adequada que podia, considerando a minha idade. Não houve nenhuma revelação dramática. Eles nunca sentaram comigo um dia, respiraram fundo ou emborcaram uma bebida sem gelo e disseram: 'Olha, temos uma coisa importante para te contar.' Aos poucos, fui compreendendo a complexidade da situação. Assim, tudo sempre me pareceu muito natural. Tempos depois, é claro, eu tinha os cadernos para consultar. Também ouvi toda essa história pessoalmente, contada pelo próprio Freddie."

Tudo indica que a família conseguiu tratar de uma situação potencialmente explosiva com muito tato, compaixão e discrição, apesar de toda a tensão que os envolvidos devem ter sentido.

"Morei na Inglaterra durante meu primeiro ano de vida", ela informa. "Depois, nos mudamos para a Suíça — não para Montreux (onde o Queen comprou o Mountain Studios, em 1979), mas para uma cidade não muito longe dali, já que nada é muito longe na Suíça; ficamos lá até meados de setembro de 1985. Desse período até o início de setembro de 1991, nossa residência principal foi em Londres. Seria impossível contar as muitas viagens que fizemos entre Suíça, Inglaterra, Alemanha, Itália e vários outros lugares. Eu viajava tanto que as pessoas costumavam dizer que tinha nascido com uma mala na mão. Eu ia no maior luxo, em jatinhos particulares e carros com motorista, e não em voos comerciais, ônibus, táxi ou metrô. Freddie era sempre bem-vindo nas casas da minha família em Londres, na Suíça e no sul da França. Em cada uma delas, tinha um quarto só dele, tanto para facilitar as coisas em termos de organização, como para garantir sua privacidade absoluta. Até porque, se tentássemos fazer tudo isso em hotéis, em pouco tempo alguém teria descoberto e nos exposto."

Os três pais tiveram inteligência e calma suficientes para conduzir a situação da forma correta. Ela ainda diz:

"A privacidade era de extrema importância para Freddie e meu padrasto. Cada um impôs suas condições, mas nunca houve um acordo de confidencialidade formal. Todos sabiam muito bem que, se não houvesse um bom entendimento entre eles, ou se os desejos dos três não fossem igualmente respeitados, acabaríamos num tribunal e as coisas seriam muito piores para todo mundo. Juntos, eles conseguiram fazer, ou pelo menos tentaram, o melhor possível em uma situação muitíssimo singular. Fizeram tudo principalmente em respeito a mim, mas também pela família deles. Que eu saiba, ao longo de tantos anos, só houve uma discussão mais acalorada, no início de 1985. O Monstro que havia dentro do Freddie estava começando a colocar suas manguinhas de fora. Ele tinha passado de todos os limites, estava extremamente infeliz e se sentia muito mal em relação a tudo."

O papel e o lugar de Freddie naquele triângulo nunca foram negados. Nada jamais foi escondido da filha deles.

"Ele nunca evitava as minhas perguntas", B. reforça mais uma vez. "Nem mesmo as mais delicadas. Sempre considerava que eu tinha capacidade de entender. Aos poucos, fui compreendendo a situação. Tudo o que dizia respeito à minha educação era discutido e acertado entre os três. Em que escolas eu estudaria, o que eu podia ou não podia fazer em que idade, as condições sob as quais eu e Freddie podíamos nos falar no telefone, onde nos encontraríamos, onde eu passaria as férias, e assim por diante. Tudo o que dizia respeito à minha vida era decidido por aquele comitê. Da mesma forma, planejavam que medidas eram necessárias para me manter protegida, o que nem sempre deve ter sido fácil. Mas os três inventavam todo tipo de subterfúgio e estratégia para evitar que qualquer um que não tivesse nada a ver com a história descobrisse qualquer coisa. Isso valia principalmente para os funcionários do Freddie e seus colegas de profissão e de negócios. E os três conseguiram. Só aqueles que precisavam saber da minha existência foram informados. Fui matriculada em escolas nas quais os professores e a equipe estavam acostumados a receber filhos de 'celebridades' e 'personalidades', preparados para lidar de forma discreta com a família dos alunos. Mesmo assim, eu precisava trocar de escola com frequência, e não só quando mudávamos de residência. Tudo fazia parte do plano para me manter em segredo. Embora eu deva dizer que nunca me senti escondida, ou que tivesse alguma coisa de que me envergonhar. Muito pelo contrário."

Ela conta que as lições mais importantes que recebeu vieram do próprio Freddie.

"Acho que a coisa mais importante que meu pai me ensinou foi a tolerância. A diferentes tons de pele, religiões, culturas, classes sociais e sexualidades que existem no mundo. Graças a ele, respeito todos os seres vivos e sei que nunca devo ofender ninguém. Freddie tinha a convicção de que, com amor e tolerância, poderíamos construir um mundo muito melhor. Em sua visão, isso levava ao respeito, à verdade e à honestidade. Podemos viver sem felicidade, mas não podemos viver sem amor. O amor, é claro, é o que traz a felicidade. Pode parecer estranho eu dizer isso, mas foi o amor de pai dele que me ensinou o que é o amor de mãe."

De fato, segundo ela, "eu tinha dois pais. Chamava o Freddie de pai e meu padrasto de 'pa'. Ele nunca me tratou diferente dos outros filhos. A italiana Maria, que era minha babá em tempo integral — e que foi muito, mas muito mais do que uma babá para mim —, já trabalhava para a família do meu padrasto bem antes de eu nascer. Ela tinha sido babá *dele* quando criança e era muito querida por todos e de confiança. Meu padrasto nunca me rejeitou, ele assumiu a responsabilidade por mim desde o começo. Devido ao estilo de vida do meu pai, que fazia shows no mundo inteiro e passava longos períodos em estúdio gravando com a banda, não tive outra escolha a não ser morar com minha mãe e meu padrasto, sabendo que Freddie viria nos visitar sempre que possível. Esses combinados eram caros e complicados. Dinheiro, no entanto, nunca foi problema, porque meu padrasto era tão rico quanto o Freddie. Eram todos muito sensatos e maduros com a situação toda. Como o Freddie tinha um quarto em todas as nossas casas, não era eu que ia até ele, mas sim ele que vinha até mim. E, é verdade, fui protegida do mundo do show business e de tudo que ele envolve. Mas nunca fui impedida de ter uma relação aberta, normal e afetuosa com o meu pai por estarem sempre tentando me esconder de fotógrafos e jornalistas. Tive a relação mais próxima que se pode imaginar com meu pai, desde que eu nasci e por todo o tempo em que ele viveu. Nós nos adorávamos".

Enquanto ele esteve vivo, reforça B., ela nunca sentiu sua ausência.

"É claro que eu preferiria que ele estivesse ao meu lado todo dia, quando eu acordasse de manhã e na volta da escola. Também adoraria que estivesse comigo em todos os meus aniversários e em todos os Natais. Mas essa foi a vida que tive e a vida que ele teve. Simplesmente precisávamos aceitar o que não estava ao nosso alcance. Nossa vida não era muito diferente da de muitas amigas minhas cujos pais eram divorciados ou estavam sempre viajando a trabalho. Muitas vezes, elas ficavam sem ver os pais mais tempo do que eu. Alguns filhos são mandados para internatos ou são criados por avós e outros parentes. Isso nunca aconteceu comigo. Essa possibilidade nunca foi cogitada."

Segundo B., ela teve uma infância comum e feliz.

"Lógico que era uma situação atípica e esquisita para os padrões da maioria das pessoas. Eu entendo isso. Mas mesmo assim eu fui feliz. E também era muito privilegiada. Precisamos lembrar que crianças não analisam as coisas. Elas aceitam o amor, o afeto e a atenção, não importa de onde venham. Eu nunca me senti constrangida, nunca achei que houvesse algo estranho na minha vida. Pelo menos não naquela época. A relação com meu pai provavelmente era muito intensa em comparação com a maioria. Mas eu adorava. Nenhum segundo era desperdiçado. Sempre que estava comigo, Freddie estava ali por inteiro, cem por cento. À minha disposição. Na maioria das famílias, a pessoa está com os filhos, mas com a cabeça em um milhão de coisas, então não está realmente presente para eles. Freddie, não. Quando ele estava comigo, era como se não houvesse mais ninguém ao redor. Mesmo quando só podíamos conversar por telefone, ele prestava toda a atenção e me escutava de verdade, se interessava por tudo o que eu tinha para dizer. Nunca me disse 'Só um instante' ou 'Agora não'. Quando eu me pego usando essas frases com os meus filhos, me lembro de como o meu pai era comigo e fico até com vergonha."

Ela discorre longamente e com muito carinho de um Freddie que o mundo nunca conheceu. Do Freddie que dava de comer à filha na cadeirinha, uma colherada de cada vez, com toda a paciência do mundo e cheio de sorrisos amorosos e orgulhosos. Do Freddie que passava horas ajudando-a com as palavras quando ela estava aprendendo a ler. Do Freddie que a fazia declamar poemas, dos dois pintando ou tocando piano a quatro mãos; construindo castelos de areia; brincando com a casa de bonecas; fazendo festinhas para os ursinhos de pelúcia com um belo jogo de chá em porcelana; deslizando na neve com o trenó; enfeitando um boneco de neve no inverno; brincando na piscina no verão; cantando em dueto; dançando ("não sei quem pisava mais no pé de quem"). De momentos doidos em que faziam panquecas no meio dos gatos; dos catorze aniversários e catorze Natais que celebraram juntos; de dormir calmamente nos braços dele enquanto assistiam a desenhos animados; das vezes em que ele a ajudava a calçar os sapatos antes de levá-la à ópera; do dia em que, depois de muitas horas brincando dentro d'água, ele pegou uma escova e desembaraçou seus cabelos com infinita paciência. Sozinhos, eles eram apenas pai e filha: andando e conversando sem parar, divertindo-se com partidas de xadrez, ou simplesmente sentados juntos, em silêncio, em cafés ao ar livre, admirando a paisagem e aproveitando o sol. Eles tinham todo o tempo do mundo... até que o tempo acabou.

"Sempre que tinha a oportunidade, ele mandava cartões e bilhetinhos. Para quem mais ele escreveria um cartão dizendo 'Meu *trésor*', 'Meu maior *trésor*', 'Meu anjinho' ou 'Minha querida rãzinha'? Para quem mais poderia assinar os cartões como 'Pai', 'Papai' ou 'Seu papai'? E para quem mais poderia escrever que eu era 'a luz da vida dele', que tinha muito orgulho de mim, que eu enchia sua vida de alegria, que ele sentia saudades e que sempre me levava no coração? Ele me pedia para nunca esquecer o quanto me amava. Dizia que eu era a melhor coisa que tinha feito na vida, o maior presente que havia recebido."

• • •

Ela não trocaria as conversas intermináveis que eles tinham quando estavam a sós por nada no mundo.

"Nos períodos em que não podíamos nos encontrar, conversávamos pelo telefone quase todas as noites, sem falta. Só me lembro de duas ou três ocasiões em que ele não pôde falar comigo. Ficava tão preocupado com isso que, às vezes — como aconteceu na turnê *The Works*, em 1985, quando o Queen viajou para o Brasil, a Austrália, a Nova Zelândia e o Japão —, se esquecia do fuso horário e me ligava quando na Europa já era de madrugada.

"Sempre que ele estava prestes a partir numa turnê, nós nos sentávamos diante de um globo terrestre e ele me mostrava exatamente para onde estava indo. Também me dava um mapa com o itinerário da viagem para que eu soubesse onde ele estava. Como as visitas exigiam muito cuidado, no mínimo para me manter escondida, eu quase sempre sabia quando ele apareceria. A exceção foi aquele período meio estranho em que o Queen estava gravando o disco *The Works* no estúdio Record Plant, em Los Angeles, e no Musicland, em Munique, entre agosto de 1983 e janeiro de 1984. Havia muita tensão entre os integrantes da banda naquela época. Sempre que Freddie ficava de saco cheio e abandonava os estúdios por alguns dias, ele vinha me visitar. Aparecia sem avisar, e era uma grande surpresa. Um dia antes, nenhum de nós dois sabia que ele viria. Mas, então, surpresa! Quando eu chegava da escola, lá estava Freddie.

"Era muito fácil conversar com o meu pai. Ele nunca erguia a voz. Sempre me incentivava a falar abertamente sobre qualquer assunto e a colocar tudo para fora. Não havia temas proibidos. Eu podia até falar palavrão, se quisesse. Ele nunca me interrompia até que tudo estivesse às claras. No fim da conversa, ele podia me dizer que algumas das palavras que usei eram inadequadas e que não gostaria de ouvir aquilo de novo. Mas era sempre tão atento aos meus sentimentos, tão afetuoso, cuidadoso e protetor... Ele escutava pacientemente tudo o que eu tinha para falar, mesmo que aquele blá-blá-blá todo o deixasse de saco cheio às vezes. Se foi o caso, ele nunca demonstrou. Como sempre me garantiu que eu podia falar com ele abertamente sobre tudo, quando arrumei meu primeiro 'namorado', a primeira coisa que fiz foi contar para ele! Meu pai deu uma resposta engraçadíssima. 'Ai, meu Deus', disse com um suspiro. 'Eu não esperava que *isso* fosse acontecer tão cedo!' Mas, como sempre, ele foi maravilhoso. Às vezes, eu realmente dava trabalho."

A educação que Freddie deu a ela, segundo B., era baseada na conversa.

"Ele abria minha cabeça, desenvolvia minha curiosidade e me guiava por reflexões profundas. Nossas longas conversas, mesmo que só por telefone, foram mais valiosas para mim do que todos os presentes que ele me deu. Passávamos horas papeando sobre tudo. Se me proibia de fazer alguma coisa, ele sempre explicava a razão. Quando ditava regras, eu sabia que precisava obedecer, porque tinha a noção do *porquê*. Freddie era muito rígido. Tinha princípios e chegava a ser inflexível, mas eu entendia por que ele precisava ser daquele jeito. Ele me educava com todo o cuidado, de uma maneira muito divertida, e seus argumentos eram cheios de ternura e delicadeza. Se tivesse vivido por mais tempo, é claro que chegaria um momento de impor alguma regra que eu não ia querer obedecer, contra a qual eu teria me rebelado. Ele tolerava a minha birra, o meu atrevimento, mas eu conhecia os limites. Sabia que não podia desobedecê-lo nem desrespeitá-lo. Ele detestava isso, ficava bastante irritado.

"Quando cheguei à adolescência, a palavra 'não' virou um verdadeiro gatilho para mim, de modo que, por um certo tempo, alguns conflitos acabavam sendo inevitáveis. Mas eu sempre sabia — e ele nunca me deixava esquecer — que seus três maiores princípios eram a verdade, a honestidade e o respeito."

B. confessa que foi uma criança precoce.

"Por isso nunca estive numa turma de crianças da mesma idade que eu. As turmas em que eu era encaixada e os amigos que mantinha eram sempre dois ou três anos mais velhos, às vezes mais. Lembro uma vez quando eu e um grupo de amigos mais velhos queríamos ir a um show do Mötley Crüe. Isso foi no segundo semestre de 1989. Eu não tinha nem treze anos na época e os amigos com quem pretendia ir tinham entre quinze e dezessete."

Aqui ela se refere à turnê *Dr. Feelgood*, do Crüe, que ocorreu entre 1989 e 1990, quando a banda percorreu a América do Norte, a Europa, a Austrália e o Japão para o lançamento do álbum *Dr. Feelgood*.

B. e os amigos eram grandes fãs da banda. Ela se recorda:

"A minha mãe não queria me deixar ir porque eu era muito nova. Como nunca fomos próximas e a nossa relação não era das melhores, havia muitos conflitos. Sabia muito bem que ela gostava mais e cuidava melhor dos outros filhos do que de mim. Então não pedi permissão. Só informei que iria a um show com uns amigos e que voltaria tarde para casa. Simplesmente. É claro que ela se opôs, como qualquer mãe faria. E dessa vez, Freddie ficou do lado *dela*. Nem ele queria que eu fosse! Aquilo me deixou revoltada. Naquela época, eu já sentia raiva de muita coisa.

Acho que, lá no fundo, já sabia que algo estava muito errado. Eu me lembro de perceber que meu pai tinha perdido muito peso, que o cabelo e a pele dele tinham mudado. Às vezes, quando ele ria, uma sombra cobria seus olhos por uma fração de segundo. Eu não fazia ideia do que significava. Havia uma aura de melancolia em torno dele que me deixava angustiada, eu notava que alguma coisa estava acontecendo, mas não tinha coragem de perguntar. Meu pai sempre percebia quando alguma coisa estava me incomodando, mas, naquela época, eu me escondia atrás da raiva como uma forma de protesto. Como eu reclamava muito, isso acabava passando batido. Sabia que ele não queria que eu fosse ao show, mas, como ele não me proibira explicitamente de ir, dei uma desculpa e o desafiei. Falei apenas que estava indo para a casa de uma amiga estudar e não mencionei a parte do show. Quando não voltei para casa na hora combinada, minha mãe ligou para os pais da minha amiga, que contaram para onde tínhamos ido. Foi aí que a bomba explodiu. Ligaram para Freddie imediatamente e avisaram. Eu sabia muito bem qual seria a reação dele, porque eu não devia ter feito aquilo. Ele ficou uma fera e mandou me buscarem. Quando ficamos cara a cara, meu pai me lançou um olhar de gelar o sangue. Com muita calma, disse que eu merecia um tapa pelo que havia feito. Mas ele nunca me bateu, nunca faria uma coisa dessas. Era contra castigos físicos. E nem eram necessários: só um olhar daqueles já era mais que suficiente. Fiquei ali em pé, cada vez mais nervosa. Ele falou sem levantar a voz. Tivemos uma longa discussão sobre o que eu havia aprontado, mas principalmente sobre o show."

Não que Freddie tenha dito à filha por que, exatamente, ele não queria que ela fosse ao show.

"Pelo menos, não a razão verdadeira. Ele reconhecia a qualidade da música da banda e sabia que eles eram bem performáticos. Nesse caso, por que a proibição? Olhando para trás, acho que ele ficou apavorado pelo fato de eu ser fã de uma banda que, nos bastidores, era capaz de fazer coisas ainda mais escandalosas, absurdas e indecentes do que ele e o Queen. No fim da discussão, ele me disse, sempre muito calmo, que eu nunca mais deveria lhe desobedecer. Disse tudo que precisava ser dito, e não tocaríamos mais no assunto. Hoje eu me surpreendo com a facilidade que foi ter aquela conversa com meu pai, e com o fato de ele não ter erguido a voz em nenhum momento. Nesse aspecto, ele era muito diferente daquela persona do Mercury Super Star."

Freddie ensinou a filha a acreditar em si mesma, "a seguir minha intuição e meus sentimentos. Ele me ajudou a ouvir a minha intuição e entender que seja lá o que eu sentisse lá no fundo não podia estar errado. Falou que eu precisava experimentar e tentar por mim mesma. Que teria que cometer meus próprios erros e até ser desobediente — mas não muito nem com muita frequência! Pois essa era a única maneira de aprender. E me incentivou a não ter medo de errar, porque sempre estaria lá para me apoiar e ajudar. E ele com certeza fez isso. Mesmo tendo morrido há décadas, os diários dele foram a garantia de que sempre estaria ao meu lado. Aqueles cadernos preciosos me deram todas as respostas e foram uma fonte de muito conforto. É como se ele tivesse previsto tudo de que eu precisaria nos anos seguintes à sua partida e tivesse feito um esforço imenso para estar sempre comigo, me apoiando. Também conto com a vantagem de ter muitas gravações pessoais, em áudio e em vídeo, embora seja muito estranho assistir a elas hoje, porque agora sou mais velha do que o meu pai era quando morreu".

• • •

Freddie era zoroastriano.[4] No entanto, as circunstâncias do nascimento de sua filha não permitem que ela seja reconhecida como integrante da religião.

"Minha mãe e meu padrasto são católicos", conta B., "então fui batizada e criada na igreja. Mas Freddie dava muita atenção à minha educação religiosa, especialmente a zoroastriana. Ele costumava me dizer que não existia deus, e sim Deus, e que eu poderia me dirigir diretamente a Ele. Meu pai me ensinou que o coração é a coisa mais incrível que existe, pois me permitia sentir cem por cento cristã e cem por cento zoroastriana ao mesmo tempo. Da mesma maneira, eu poderia ser cem por cento britânica e de alguma outra parte do mundo e ter nacionalidades diferentes, tudo ao mesmo tempo. Não só meio a meio, um pouco disso, um pouco daquilo. Para ele fazia todo o sentido, porque era assim que seu coração funcionava. Era assim que ele amava".

Em outras palavras, ele era a personificação do princípio de que o amor dividido não diminui.

"Minha mãe e meu padrasto não estão mais entre nós. Minha mãe morreu há alguns anos e meu querido padrasto se foi, como tantas pessoas, no início da pandemia da covid-19."

Quando B. tinha dezoito anos, o namorado dela e o irmão do rapaz morreram em um acidente de carro. Havia outros dois passageiros no veículo, ambos amigos queridos. Eles sobreviveram: um deles, quase sem se machucar; o outro sofreu ferimentos graves e teve que encarar trinta meses de fisioterapia para reaprender a comer, andar e escrever. Embora, felizmente, ela mesma não estivesse no carro, a tragédia deixou marcas, porque aconteceu logo depois de Freddie ter morrido.

"Nos dez anos seguintes à morte de Freddie, da época em que eu tinha quinze anos até completar vinte e cinco, não fui mais do que uma sombra de mim mesma", revela B. "Com o tempo, aprendi a conviver com a perda, mas demorei muito para me recuperar. Agora, que já tenho quase cinquenta anos, estou começando a achar que esse dia nunca vai chegar."

• • •

Freddie escrevia os diários num estilo muito pessoal.

"Foi assim que fui capaz de apontar mentiras, equívocos e certas interpretações exageradas, e de contar a verdade sobre ele a você sem precisar citá-lo palavra por palavra. Com exceção de alguns trechos de entrevistas reproduzidos ali, acho que os primeiros cadernos eram como diários para ele, uma espécie de lembrança de si mesmo para o futuro. Trazem anotações posteriores. Mais tarde, ele passaria a escrever num estilo mais coloquial sobre sua vida cotidiana, suas lembranças, seus pensamentos sobre qualquer coisa. Há histórias sobre algumas músicas, o que as inspirou e que mensagem ele queria passar quando as escreveu. Os cadernos mais recentes foram escritos diretamente para mim. Meu pai já sabia que não teria mais muito tempo para ficar me lembrando do que era importante para ele, de sua história, de sua infância, do passado distante e de todas as coisas que o fizeram ser quem era. Ele sabia que chegaria um momento em que não poderíamos mais ter longas conversas; em que não estaria mais por perto para me ajudar a crescer nem para me dizer as muitas coisas que ainda não podia contar porque eu era jovem demais para ouvir e compreender. Ele escreveu os diários para que eu nunca duvidasse dele ou esquecesse quem realmente era — porque sabia que, depois da morte, os urubus atacariam. Alguns já estavam até se aproximando. Por isso, ele revisitou a própria vida para mim, todos os remorsos e arrependimentos, sem nunca tentar passar pano para si mesmo. Ele fez tudo isso de peito aberto, com uma lucidez comovente."

Ela escreve com cautela, sabendo que algumas pessoas podem querer destruí-la, entrar com processos e pedidos de retratação, ou até se apropriar dos diários.

Mas B. deixa claro que jamais alguém vai possuí-los.

"Se alguém tentar roubá-los, ou entrar com um processo judicial para que sejam tirados de mim, eu simplesmente vou queimá-los. Por quê? Porque Freddie deu os diários para *mim*.

"Hoje sinto que parte dele *queria* que o mundo soubesse a verdade, mas só na hora certa. Ele também precisava de uma salvaguarda. Sabia perfeitamente que, se tivesse deixado os cadernos nas mãos dos empresários, por exemplo, seus relacionamentos homossexuais poderiam ser censurados. Se tivesse deixado na casa dele, Garden Lodge, certos amigos ou funcionários poderiam surrupiá-los (como aconteceu com algumas fotos, fitas e vídeos de Freddie), com a intenção de ganhar dinheiro, mas a 'parte podre' seria apagada e muito de sua identidade se perderia para sempre."

Ela conta que Freddie chegou a escrever em um dos diários onde gostaria de ser enterrado.

"Ele enumerou três opções e explicou os motivos para as escolhas, antes de se decidir por uma."

Garden Lodge, Montreux, Índia e Zanzibar não estão nessa lista, ela revela: "Eu teria ficado surpresa se fosse em algum desses lugares. O local que ele mencionava nos cadernos como o seu preferido *não* foi inesperado, já que Freddie era bastante tradicional e convencional."

Falei para ela que eu sabia exatamente onde estavam os restos mortais dele e que já havia visitado o local várias vezes. Numa delas, vi Mary Austin por lá. B. me pediu para prometer que nunca diria a ela que lugar era esse.

"De qualquer forma, tenho o meu próprio 'mausoléu' do Freddie. Não preciso ir a um lugar tão mórbido. Ele está em paz e isso é tudo o que importa."

• • •

Os diários de Freddie iluminam de forma inédita e fascinante seus relacionamentos, especialmente com aqueles que mais tarde publicaram relatos pessoais dos anos que passaram em sua órbita. É inevitável que as palavras dele próprio contradigam parte das revelações que aparecem em vários livros, principalmente nas memórias de Jim Hutton, o homem retratado como "parceiro", "namorado", "marido" e "amante" de meados dos anos 1980 até a morte de Freddie, em 1991; e de Peter Freestone, o assistente que foi aclamado e ganhou fama mundial como "o melhor amigo de Freddie" e "o homem que melhor o conhecia". Será que Freddie se sentia ameaçado pela possibilidade de algumas das pessoas mais próximas a ele reescreverem sua vida depois da morte, se colocando num papel mais favorável e de maior importância do que realmente tinham? Ele não se detém muito em especulações sobre ser malvisto no futuro nem diz que foi o medo que o levou a colocar tudo no papel. Também não chega a explicar por que confiou seus diários a uma das duas únicas pessoas que ele amava e em quem confiava, que, sem sombra de dúvida, jamais o trairiam. Nos diários, há a sensação de que Freddie sempre soube que o mundo não estava preparado para lidar com quem ele realmente era. Talvez acreditasse que chegaria um momento em que a diversidade passaria a ser mais tolerada. Um momento em que seria seguro compartilhar sua história e sua verdade.

Freddie com certeza sabia, como todos nós, que o tempo prega peças na memória. As lembranças sempre variam, mas o que ele escreveu sobre os membros de sua comitiva não deixa margem a dúvidas. Tanto Jim Hutton como Peter Freestone foram questionados por estudiosos e por fãs pelas inexatidões e contradições em seus livros. Críticas à parte, eu gostaria de dizer, em defesa dos dois, que eles foram muito atenciosos e solícitos comigo. Ambos sempre me trataram com respeito e educação. Jim já faleceu. O gentil e simpático Peter continua à margem do círculo mais próximo. Ele continuou atuando como uma espécie de porta-voz de Freddie durante os últimos trinta e três anos, como parte das homenagens bienais prestadas a Freddie em Montreux; foi uma espécie de "consultor de veracidade" no filme *Bohemian Rhapsody*; emprestou sua voz para gravações de visitas guiadas sobre Freddie em Montreux; e foi o coanfitrião das "noitadas do Freddie" na casa do falecido Claude Nobs, um grande amigo do artista e fundador do mundialmente famoso Festival de Jazz de Montreux.

• • •

Os poucos que sabiam que Freddie tinha uma filha sabem quem são. Outros vão se convencer de que ela está dizendo a verdade quando mencionar a pequena mancha pigmentada que havia no rosto dele, logo abaixo do olho esquerdo. Não está falando da cicatriz embaixo do olho direito nem daquela na maçã do rosto direita, ambas resultado de lutas de boxe no colégio.

"Essa mancha", ela conta, "não era perceptível em vídeos ou fotos, nem sob o sol ou sob os refletores dos palcos, tampouco numa cena de um filme. Também não era capturada pelos flashes das câmeras. Quando ele estava maquiado ou bronzeado, ficava praticamente invisível. Muitas vezes se escondia nas olheiras. Só dava para ver bem de perto, cara a cara, e mesmo assim só se ele não estivesse maquiado ou bronzeado demais. Se eu não fosse quem digo ser, como é que saberia de uma coisa dessas?".

• • •

A filha de Freddie conheceu os sentimentos mais profundos e o lado mais reservado do pai só depois que ele morreu.

"E, mesmo assim, só depois de ler os diários muitas vezes. Tanta gente passou mais tempo com ele pessoalmente do que eu! Mas isso não quer dizer que elas o conheceram de verdade, muito menos que o conheceram melhor do que eu. Algumas delas mal descobriram o verdadeiro Freddie. Isso é óbvio, considerando tudo o que escreveram e disseram depois de sua morte."

Mas e o começo de sua vida? O nascimento em Zanzibar, a infância, os longos e longínquos anos passados num internato na Índia? Fiz diversas viagens para conhecer e explorar esses destinos, em busca da verdade. Será que o homem que encontrei nesses lugares era mesmo Freddie?

CAPÍTULO 3

ORIGENS

"Aqueles que dizem que Freddie gostaria de apagar e cancelar seu passado, ou mesmo que, se pudesse escolher, teria optado por começar sua vida em Londres aos dezoito anos, não sabem absolutamente nada do que estão falando", afirma a filha.

"Eles não têm ideia do que Freddie passou em Zanzibar na época do genocídio, nem do que a família teve que aguentar nos meses seguintes. Não imaginam como essas palavras o deixariam horrorizado. Mas precisam saber, por isso estou aqui para contar como essas suposições o aborreceriam."

• • •

Farrokh Bulsara nasceu no dia 5 de setembro de 1946 no Hospital do Governo, na zona sul da Cidade de Pedra, capital histórica e maior cidade de Zanzibar, um arquipélago na África Oriental. Hoje o hospital é o maior prédio público da cidade, conhecido como Hospital Mnazi Mmoja, e atende a toda a população, enfrentando os muitos desafios de um centro médico administrado pelo governo num país em desenvolvimento. É tão superlotado quanto era há oitenta anos, e muitos pacientes têm de percorrer longas distâncias para serem tratados ali. O primeiro filho dos Bulsara chegou no Dia do Ano-Novo parse.

"No nosso calendário", explica B., "os dias começam 'com o nascer do sol', às seis da manhã. O Dia do Ano-Novo na verdade foi 4 de setembro de 1946, do nascer do sol até o momento em que o sol se ergueu de novo, em 5 de setembro. Como ele nasceu antes da alvorada no dia 5, a família pôde dizer que ele nasceu no ano-novo, no dia do nosso Deus e o dia em que desejamos aos outros 'Farrokh Fravardin'. Daí o nome Farrokh, que se traduz como 'auspicioso, abençoado, sortudo e feliz'. 'Fravardin' é o nome do primeiro mês do calendário *shenshai* (os parses não adotam o mesmo calendário dos zoroastrianos do Irã; na verdade, existem três calendários utilizados pelos zoroastrianos espalhados pelo mundo); também é o nome do dia 19 de cada mês. Isso é mais difícil de explicar. Tem a ver com os anjos da guarda e o espírito guardião que todo ser humano tem, que o protege e o ajuda a crescer e a se desenvolver".

Antigo centro do tráfico de escravizados da África Oriental, Zanzibar tem uma longa história de transações internacionais. Suas ilhas eram um caldeirão de culturas da África, das Arábias, da Índia e da Pérsia. Depois de virar protetorado em 1890, o território continuou sob controle britânico no primeiro ano após a Segunda Guerra Mundial, o ano em que Freddie nasceu. Seus pais, Jer e Bomi, vinham de uma comunidade parse estabelecida havia muito tempo numa cidade indiana conhecida no tempo dos ingleses como Bulsar — daí o sobrenome adotado pela família. Agora chamada Valsad, a cidade fica na costa oeste de Guzerate, a poucos quilômetros do mar Árabe e 210 km ao norte de Mumbai, antiga Bombaim. Como escrevi em *Love of My Life*, "costuma-se dizer que Freddie passou a maior parte da infância em Zanzibar, mas não foi assim. Ele só passou os primeiros oito anos de vida lá". Quando completou cinco anos, seus pais o matricularam na St Joseph's Convent Missionary School, onde foi educado por freiras anglicanas. O edifício, que existe até hoje e que cheguei a visitar, tem porões que dizem terem sido usados como alojamento de escravizados. A unidade hoje é chamada de Skuli Ya Sekondari Tumekuja. Freddie foi aluno das freiras por três anos.

"A casa onde ele passou a infância ficava no centro da Cidade de Pedra, na esquina de uma rua estreita com a avenida principal Shangani, que agora se chama Kenyatta Road", informa B., com base nos diários de Freddie. "A casa era bem típica da região. Ele a descreve como sendo muito bonita, com varanda de madeira ricamente entalhada e um terraço no teto. Era decorada com tapetes persas. Todo domingo, a mãe de Freddie enchia os vasos com flores recém-colhidas. Em dias especiais, ela enfeitava a porta e a sala com flores aromáticas. A família tinha uma mesa especial para os porta-retratos dos parentes já falecidos, na qual Jer fazia o ritual zoroastriano do olíbano todo domingo. Para isso, ela queimava olíbano, uma resina parecida com incenso, para purificação e recebimento da graça divina. O olíbano tem um perfume que eleva a alma.

"As lojas nas ruas lá embaixo vendiam joias preciosas do Golfo, tapetes persas, estátuas de mármore, cerâmicas, bandejas de cobre, esculturas, móveis de madeira entalhada, enfeites de prata e várias coisinhas bonitas. Freddie ficava encantado ao ver esses tesouros. Uma das lojas de que ele mais gostava vendia revistas do exterior e livros de todo tipo, inclusive os de colorir para crianças e material de escritório para os europeus. A cada dois ou três meses, navios cargueiros traziam lotes de mercadorias importadas que jamais chegariam por outro meio em Zanzibar. Como elas são muito populares no Ocidente e já receberam tantas adaptações para o cinema e a televisão, as pessoas costumam pensar que as histórias de infância de Freddie vinham do folclore de *As mil e uma noites*. Isso não é verdade. A maior fonte de suas histórias de infância foi *O Shahnameh*."[1]

Como ele não tinha muitos brinquedos, boa parte das brincadeiras de infância dependiam de sua imaginação.

"Freddie amava e brincava muito com o trem elétrico que seu pai trouxe de uma de suas viagens", conta B. "E sua mãe comprava livros: *O Shahnameh*, as *Fábulas de Esopo* e *A história de Pedro Coelho*, de Beatrix Potter. Ele passava muitas horas lendo e relendo as histórias daqueles três livros e tentando reproduzi-las em belos desenhos. Foi assim que, muito cedo, aprendeu a desenhar. As primeiras obras de arte que ele viu na vida foram as portas ricamente talhadas da Cidade de Pedra. Um antigo vizinho lhe ensinou sobre os diferentes estilos, o que os padrões significavam e como 'ler' uma porta."

Ela conta que, naquele tempo, Zanzibar era "um lugar lindo e inocente. Tempos depois, Freddie sentiria uma enorme vontade de voltar àquele lugar da forma que ele um dia foi. Sua vida ali era simples, mas encantadora. Junto com os amiguinhos Ahmed, Ibrahim e Mustapha, ele passava horas brincando nas ruas da Cidade de Pedra. Esses três garotos eram muito queridos por ele. Foram os irmãos que nunca teve".

Como o próprio Freddie disse, sua primeira infância não poderia ter sido mais feliz.

"Aquelas crianças tinham uma vida muito livre. Elas se enchiam de mamões, bananas, mangas maduras e cocos até o estômago doer. Brincavam com burros e galinhas, imitavam os guinchos dos gálagos quando corriam atrás deles, cantavam e dançavam sob os olhares atentos das mães e das babás. Os vizinhos se juntavam a elas nos bancos da praça e ficavam ali, falando numa cacofonia de idiomas e dialetos: kiunguja, árabe, guzerate e inglês. A região da Cidade de Pedra vibrava de som e de vida. Na hora dos temporais, todo mundo ia dançar na rua, batendo palmas, os pés no chão e cantando a alegria que era estar na chuva.

"Algumas ruas da Cidade de Pedra eram tão estreitas que nem uma carroça puxada por burro conseguia passar. Nem a luz do sol entrava. Uma dessas vielas levava ao edifício dos Telégrafos, em frente à praia favorita de Freddie na época, a Ras Shangani Point — um trecho de terra na parte oeste da ilha, ainda na Cidade de Pedra, que entrava pelo canal de Zanzibar. A praia se estende desde o edifício dos Telégrafos (hoje hotel Serena) até onde era o Jubilee Gardens, atualmente Forodhani Gardens. Foi lá que Freddie aprendeu a nadar. Ele adorava as águas claras e rasas do local. Passou boa parte da infância brincando com os amigos naquela areia branca e mergulhando nas ondas. Às vezes, ia com os pais ao Palácio do Sultão, onde assistiam à revista e à troca de guardas. Depois, caminhavam até o Jubilee Gardens, em frente à Beit al-Ajaib, a Casa das Maravilhas, onde Bomi, seu pai, trabalhava como funcionário público. Eles se sentavam e descansavam na praia, olhando para aquele mar azul-turquesa reluzindo ao sol. Freddie adorava brincar e rir com o pai. Ele também corria pela areia, juntando belas conchas para oferecer à mãe. Estava sempre procurando pequenas maneiras de demonstrar o quanto a adorava, porque não havia ninguém como ela. Anos mais tarde, em vez de conchas, ele lhe daria esmeraldas preciosas e pérolas do Japão. Embora fossem muito rígidos em relação a educação, boas maneiras, respeito e bom comportamento, sobretudo diante dos mais velhos, os pais de Freddie eram pessoas afetuosas e dedicadas. Bomi era um homem extremamente atencioso, leal e honesto, que fazia muito bem para a família. Não deixava de apoiar e incentivar o filho. Ele gostava muito dos dois filhos e sempre queria saber como estavam se sentindo."

B. conta que a mãe de Freddie lhe ensinou as orações mais comuns que ele deveria fazer toda noite, antes de dormir.

"Os dois se sentavam e rezavam juntos. O pai e a mãe lhe ensinaram a ler em guzerate, para que Freddie pudesse acompanhar o livrinho de orações que eles lhe deram."

Mais tarde, ele também receberia a tradução em inglês. Embora, depois de sua morte, algumas pessoas tenham declarado que ele não falava outro idioma além do inglês, B. confirma que seu pai também era fluente em guzerate.

"Afinal de contas, era a língua materna dele e a que usou durante toda a sua infância. Ele conversava em guzerate com os pais, que também falavam inglês. Eles o ensinaram a ser bilíngue e a ter orgulho de suas raízes parse e zoroastriana."[2]

Jer e Bomi contavam ao filho histórias sobre a religião deles e também sobre a cultura e a história parses. Como ambos frequentaram escolas parses na Índia, eram muito religiosos e tradicionalistas. Acreditavam piamente nas leis da pureza e seguiam os rituais com dedicação. Freddie passou a acompanhá-los desde muito pequeno ao agiário, o templo zoroastriano do fogo, nos arredores da Cidade de Pedra. Não era apenas a cantoria que o fascinava; as orações, entoadas com fervor, eram as mais extraordinárias que ele já tinha visto. A música o tocou profundamente e passou a fazer parte dele. A família visitava com frequência o agiário e seu belo jardim de rosas, e Freddie achava incrível o contraste entre a "cidade de pedra" e todo o luxo daquele local. Na época, eles passaram a frequentar o Clube Parse ali perto.

Aquele lugar sagrado, construído em 1895 e doado à comunidade parse, onde outrora ardia a chama do fogo eterno, agora está em ruínas. Apesar de a comunidade zoroastriana de Zanzibar ter se estabelecido e prosperado na região por séculos, a maioria fugiu em 1964, no início da revolução. O antigo templo do fogo foi abandonado. Representantes da comunidade, vindos de Londres, foram até ali anos depois e conseguiram retirar as escrituras, as oferendas nos altares, imagens sacras, livros e pinturas e levá-los à Inglaterra para mantê-los preservados. O prédio dilapidado, que hoje é chamado de Swahili as Shamba ya Parisi — o Templo dos Parses —, virou propriedade particular e é usado como depósito. O jardim das rosas, antes florido, tornou-se um terreno baldio, embora o cemitério continue lá. Lápides antigas, com inscrições em inglês e guzerate, se inclinam sobre o capim alto.

A iniciação Navjote de Freddie em sua fé aconteceu no agiário quando ele tinha sete anos. Embora fosse muito novo, ele levou a cerimônia muito a sério. Segundo B., aprendeu a praticar os rituais e tudo o mais que se esperava dele naquele dia.

"A mãe pendurou luzes e guirlandas de flores no quintal e preparou doces maravilhosos para os convidados. Os parses gostam muito de celebrações e, ao longo de toda a infância de Freddie, sempre houve uma ocasião ou outra para se comemorar. Era como se qualquer desculpa servisse para fazer uma festa e espalhar alegria. Aniversários, Navjotes, casamentos, o festival de Muktad, que durava dezoito dias (como é popularmente chamado o festival de Fravardigan, ou festival dos *fravashis*, equivalente ao Dia de Finados cristão), a chegada das chuvas, qualquer coisa era motivo de comemoração. Os aniversários eram bastante especiais. Em seu dia, Freddie se banhava com leite e flores, enquanto a mãe preparava iguarias especiais. Não é surpresa alguma que, já adulto, ele fizesse de seus aniversários grandes eventos, afinal, foi criado assim. Desde muito cedo, Freddie entendia o significado das celebrações e por que festas eram importantes. A religião também era a fé e os costumes dos outros. Ele e a família respeitavam e comemoravam os dias de festa dos amigos de outras religiões. Além da celebração mensal dos zoroastrianos, as festas anglicanas, protestantes e católicas também eram observadas. Desde muito pequeno, Freddie tinha uma mente curiosa. Ele conta que vivia fazendo perguntas sobre as várias culturas e religiões que havia em Zanzibar. Adorou os poucos anos que passou na escola dos missionários."

Mas, naquela época, não havia uma boa escola de ensino fundamental na cidade. Os funcionários da embaixada — os cidadãos ingleses que trabalhavam para o governo e tinham sido alocados em Zanzibar — e as pessoas de fora não matriculavam os filhos nas escolas de ensino fundamental locais porque o padrão de ensino era muito baixo. Enquanto outras crianças iam estudar em escolas no continente africano, Freddie foi mandado para a Índia quando tinha apenas oito anos. Em Panchgani, uma estação no meio dos Gates Ocidentais da cordilheira de Sahyadri, ele estudaria na St. Peter's Church of England School.

E, como conta a filha, foi lá que sua bela infância terminou.

"Bomi e Jer acreditavam piamente que haviam tomado a decisão correta e que seria bom para ele. Os dois se sentaram com Freddie para ter uma conversa difícil e comunicaram ao filho que iriam mandá-lo para longe e que ele passaria a morar numa escola. Tiveram que contar que ele mal veria os pais pelos próximos dois anos e falaram um pouco sobre como seria a vida num internato, mas o que eles poderiam dizer realmente? Nada o teria preparado para os horrores que iria viver. Freddie ficou triste, com o coração partido. Não conseguiu entender por que fizeram aquilo. Empacotou seus poucos pertences, inclusive algumas fotos dos pais e da irmã tiradas semanas antes. Levou também o exemplar de *O Shahnameh* e seu livro de orações. Teve que deixar em casa, porém, seu amado ursinho de pelúcia, já que a St. Peter's não permitia brinquedos. Enquanto se preparava para viajar, Freddie estava arrasado. Não conseguia suportar a ideia de ir embora de casa. Daquele dia em diante, nunca mais conseguiu fazer as malas direito antes de viajar, nem pronunciar a palavra 'adeus'. Pelo restante da vida, ele consideraria essas coisas traumatizantes, para não dizer impossíveis."

Na véspera da partida, seu pai lhe presenteou com o próprio álbum de selos, no qual ele guardava os muitos selos de cartas que havia juntado durante os anos de viagem.

"Havia até selos que pertenceram ao pai de Bomi, além dos que ele juntava das cartas que recebia no trabalho", conta B. "Freddie o levou com todo o cuidado para a escola St. Peter's. Ele tomaria conta daquele álbum a vida inteira e nunca o abandonaria. Juntava os selos de Zanzibar das cartas que recebia dos pais. Bomi lhe mandava os selos que ele mesmo continuava a colecionar e comprava outros especialmente para o filho. Aquele álbum era muitíssimo importante para Freddie. Era um pedacinho de casa, tangível e muito pessoal."

Foi só depois da partida do navio com destino a Mumbai que Freddie se deu conta do imenso horror de toda a situação. Foi só aí que ele percebeu que estava sendo mandado para longe de casa por um período de fato longo. Viajava na companhia de outras crianças, filhos de amigos de seus pais, portanto não estaria cem por cento sozinho, à mercê da tripulação, durante aquela árdua travessia. Mesmo assim, a experiência o magoou profundamente. Chegou a afirmar que aquilo destruiu por completo o mundo que ele conhecia até então e que tanto amava. Na chegada em Mumbai, foi recebido por parentes, que tomaram conta dele até a hora de fazer o longo trajeto de trem até Panchgani.

"Dizem muito por aí que a viagem de navio durou oito semanas ou sessenta dias", comenta B. "Em *The Untold Story*, um documentário sobre Freddie dirigido por Rudi Dolezal e Hannes Rossacher, produzido por Jim Beach, empresário do Queen, lançado em 2000 e relançado seis anos depois com o título *Lover of Life, Singer of Songs*, foi sugerido que essa viagem teria durado oito semanas. Mary Austin mais tarde diria: 'Acho que foram seis semanas.' O fato de ela dizer '*acho*' é importante.

"Em seus cadernos, Freddie confirma que o trecho entre Zanzibar e Mumbai durou de dez a quinze dias. Só havia um ou dois embarques por mês, a bordo do navio *Karanja* ou do navio-irmão *Kampala*."

Esses dois navios coloniais foram construídos em Glasgow, no estaleiro Govan, que ficava no rio Clyde, por Alexander Stephen & Sons, o *Kampala* em 1947 e o *Karanja* um ano depois. Operados pela British India Steam Navigation Company, eles ligavam Mumbai ao Paquistão, Quênia, Tanzânia, Moçambique e África do Sul, com paradas em Zanzibar e nas ilhas Seychelles. Havia cabines de primeira, segunda e terceira classes, com restaurantes e outras áreas comuns. Rudolph A. Furtado — cujo pai, o sr. Louis J. Furtado, trabalhara como supervisor de carga para aquelas linhas e também viajava a bordo do *Karanja*

— recorda os tipos de entretenimento que havia a bordo: uma orquestra de música ao vivo, cinema, tômbola, jogos de adivinhação, cavalos de madeira e um salão de jogos com tênis de mesa, sendo que a maioria das bolas acabava caindo no mar. Os passageiros de primeira classe também tinham direito a um espaço para coquetéis, chás da tarde, jogos de cartas, salão de dança e uma biblioteca. Segundo Subhash Gudka, um aluno que frequentou a escola St. Peter's entre 1958 e 1962 e que às vezes viajava com Freddie, "havia cerca de sessenta alunos da África Oriental que na época estavam indo estudar na Índia. Quando começava o ano letivo", revelou ao *Hindustan Times* em 2018, "nós pegávamos o mesmo navio para a Índia. Freddie embarcava em Zanzibar e eu, em Mombasa. Nós dois viajávamos na primeira classe".

Que choque cultural Mumbai não deve ter sido para aqueles meninos vindos de outro mundo! Como devem ter ficado assustados, mas também maravilhados, ao chegarem pela primeira vez à cidade, em direção à grande Porta de Entrada da Índia e seu vizinho arquitetônico, o Taj Mahal Palace, considerado o hotel mais luxuoso do Oriente. Os navios em que viajariam mais tarde seriam adquiridos pela Shipping Corporation of India e receberiam outros nomes. O *Kampala* viraria sucata em 1971 e o *Karanja*, em 1988.

"Portanto, é verdade", continua B., "que, do dia em que Freddie se despediu dos pais na Cidade de Pedra ao dia em que chegou à Escola St. Peter's, em Panchgani, foram cinco semanas. Mas a viagem de navio em si não durou mais do que dez a quinze dias. Uma vez em Mumbai, os parentes de Freddie tomaram conta dele até o embarcarem no trem que o levaria para a escola.

"Mais uma vez, é preciso deixar isso bem claro. As avassaladoras 'oito semanas no mar', repetidas tantas vezes, são uma afirmação totalmente equivocada (a origem dessa alegação é desconhecida). E também passam uma impressão muito ruim de que tipo de pais Bomi e da Jer eram, a de que eles achariam razoável abandonar um filho de oito anos aos cuidados de estranhos num grande navio por dois meses inteiros. Não foi isso o que aconteceu. Freddie passou, acompanhado pelos filhos dos amigos de seus pais, não mais do que duas semanas naquele navio. O que continua a ser, como sabemos, muito tempo para um menor desacompanhado. Uma coisa dessas seria inconcebível nos dias de hoje, mas, na época — meados dos anos 1950 — e naquela parte do mundo, era comum. Os meninos mais velhos cuidavam dos mais novos. Assim era a vida."

• • •

Ficou claro, logo depois de sua chegada, que ele teria que aprender tudo da maneira mais difícil.

A vida na St. Peter's, naquele tempo — e lembre-se de que estamos falando de setenta anos atrás, sem nenhuma intenção de insinuar que o regime continue sendo cruel nos dias de hoje —, se baseava em disciplina, privações e castigos.

"A virada na vida de Freddie foi dramática", conta B. "Destruiu tudo aquilo que sua vida tinha sido até então. Nenhum aspecto de sua antiga existência permaneceu. Ele chegou a acreditar que um internato era a pior coisa no mundo a que alguém poderia submeter uma criança e decidiu que, quando tivesse filhos, em hipótese alguma eles seriam educados longe da família. Ter que se defender sendo tão jovem era demais para ele, que se sentiu totalmente perdido. Tinha crises de choro repentinas, que não conseguia controlar. Tendo percebido rápido que só poderia confiar em si mesmo, porque não tinha mais ninguém com quem contar, ele começou a se retrair. Ficava tão preocupado em não mostrar seus verdadeiros sentimentos, com receio de ser punido ou ridicularizado, que construiu uma fachada e se especializou na arte do fingimento. Durante o dia, projetava uma imagem de garoto durão a qual não tinha nada a ver com quem ele era de verdade. Fazia o que o mandavam fazer, fingindo que estava tudo bem. Mas de noite, sozinho na cama, chorava em silêncio, à procura do sono que raramente vinha. Quando conseguia cochilar, era no máximo por umas três horas. Como nunca descansava de verdade, do jeito que precisava, Freddie se sentia exausto o tempo todo. Mesmo cercado por centenas de outros garotos, ele se sentia totalmente solitário."

Seu "espaço pessoal", como Freddie descrevia, não tinha mobília alguma, a não ser uma cama estreita de solteiro e um pequeno armário. Aquele confinamento o deixava deprimido e suas emoções tinham que ser sufocadas até que não sentisse mais nada.

A filha conta, a partir das páginas dos diários de Freddie, que, em muitos níveis, a figura da canção "The Great Pretender", ou "o grande farsante", à qual mais tarde ele acabaria associado, nasceu exatamente ali na Escola St. Peters, muitos anos antes de ter ouvido a música pela primeira vez.

Havia alguns refúgios de consolo e salvação. Freddie adorava desenhar, por exemplo, e isso servia para acalmar sua imaginação hiperativa. Contudo, como o suprimento de papel era racionado e ele consumia rapidamente a sua cota, aprendeu a criar um universo alternativo na mente.

Falando em "universos alternativos", eles se tornariam muito importantes para Freddie nos anos que passou longe de casa. Fiquei fascinada com uma declaração do Roger Taylor no lançamento da versão de luxo do disco de estreia da banda, *Queen*, no hotel Ham Yard, em Londres, em outubro de 2024, na qual ele mencionou ter ficado "horrorizado" com a maneira como tantas letras do Freddie eram religiosas. "Freddie não era nem um pouco religioso, então sabe-se lá o que ele andou lendo!", disse Taylor. Mas, como já tinha admitido anteriormente, ele e os outros integrantes da banda sempre suspeitaram que havia muita coisa a respeito do Freddie que eles não sabiam.

"Roger disse que, como grupo, eles eram muito unidos, mas que *nem eles* sabiam muita coisa sobre Freddie, porque ele era um verdadeiro mistério. Contou isso no programa de televisão *Good Morning Britain* uma semana depois da morte de Freddie, em 1991. Mas essa questão já havia sido discutida em 1977, numa entrevista com Tim Lott na revista *Sound* de 4 de junho:

"'Lott: Brian já confessou que, depois de cinco anos, ele mal conhece o vocalista da banda.'

"'Freddie: Até certo ponto, isso é verdade. Gosto de ter minha privacidade e acho que já me sacrifiquei muito por isso. Às vezes a gente quer se esconder. Eu gosto de ficar na minha.'"

E assim, bem diferente de não ter nada de religioso, Freddie rezava fervorosamente para Deus quando criança, e continuaria assim até o fim da vida.

"Ele passava muito tempo rezando na cama", revela B. "Isso lhe dava conforto. Na oração, encontrava o calor dos parses, além de uma sensação de segurança que sempre associava com seu lar em Zanzibar. Essa conexão com a família o mantinha são. Sua mãe, seu pai, a irmã e o círculo familiar eram as coisas mais importantes de sua vida. Freddie sentia muita saudade e ficava desesperado para voltar logo para casa e poder vê-los. Sentia vontade de ter os braços da mãe de novo em volta dele, afagando-o e lhe passando uma sensação de segurança, e voltar a ouvir as magníficas histórias que seu pai contava. Sempre que conseguia pegar no sono, só sonhava com eles. No sonho, eles estavam juntos na praia, rindo, brincando e se divertindo. Parecia tudo tão real que, quando ele acordava e percebia que tudo não tinha passado de um sonho, ficava inconsolável."

Freddie passaria a vida inteira atormentado pela decisão dos pais de mandá-lo estudar em outro país.

"É claro que ele sabia os motivos: naquela época não havia um colégio decente para ele em Zanzibar. Sabia que os pais acreditavam estar proporcionando o melhor ao querido filho. Escolheram um internato na Índia, especificamente, porque uma parte da família morava lá e ficaria responsável por ele. Mas Freddie nunca entendeu de verdade como eles foram capazes de mandá-lo para o exterior com tanta facilidade. Parte dele nunca aceitou o que os pais fizeram. Tinha convicção de que eles o amavam. Nunca duvidou disso. Porém, não conseguiu superar o sentimento de abandono e de rejeição. Ele se sentia consumido pela ansiedade da separação, e isso jamais o abandonaria. Chegou até a se perguntar se a decisão dos pais havia sido culpa sua. Sozinho em um ambiente estranho, ele não tinha ninguém com quem contar. E ninguém com quem lamentar a saudade de casa. Ninguém para lhe dar afeto, atenção ou apoio moral, coisas das quais ele precisava tanto. Os sentimentos de abandono, solidão, ansiedade e profunda tristeza o atormentariam pelo resto da vida. Um menininho tímido e sensível como Freddie nunca poderia ter sido mandado para um internato em outro país."

Segundo a filha, essa foi a sua ferida mais profunda, que jamais cicatrizou.

"Aquilo o magoou pelo restante de seus dias. Como ele não conseguiu enfrentar esse assunto quando adulto, nunca encontrou uma maneira de superar."

A ironia de tudo é que foi justamente essa ferida terrível que o empurrou para a música. Ele a utilizava para preencher o vazio, e isso o levaria a uma vida que ele jamais poderia ter imaginado.

"Tudo o que ele queria era criar música e fazer as pessoas se sentirem felizes com ela, o que compensaria toda a felicidade que lhe foi negada nos anos que passou em Panchgani. A maioria de suas canções é sobre amor e felicidade. Ele culpava os pais pela terrível decisão que tomaram, mas também sabia que, sem seu conhecimento artístico e sua educação privilegiada, provavelmente nunca teria se tornado um artista."

Nas páginas de seu diário, Freddie dispensa as meias-palavras. Seu desabafo é tão visceral e contundente que poderia ter sido escrito com sangue. O leitor não tem dúvida alguma de que os anos de internato foram de uma tristeza profunda. Ele apenas conseguiu resistir, nunca pôde aproveitá-los. Mesmo tendo conseguido cultivar um grupo seleto de amigos, nunca foi proativo ou assertivo entre eles. A interação com os colegas não vinha naturalmente. Freddie costumava ficar mais ao fundo, sem falar muito. Não conseguia se dar bem com alguns alunos, porque estes haviam percebido sua vulnerabilidade e às vezes tiravam proveito disso.

"Alguns deles chegavam a ser cruéis", relata B. "Alguns o chamavam de 'Bucky', por causa dos dentes proeminentes, como os de um cervo pequeno. Ele odiava esse apelido. Esses garotos em particular o atormentavam, provocavam e ridicularizavam sem trégua. Alguns eram até violentos, obrigando Freddie a aprender a se defender sozinho. Ele era vítima de bullying no dormitório, no banheiro e até na cabine do sanitário. Freddie nunca conseguia fugir deles, não importa aonde fosse, e realmente sofria muito por causa disso. Segundo ele, aguentar esse tipo de comportamento semana sim, outra também, um mês após o outro, era como uma tortura. Esse tipo de coisa, dizem, era a regra nos internatos daquele tempo. Mas era algo pelo qual Freddie nunca tinha passado, não podia ter esperado e não estava nem um pouco preparado. Até St. Peter's, quando Freddie estava com os amigos, ele só tinha conhecido amor, amizade, alegria, apoio e felicidade. Aprender a ser independente, a voar com as próprias asas e não confiar em mais ninguém foi algo muito difícil."

Os primeiros dois anos na St. Peter's foram duros. Ciente de que este agora era seu mundo e de que não tinha escolha, ele decidiu que o melhor que podia fazer era se acostumar. Aluno aplicado, se dava bem em todas as matérias. Chegou até a ganhar o troféu de Aluno Júnior Mais Completo, por estudos em geral, expressividade, arte dramática, esportes e atividades extracurriculares. Fora da sala de aula, passava a maior parte do tempo sozinho. Nessas horas de solidão, ele se perdia na própria criação particular, um mundo imaginário seguro e secreto. Começou a inventar um mundo de fantasia chamado Rhye, com raízes nas histórias que lia na infância. No começo não imaginou que seria uma canção ou qualquer coisa musical. Isso tudo veio depois. Era apenas o seu pequeno universo, para onde ele poderia se recolher e encontrar algum alívio.

"Existem muitas interpretações para 'The Seven Seas of Rhye'", admite B. "Infelizmente, elas costumam ser equivocadas. É bem irônico que essa música, sobre um lugar imaginário para onde ele poderia fugir em sua mente quando a situação ficava difícil demais, acabaria se tornando o primeiro sucesso de verdade do Queen. Como o internato onde ele estudou era muito rígido, Freddie aprendeu a se contentar com qualquer alento. Talvez tenha sido o mais significativo de todos."

Uma coisa que irritava Freddie enormemente, e que não tinha o menor sentido, para não dizer que chegava a ser cruel, era a regra de silêncio absoluto que a escola impunha no tempo em que ele a frequentou. Os meninos recebiam ordens para não falar uns com os outros, exceto durante os recreios ou quando praticavam esporte. De modo que aquelas crianças, cujo próprio desenvolvimento dependia de se comunicarem e interagirem, eram obrigadas a sentar e fazer refeições em silêncio, tomar banho sem dizer uma palavra, e até brincar e assistir a filmes sem conversar. Repito que não estou sugerindo, de maneira alguma, que essa prática permaneça até os dias de hoje. Mas o que a escola pensava ser naquele tempo? Um monastério cumprindo votos de silêncio?

"E se um menino desobedecesse", continua B., "era punido. Os castigos eram corriqueiros, aconteciam por qualquer motivo. Isso deixava Freddie muito mal".

No futuro, Freddie ficaria conhecido por comer como um passarinho. Pouca gente que conviveu com ele na vida adulta sabia o verdadeiro motivo. Ele teve uma experiência traumática no internato, graças a uma daquelas práticas brutais.

"Na época do Freddie, se alguém não comesse o prato todo, ficaria proibido de fazer a próxima refeição", conta B. "Ele nunca superou isso. Essa ansiedade inibiu sua capacidade de se alimentar. Ele conseguia se manter com muito menos comida do que o corpo precisava. A consequência disso foi que ele se tornou um adulto com pouquíssimo apetite. Ele também odiava desperdiçar comida. Mas, anos mais tarde, depois que incorporou a roupagem de Freddie Mercury, ele se contrapôs a isso se dando ao luxo de não ter mais que comer tudo o que havia no prato."

Essa não era, de maneira alguma, a única prática cruel a que ele era submetido.

"Os primeiros dois anos na Escola St. Peter's foram horrorosos. Muito penosos e infelizes para ele. As regras e o regulamento da escola eram quase que militares. O cronograma dava pouquíssimo tempo livre aos alunos. Num minuto aquele menino estava em casa, sendo paparicado e recebendo um monte de amor, no outro estava sozinho numa escola a milhares de quilômetros de casa, sem ninguém para consolá-lo ou abraçá-lo quando ele mais precisava. Freddie sentia muita falta da família e era punido com frequência por coisas mínimas. Não podia nem telefonar para os pais para receber algum conforto, porque os garotos não tinham acesso ao telefone. Esse episódio de sua vida, essa terrível falta de contato pessoal, provavelmente é o motivo pelo qual, no futuro, ele ficaria tão dependente do telefone. Ele me ligava quase todos os dias, para passar o tempo, me perguntar o que eu tinha feito, o que eu estava lendo, ouvindo, com quem eu andava brincando, o que eu queria fazer, se eu gostava do que estava fazendo, se tinha dormido bem, me alimentado bem, se estava indo bem na escola e se alguém tinha me provocado. Era como se ele estivesse revivendo a própria infância através de mim, ou melhor, a infância calorosa, afetuosa e amorosa que ele gostaria de ter vivido. Como acontece com todas as crianças, a infância e os anos de escola tiveram um impacto profundo em sua vida. Ele me mimava constantemente, com muito amor, porque não tinha recebido isso."

De tudo o que ele lhe contou e escreveu, ela pode afirmar, com toda a certeza, que o Freddie teve de suportar uma infância horrível.

"Foi por causa daqueles dois primeiros anos tão terríveis em St. Peter's que ele precisou encontrar refúgio em sonhos e criou o mundo de fantasia de Rhye", revela. "Ao todo, foram oito músicas sobre Rhye que, juntas, formam aquilo que pode ser considerado a primeira ópera do Freddie.

"Ao contrário do que muito se especula, as oito músicas são: 'My Fairy King', do álbum de estreia *Queen*, de 1973; a versão inacabada de 'The Seven Seas of Rhye' (também do disco de estreia), que ele termina no *Queen II* como 'Seven Seas of Rhye'; 'Nevermore' (*Queen II*), 'Funny How Love Is' (*Queen II*), 'Lily of the Valley' (do álbum *Sheer Heart Attack*, de 1974) e três outras músicas que nunca foram gravadas, porque Freddie logo as descartou durante a composição do *Queen II*, quando a banda adotou a ideia de intitular cada lado do LP de 'Black' e 'White'."

• • •

"Freddie começou a melhorar, ou, para ser mais exato, a se sentir menos mal, durante seu terceiro ano na St. Peter's", relata B. "Mas continuava a ser provocado, ridicularizado e humilhado por alguns garotos. Essa perseguição e esse bullying duraram até o fim de seus dias na escola. Ele conseguia se divertir na companhia de um pequeno grupo de amigos selecionados a dedo, mas sempre ficava mais recolhido e nunca falava muito."

Nas férias escolares, quando não ia para casa em Zanzibar devido à viagem árdua e cara, ele ficava com a tia Sheroo Khory em Mumbai. Foi ela quem providenciou as primeiras aulas de piano de Freddie.

"E assim, aos doze anos, ele começou a ter as primeiras aulas de música na St. Peter's", confirma B. Quando saiu da escola, quatro anos mais tarde, aos dezesseis, já tinha passado em exames de Nível IV em Teoria e Prática. Sem dúvida, foram as aulas e a prática da música que o tiraram de seu estupor e o ajudaram a ser feliz. "Ele sabia, instintivamente, que a música iria salvá-lo. E ela também o mudou. A partir do momento em que ele descobriu isso, as únicas coisas que passaram a lhe interessar foram a música, a arte e a literatura. Praticamente deixou todo o restante de lado. Na primavera de 1961, ele entrou para a banda Hectics e se dedicou de corpo e alma à busca da felicidade que a música lhe trazia."

Foi em 10 de abril de 1961, o ano em que Freddie faria quinze anos, que ele escreveu uma carta para comunicar aos pais que fazia parte de uma banda. Em correspondência guardada por sua mãe, Jer, hoje falecida, revelada no documentário *Freddie Mercury: The Untold Story* e muito compartilhada nas redes sociais e na mídia em geral, o jovem adolescente se dizia empolgado com sua evolução no piano e contou que "Bruce Murray teve a ideia de formar uma banda e me perguntou se eu queria participar. Nós vamos nos chamar de Hectics. E, além do Bruce e de mim, nela também vão estar Victory Rana, Derrick Branche e Farang Irani. Amanhã será nosso primeiro ensaio e estou muito animado. Com amor, Farrokh".

Porém, menos de um ano depois, apesar de toda a popularidade e o talento da banda, as relações entre os membros já não eram mais tão amistosas como poderiam parecer. Na carta que Freddie mandou em 15 de março de 1962, contou:

"Querida mãe e querido pai, enquanto escrevo esta carta, estou sentindo muita raiva por causa de uma injustiça terrível que fizeram comigo. Olha só: estávamos todos num dormitório em Lawrence Villa, com o Victory, o Farang, o Derrick e os outros garotos. De repente, o Bruce começou a me bater. 'Vamos lutar boxe, Bucky', ele disse. Embora eu tenha respondido que não, ele simplesmente ignorou. Em poucos minutos, e contra a minha vontade, estávamos no meio de uma luta de boxe. Os garotos gritavam, torciam e jogavam travesseiros em cima da gente. Por causa do barulho, o sr. Davis entrou de repente no dormitório e interrompeu a luta. Bruce mentiu e disse que fui eu que tinha começado tudo e que ele estava apenas se defendendo. Todos os outros meninos confirmaram a história dele, então o diretor, o sr. Bason,[3] decidiu que eu deveria ser punido. E que castigo horrível eles escolheram. Tive que ir ao barbeiro e cortar meu cabelo bem curtinho. Fiquei com ódio do Bruce por causa disso. Você sabe o quanto adoro o meu cabelo e ele nunca mais vai ser o mesmo. Estou tão aborrecido, com tanta raiva..."

Aparentemente, os demais integrantes da banda às vezes eram tão propensos quanto os outros alunos a provocá-lo e humilhá-lo quando não estavam tocando juntos. Será que esse comportamento era provocado pelo fato de eles terem inveja do talento musical superior do Freddie? Pois, como disse o professor Joseph L. Davis no documentário, "se você tirar o piano, não sobra nada dos Hectics". O bullying generalizado pelo qual passou na escola deixava Freddie frustrado.

"O resultado foi que ele começou a lutar cada vez mais", revela a filha. "Contra a humilhação, o bullying e o desprezo que os supostos 'amigos' sentiam por ele, a música era sua fuga. Achava que eram seus amigos, por isso não conseguia entendê-los. Confiança e lealdade eram extremamente importantes para Freddie, que era incapaz de abandonar um amigo. Para os outros, porém, lealdade não fazia diferença alguma. Mesmo assim, Freddie dizia que aprendeu a conviver com a humilhação e a colocar um sorriso no rosto. Esse foi o motivo pelo qual não manteve contato com nenhum daqueles garotos depois de ter saído da escola. Não eram pessoas boas para ele, e as memórias que guarda daqueles anos, fora a música, são muito tristes. Com exceção das conversas que tinha com Mary, ele nunca falava daqueles garotos ou daqueles anos com seus amigos adultos ou com qualquer pessoa da sua equipe."

No meu livro *Love of My Life*, a amiga de infância Gita Choksi (nascida Bharucha), que frequentava a Kimmins, a escola para meninas ao lado da St. Peter's, em "Panchi" (como elas chamavam a cidade), e era parte da turma que seguia os Hectics, se lembra de um encontro com o ex-guitarrista da banda, Derrick Branche, que tinha se mudado para a Austrália e virado ator. Ele apareceu numa série de TV britânica dos anos 1980 chamada *The Jewel in the Crown* e no longa *Minha adorável lavanderia*. "Derrick me contou que estava muito animado por ter conseguido ingressos para o show do Queen em Earls Court, em Londres." Ele não via a hora de reencontrar nosso ex-companheiro de escola. Foi até os bastidores com os amigos, explicou quem era para o pessoal da segurança e eles o deixaram entrar na área dos camarins e esperar por Freddie. Na hora em que Freddie chegou e viu o Derrick, deu uma olhada de cima a baixo, não disse uma palavra, se virou e foi embora. Derrick me contou que, "cinco minutos antes, eu tinha falado aos meus amigos que Freddie e eu não só tínhamos frequentado a mesma escola, mas fizemos parte da mesma banda, e como eu estava animado em revê-lo. Ele me reconheceu. Tenho certeza que sim. Mas me ignorou. Naquele momento, ele me transformou num mentiroso".

É bem possível que existam três lados nesta história: o dele, o dela e a verdade. Mas, considerando as más recordações que Freddie expõe nos diários sobre suas experiências na escola, a reação dele naquela noite deixa claro que a ferida nunca cicatrizou.

Além das atividades organizadas entre as escolas locais para meninos e meninas, os alunos interagiam com as alunas muito raramente, em geral não mais do que duas ou três vezes por mês. Acompanhados por um inspetor da escola, eles podiam passear na rua por algumas horas. As únicas outras vezes em que era permitido que se encontrassem eram nas férias escolares.

Embora Jer e Bomi escrevessem ao filho regularmente, as entregas de cartas na Índia eram inconstantes. Freddie às vezes tinha que esperar por dois meses ou mais até receber uma resposta. Ele ficava sempre tão maravilhado quando chegava correspondência que corria para escrever uma resposta quase que imediatamente, sempre garantindo aos pais que estava bem e pedindo que não se preocupassem com ele. O que estava muito longe de ser verdade, mas os pais não tinham como saber. Naquele momento, pelo menos, mesmo que passasse a maior parte do tempo infeliz, sua alegria em receber notícias da família era genuína.

"A mãe e o pai dele nunca souberam o quanto o filho se sentia infeliz", revela B. "Mas, de qualquer maneira, os alunos não tinham permissão de expressar tristeza ou saudade nas cartas que escreviam para casa." Provavelmente com medo de que as famílias tirassem os coitados da escola, ameaçando o orçamento da instituição e, consequentemente, sua própria existência.

Freddie, como sabemos, amava música desde muito novo. Fascinado pelas canções parses e pelas músicas da igreja, ele adorava fazer experiências em casa cantando com sua voz de cantor. Em St. Peter's, ele entrou para o coro da escola. Foi o começo de sua formação musical. Ele e os companheiros ensaiavam quase todo dia depois das aulas e participavam das missas de domingo. Freddie aprendia rápido. Logo compreendeu a estrutura dos hinos e a fazer harmonia. Mais tarde, ele diria que um talento natural para melodia já corria em suas veias.

Tanto o internato como a vida na Índia o expunham a uma rica diversidade cultural, mas também a privações e a muita miséria. Quando os alunos tinham permissão para sair da escola, uma ou duas vezes por mês, e se viam diante de mendigos, leprosos e aleijados que não tinham os pés, eles consideravam que essas coisas trágicas simplesmente faziam parte da vida na Índia.

"Mas nas férias", conta B., "as coisas eram diferentes. Os olhos de Freddie se abriam. Ele começou a entender o quanto era privilegiado".

Numa de suas estadas com a tia Sheroo em Mumbai, Freddie descobriu as Torres do Silêncio e o que elas significavam — onde os parses depositavam o corpo dos mortos para ser consumido pelas aves de rapina. Embora não houvesse Torres do Silêncio em Zanzibar, existia, como sabemos, um cemitério ao lado do agiário.

"Essa descoberta foi um verdadeiro choque para Freddie", relata a filha. "Ele não sabia que um lugar como esse existia e ficou enojado. Mas, no fim, acabou compreendendo que fazia parte do ciclo da vida. Nós precisamos comer para viver na Terra, e precisamos comer com a consciência de que uma vida foi sacrificada, seja a vida de um animal ou de uma planta. No final de nossa existência na Terra, é a nossa vez de virarmos alimento para outros seres vivos, porque temos que seguir nosso caminho para o Mundo dos Pensamentos. Acho que todo parse fica chocado quando descobre as Torres do Silêncio. Mas, ao mesmo tempo, nos ensinam o motivo de elas existirem e, é claro, o Mundo dos Pensamentos. Depois que tudo passa a fazer sentido, as questões práticas deixam de ser tão assustadoras."

Freddie também teve algumas boas experiências durante as férias escolares, como quando sua tia lhe ensinou a jogar xadrez, segundo B.

"Ela tinha todo o tempo e toda a paciência do mundo com ele. Abriu seus olhos para um mundo que ele nunca vira e para as coisas que eram realmente importantes. Sempre que ia se hospedar na casa dela, Freddie ficava rodeado pela família e se sentia seguro e feliz. Mas, quando tinha que arrumar as malas e voltar para o internato, era uma verdadeira punhalada no coração. A mesma tia o ensinou a apreciar todo gênero de música e, como já falei, providenciou as primeiras aulas de piano para ele. E Freddie foi fisgado! Tocava com enorme entusiasmo todas as canções que conseguia obter. Começou a transpor as músicas de um tom para outro, e a mudar suas estruturas. Começou a fazer isso e descobriu que levava jeito para a coisa ainda muito jovem. A mesma tia também o incentivava a desenhar e a pintar. Todas essas coisas viraram formas importantes de autoexpressão para ele."

Por toda a adolescência, Freddie continuou a visitar a tia Sheroo nas férias, mas também se hospedava com outros parentes. Ele às vezes ficava na própria escola nos intervalos dos semestres, ou em períodos mais longos, e às vezes participava de excursões com um pequeno círculo de amigos, tanto garotos como garotas. O grupo fazia trilhas até os pontos mais altos da região de Panchgani para admirar a vista.

"O passeio favorito do Freddie", conta sua filha, "era para um lugar de onde se podia ver o rio Krishna. Ele e os amigos ficavam sentados em silêncio, só apreciando a vista, como se aquilo fosse um paraíso.

"Muitos fãs percorrem longas distâncias para conhecer os lugares em que Freddie passou a infância, na expectativa de encher os olhos com as vistas que ele um dia apreciou", comenta ela. "Infelizmente, se forem procurar a vista favorita dele sobre o rio Krishna, tudo o que vão ver hoje é o lago Dhom, uma barragem de água de 18 km que engoliu toda a vista que ele tanto adorava."[4]

Freddie gostava da companhia mais terna e sensível das amigas. Chegou a ter sentimentos românticos por algumas, e por uma em especial, que ele cita no diário, embora não revele o nome. Infelizmente, ele ficava muito inseguro e tímido na companhia dela. Não sabia o que falar ou fazer, muito menos como ficar à vontade nesses momentos. Apesar de sua intensa timidez, a amizade foi em frente, até eles se tornarem praticamente inseparáveis. Depois de atravessar a puberdade, Freddie percebeu que tinha desenvolvido a forma, o caminhar, os gestos, as mãos finas e a fisionomia típica e característica dos persas.

"Isso dava a ele uma aparência muito afeminada, o que ele sem dúvida percebia", conta B. "E isso ficava ainda mais marcado pelo fato de ele ser tímido. E isso gerava ainda mais bullying. Os outros garotos costumavam rir da cara dele, e Freddie não conseguia ver por quê. Ou, melhor dizendo, até sabia por que, mas não conseguia entender o motivo. Que diabos havia de errado com a maneira como ele era? Desde muito cedo, havia sido ensinado que Ahura Mazda, o Criador no zoroastrismo, era ao mesmo tempo masculino e feminino. Ele também sabia que havia uma igualdade perfeita de homem e mulher naquela mesma entidade. Que ele mesmo tenha crescido e passado a personificar esse conceito era algo completamente natural para Freddie. Mas isso levou os outros alunos a debochar dele e a rejeitá-lo da maneira mais cruel possível. Ele dizia que isso era uma coisa incrivelmente difícil de se lidar."

Internatos sempre são locais de descobertas sexuais. Arrancados de suas famílias e trancados num lugar fechado, garotos se comportavam como garotos.

"Os mais velhos ensinavam os mais novos a se masturbar", explica B., preparando-se para revelar o motivo aterrador pelo qual o desempenho escolar exemplar de Freddie despencaria vertiginosamente.

Foi no começo de 1961, quando Freddie tinha apenas catorze anos, que as coisas deram muito errado. Ele descreve os acontecimentos nos diários numa linguagem crua e sem emoção.

"Depois de tê-lo pego numa sessão de prazer coletivo com um grupo de outros garotos, um dos professores mais importantes começou a levar Freddie a sua sala para abusar dele sexualmente. Passou a ser uma coisa corriqueira. Na primeira vez que o homem tocou nele, Freddie não reagiu. Estava petrificado. Talvez o estuprador tenha visto isso como uma forma de incentivo ou consentimento, elaborou Freddie. O professor o obrigou a se inclinar para a frente. A etapa seguinte foi muito dolorosa. Freddie ficou horrorizado e totalmente apavorado. O estuprador estava com pressa. Fez o que tinha ido fazer sem dizer uma palavra, nem demonstrar a menor preocupação pelo garoto ou por seus sentimentos. O abuso continuou por meses, até o final do ano letivo, quando, do nada, o professor saiu da escola. Freddie não podia falar com ninguém a respeito disso. Mas sabia que todas as pessoas estavam cientes. Naturalmente, o bullying e os deboches aumentaram."

Não há nenhum indício de que estupradores ou estupros como esses continuem existindo nos dias de hoje na Escola St. Peter's.

Foi nessa época, observou Freddie, que ele começou a lutar boxe, num esforço consciente de se proteger e se defender. Ele também continuou a investir sua energia emocional na música. Os ensaios sem fim o ajudavam a lidar com o horror dos estupros aos quais havia sido submetido. Ele não sabia mais o que fazer, a não ser se esforçar ao máximo para superar aquele pesadelo e dar o seu melhor para ser feliz.

"Ele buscou com afinco a felicidade e a alegria que a música lhe proporcionava", conta B. "A música passou a ser tudo para ele. Sempre que podia fugir da sala de aula e ir para o piano da escola, ele corria para lá.

No restante do tempo, praticava com os dedos na beirada da mesa ou na lateral da cama. Pouco depois, começaria a escrever suas próprias canções e dedicar a isso todo o tempo livre que tivesse. Para ele, estava evidente que a música seria sua salvação e que ela dominaria todo o seu futuro. Como a música o fazia se sentir feliz e completo, Freddie se entregou a ela de corpo e alma."

Apesar de todos os seus esforços, Freddie percebeu que não conseguia concentrar a mente em mais nada além de música e arte. Começou a ir mal em todas as outras matérias em que antes ficava entre os melhores. Embora ainda gostasse de história e literatura, estava tão obcecado pela música, pela arte e por sua vida interior que não havia espaço para mais nada. Ele estava desesperado para voltar para casa.

Num feriado específico que passou com a tia, ela não pôde deixar de notar que o sobrinho estava estranho. Sua intuição lhe dizia que algo grave havia acontecido. Ela comunicou isso aos pais imediatamente e se sentou com ele para uma conversa séria, perguntando o que havia de errado. Ele não conseguiu responder, nem olhá-la nos olhos. Cheio de culpa pelo seu fracasso, de vergonha por ter decepcionado seus pais, que fizeram tanto sacrifício para lhe dar uma boa educação, e de repulsa por talvez ser responsável por tudo o que aconteceu, Freddie ficou paralisado. Não conseguiu contar nada para a tia.

"Em seu íntimo, Freddie sabia que alguma coisa dentro dele havia se partido e que ficaria assim para sempre", conta B. "O estuprador destruiu uma coisa em Freddie que ele nunca conseguiria recuperar: sua habilidade natural para criar conexão emocional."

Ele tentou afastar a tristeza mergulhando nos ensaios e nas apresentações dos Hectics.

"A banda ensaiava o máximo que podia. Quando não estavam ensaiando, falavam de música. A conversa era toda sobre como tocar certas canções, como melhorar o desempenho no palco, o que era difícil, porque o equipamento deles era muito rudimentar. Freddie, evidentemente, tinha milhões de ideias. Decidiu que precisava de um nome artístico, temendo que 'Farrokh' não combinasse muito com rock'n'roll. Ele discutiu várias opções com a banda, até que o nome 'Freddie' surgiu.

"Apesar de muitos anos de especulação", continua a filha, "a verdade é que ele não começou a se chamar de Freddie, nem os alunos começaram a tratá-lo assim, até ele entrar para os Hectics. E mesmo assim, fora da banda, ele continuava sendo o Farrokh. De modo que, mesmo no início da adolescência, ele já fazia uma distinção entre o artista e a pessoa real, com um nome diferente para cada um. Foi só quando chegou à Inglaterra que passou a ser chamado de Freddie o tempo todo. Mas os pais ainda demorariam dez anos para aceitar que o filho Farrokh tinha virado Freddie e que passariam a ter de chamá-lo assim".

A dupla identidade do adolescente ferido agora tinha sido forjada. Como ele não gostava de nada além de tocar e se apresentar com a banda — quando podia ser uma pessoa diferente do seu eu verdadeiro e atormentado —, foi se transformando de forma lenta, mas definitiva, em Freddie.

"Ele já vinha se sentindo sozinho havia muito tempo, mesmo com tanta gente à sua volta. Que diferença isso iria fazer? A sensação de se sentir sozinho no meio de uma multidão, ele costumava a dizer, continuaria a atormentá-lo décadas depois.

"Eu acho bem esquisitas as muitas discrepâncias que vejo nos testemunhos de alguns dos supostos amigos de escola do Freddie", continua B. "Alguns lembram que ele já era claramente gay desde bem jovem, enquanto outros insistem que ele não dava essa impressão e que a possibilidade nunca lhes ocorreu. Tem aqueles que lembram que ele chamava todo mundo de 'querido' e outros que nunca mencionam isso. O fato é que Freddie só começou a chamar as pessoas de 'querido' ou 'querida' quando chegou a Londres. Era o Ocidente, era a Inglaterra e eram os Badalados Anos Sessenta. Isso logo virou sua marca registrada, sua personalidade. Mas ele nunca agiu dessa maneira antes de desembarcar no Reino Unido."

Gita Bharucha, a amiga de Freddie que frequentava a escola vizinha só para meninas, insiste que não tinha qualquer conhecimento de alguma tendência homossexual escondida dentro dele. Ela diz:

"Sou capaz de jurar que não havia nada. Tinha uma professora de arte em St. Peter's chamada sra. Blossom Smith. Eu conhecia a filha dela, Janice Smith. Anos mais tarde, ela me disse: 'Minha mãe sempre sentiu que havia algo de diferente com o Bucky.'" Gita perguntou a Janice o que ela queria dizer com isso. "Mas a conversa não foi adiante", ela me contaria numa entrevista para o livro *Love of My Life*.

B. comenta o seguinte:

"Uma das falácias muito repetidas é que Freddie teria sido reprovado nos exames acadêmicos na St. Peter's por estar confuso em relação a sua orientação sexual. Mas isso é um equívoco completo. Esse tipo de confusão nem passava por sua mente. Repito, mais uma vez, que ele sempre foi consciente, desde muito novo, que Mazda é tanto masculino como feminino e se sentia confortável com o equilíbrio entre homem e mulher dentro de uma mesma entidade. Ele introjetou isso, reconhecendo que também era bissexual. O difícil para ele era a maneira como os outros viam, julgavam e rejeitavam sua bissexualidade. Se ele ficava muito à vontade com a ideia, por que os outros não deveriam ficar?

"E eu já pensei muitas vezes", continua B., se revelando cada vez mais frustrada, "alguns desses garotos não eram os mesmos que queriam revê-lo, nos bastidores do show do Queen, depois de Freddie ter se tornado incrivelmente famoso? Depois de todo o sucesso e o dinheiro que ele ganhou? Por que motivo? Por uma falsa amizade baseada em deboche, bullying, abusos e humilhações, em que Freddie era a vítima? Quem pode culpar Freddie por ignorá-los, ou, por assim dizer, apagá-los da face da Terra?".

• • •

A fênix que aparecia no emblema da escola foi uma das poucas memórias positivas que Freddie levou de St. Peter's. Também conhecida como pássaro de fogo, a criatura mítica ganha uma nova vida morrendo em chamas antes de se reerguer das próprias cinzas. Para Freddie, a fênix também era um símbolo do fogo eterno, o elemento mais importante na religião zoroastriana. Mais tarde, a ave iria inspirá-lo a criar o brasão da banda com a qual ele conquistaria a fama mundial e dominaria o mundo da música.

• • •

Os pais de Freddie ficaram arrasados com a infelicidade do filho e desesperados para saber o que havia de errado com ele. Mas Freddie não podia contar. Da mesma forma que foi incapaz de confiar na tia, mesmo com todo o amor e atenção que ela oferecia, também não conseguiu se abrir com os pais e contar o ocorrido. Tudo o que Jer e Bomi puderam fazer foi tirá-lo da escola, e Freddie voltou para casa em Zanzibar chorando de alívio.

Ele nunca perdoou os colegas de escola que faziam bullying com ele. Nem se esqueceu da maneira abominável como alguns o trataram. Ele os deixou para trás e se recusou a manter contato. Melhor assim. Além do diário, de Mary, Roger e uma outra pessoa — o homem que viria a ser padrasto de B. e amigo de longa data de Freddie —, ele nunca se abriu para qualquer outro amigo ou funcionário sobre os tristes anos na Escola St. Peter's.

"Meu pai nunca me disse que contou essa história ao meu padrasto", disse B. "Só descobri muito tempo depois da morte dele, quando meu padrasto me revelou que esse era um assunto sobre o qual ele e Freddie conversavam."

Em suas próprias palavras, aquele tempo ficou para trás. Falar sobre ele não iria mudar o que passou. Freddie estava dividido quando fez a longa viagem de navio para casa. Se por um lado lamentava sair da Índia, um país lindo, com uma cultura maravilhosa que ele adoraria para sempre, não podia estar mais do que aliviado por se ver livre de seus piores dias na escola. Os raros momentos de amizade verdadeira eram ofuscados pelas traições frequentes. Seu único consolo, que era a música, passou a ocupar um papel central em sua vida. Ele conseguira ser resiliente construindo um mundo interior para o qual poderia fugir sempre que quisesse. Tinha aprendido a se defender sozinho. Mas, aos dezesseis anos, não sabia o que fazer com tudo isso. Nem tinha a menor pista sobre qual seria o próximo passo. Tudo o que sabia naquele momento é que seria capaz de explodir de alegria, apreensão e emoções reprimidas quando o navio se aproximasse do porto, onde a mãe, o pai e a irmã o estariam esperando. Os muitos anos longe das pessoas queridas desapareceram como espuma na água. O passado não importava mais, porque Freddie tinha voltado para casa de vez.

• • •

De volta a Zanzibar, ele estava totalmente sem direção. Suas perspectivas eram limitadas. Não tinha ideia do que poderia fazer para ganhar a vida. Toda a educação cara que ele tinha adquirido no internato não o qualificara para coisa alguma. Será que deveria trabalhar de estivador, descarregando cargas pesadas e operando máquinas enormes, ou como coletor nas plantações? Ele estava confuso e com medo.

"Mesmo assim", conta B., "no momento em que sentiu a areia quente entre os dedos, ele sabia que estava em casa e que não havia lugar melhor para estar".

Mas Zanzibar não era a mesma cidade que Freddie havia deixado. Como diz um antigo provérbio chinês, quando sopram os ventos da mudança, alguns constroem muralhas, enquanto outros constroem moinhos. Seu querido amigo Ahmed não estava mais ali para esperá-lo, já que havia deixado a ilha definitivamente alguns anos antes, quando a família voltou para casa, em Omã. Ibrahim e Mustapha estudavam no continente e por isso só podiam encontrar Freddie nas férias. Sentindo que os dias de amizade estavam contados, Freddie apreciava aqueles momentos de leveza como se sua vida inteira dependesse disso.

"Eles brincavam na praia, da mesma maneira que faziam quando eram meninos", relata B. "Nadavam juntos o tempo todo e viam os navios passarem. Sentavam-se para conversar e ouvir os discos do Ocidente. Passavam todo o tempo livre que tinham juntos, andando de noite e ouvindo o taarab, um tipo de música fortemente influenciada pelas tradições árabes e indianas que era muito popular na costa oriental da África, e iam ao cinema. Às vezes, ficavam deitados no terraço e olhavam para a vida que corria lá embaixo, no labirinto que eram as ruas da Cidade de Pedra, sob um céu sem nuvens e cheio de estrelas. Conversavam sobre a rotina em Zanzibar, comparando-a com um estilo de vida que eles mal podiam imaginar e que só conheciam das revistas de luxo que chegavam do exterior."

B. me lembra de uma coisa: "Você escreveu no seu último livro a respeito do 'Projeto Mercury' que havia em Zanzibar e que essa teria sido uma das razões de o Freddie ter adotado esse nome." Esse projeto, que durou cinco anos e custou 400 milhões de dólares, foi lançado pela NASA em outubro de 1958 para testar a viabilidade de viagens espaciais tripuladas e não tripuladas, em preparação para as viagens à Lua. Uma estação de monitoramento de satélites foi construída em Zanzibar em 1960. Freddie foi um dos muitos adolescentes locais que decoraram o horário dos lançamentos dos satélites. Eles se reuniam de noite, na praia, deitavam-se na areia observando as estrelas e esperavam a passagem da espaçonave americana no céu. Mais de sessenta anos depois, partes dessa estação espacial abandonada ainda estão de pé. As pessoas da região as chamam de "os edifícios americanos".

"Você tinha razão", confirma B. "O Projeto Mercury de fato *estava* por trás da escolha do nome. Quanto ao nome da banda, Queen, a inspiração foi uma revista inglesa chique importada chamada *Queen* que Freddie costumava ler em Zanzibar. Junto com *The Lady*, era uma das poucas publicações inglesas disponíveis na região. Ele descobriu a Inglaterra lendo essas revistas e, com isso, os estilos característicos da realeza e da aristocracia que ele tanto apreciava. Quanto ao brasão do Queen, a fênix, o símbolo do renascimento: isso era *ele*. Nascido em Zanzibar, ele vivenciou seu primeiro renascimento em Panchgani. Então, voltou a nascer em Zanzibar, depois, mais uma vez, após o genocídio, e de novo na Inglaterra. Anos mais tarde, ele explicou que sua doença também era uma espécie de experiência de renascimento. Talvez agora você entenda por que, se tirarmos qualquer coisinha da vida de Freddie Bulsara, significaria que Freddie Mercury nunca teria existido."

• • •

A vida que os três amigos levavam não era muito diferente da de qualquer outro adolescente: as mesmas preocupações, as mesmas ambições. Mas Freddie estava inquieto. Ele vivia animado, embora não tivesse esperança de um futuro naquela remota ilha tropical. E também estava decepcionado. O grupo da infância estava junto outra vez, mas as coisas não eram as mesmas sem Ahmed. E eles também não eram mais crianças. Mesmo assim, Freddie tinha vontade de voltar no tempo e retomar a amizade de onde haviam parado. No fim das férias, quando os amigos voltaram para a escola, ele se viu mais uma vez sozinho, e teria que se virar sem os amigos por vários meses. O que mais poderia fazer, se não imaginar que outro tipo de vida poderia existir para ele? Os pôsteres e as fotos que recortava das revistas e pregava na parede atrás da cama o lembravam que havia todo um outro mundo à sua espera.

"Só podemos imaginar como seria sua vida se ele tivesse continuado numa escola ruim em Zanzibar, onde não havia um ensino fundamental decente, em meio a uma comunidade densa e complicada, com muita tensão social naqueles dias", diz a filha. "O pai dele era funcionário do governo britânico, então Freddie não tinha um negócio de família em que trabalhar, como acontecia com os filhos dos comerciantes e dos lojistas. Sem uma boa educação, o que ele poderia ter feito? Trabalhado na estiva ou nas plantações por alguns centavos por semana, a partir dos treze ou catorze anos de idade, como acontecia com a maioria dos meninos de Zanzibar naquela época? Será que ele teria se alistado num dos movimentos revolucionários que existiam na região? Teria forças para resistir à doutrinação? Teria participado dos movimentos pela independência, e assim se voltado contra a própria família e seus entes queridos? Teria sido uma das inúmeras vítimas do genocídio?"

As coisas estavam mudando de uma maneira sinistra. O clima na Cidade de Pedra, antes cheia de alegria, música e felicidade, agora estava tenso. Uma espécie de mau presságio pairava no ar. Já estava assim desde a morte do sultão mais longevo de Zanzibar, Khalīfa ibn Harūb, em outubro de 1960. O respeitado líder, que havia pacificado a região nos momentos de crise política, não estava mais presente para equilibrar a situação. Em 1963, Zanzibar voltou a ser independente e se tornou membro da Comunidade Britânica de Nações.

"Quando muitas colônias passaram a conquistar a independência", conta B., "os pais de Freddie cogitaram sair da ilha. A situação começou a se agravar em 1963. Seus filhos, ambos 'Pessoas Protegidas Britânicas', na prática eram apátridas, morando em um território controlado ou antes controlado pelo Império Britânico. Dessa maneira, eles tinham direito à proteção e assistência consular dos postos diplomáticos britânicos, além de a um passaporte. Bomi também tinha um passaporte britânico. No passado, com as crescentes tensões na Índia em favor da independência, Bomi conseguira um posto em Zanzibar quando surgiu uma oportunidade, não porque o Protetorado de Zanzibar fosse uma perspectiva atraente para um funcionário público britânico, mas porque a ilha tinha uma forte comunidade parse e uma parte da família ainda estava lá. Ao perceber que Zanzibar estava prestes a se tornar independente, os Bulsara tiveram que decidir muito rapidamente entre ser cidadãos britânicos ou de Zanzibar. E começaram a pensar seriamente em emigrar para o Reino Unido".

Onze meses depois de voltar para sua terra natal, a violência dos acontecimentos da noite de 11 de janeiro de 1964 ficou gravada tão fundo na memória de Freddie que ele jamais conseguiu se livrar dessas lembranças.

"Ele ficou traumatizado pelo resto da vida", revela a filha, "por tudo o que viu e viveu naqueles dias de terror".

"Era o período de férias escolares entre as monções e a época mais quente do ano. Freddie, Ibrahim e Mustapha tinham passado a noite juntos na praia e ficaram até bem tarde. Era um dia de festa, logo antes do Ramadã. Eles voltaram para casa, para dormir. Quando Freddie acordou, o horror já tinha começado. Discursos agressivos contra os 'imperialistas' asiáticos e europeus começavam a ser veiculados nas emissoras de rádio. Nascidos e criados na Índia, Bomi e Jer eram considerados asiáticos. Bomi também trabalhava para o 'governo imperialista', o que os tornava *personae non gratae*. Ambos ficaram apavorados. As pessoas corriam nas ruas, lutando pela própria vida. Casas e lojas em chamas.

Havia homens armados por todos os lados, atirando e ateando fogo em tudo. Freddie, seus pais e sua irmã se recolheram dentro de casa. Apesar de todas as janelas estarem fechadas, a gritaria da multidão era ensurdecedora. Do alto do terraço, eles viam colunas densas de fumaça subindo para o céu. E assistiram, com horror, a amigos e vizinhos árabes sendo arrancados de casa. Alguns eram executados a céu aberto, decapitados no meio da rua. Centenas foram mortos nas praias. Mulheres árabes e asiáticas foram estupradas, os lares saqueados e as lojas incendiadas. De um dia para o outro, descreveu Freddie, amigos viraram inimigos. A loucura tomou conta das mentes.

"Foi imposto um toque de recolher, e logo as ruas ficaram desertas. Corriam rumores de que se faria uma evacuação segura, mas não vinha nenhuma confirmação oficial. Centenas de cidadãos britânicos estavam presos na ilha. Foram orientados a manter a calma e a paciência, além de ficar dentro de casa, prontos para partir ao menor aviso. Freddie, a mãe, o pai e a irmã empacotaram uns poucos pertences. Tinham que escolher o que levar e o que abandonar, o que deve ter sido muito traumático para eles."

Enquanto esperavam, a ansiedade aumentava. Em momentos como esse, escreveu Freddie, as pessoas viram galinhas sem cabeça e não têm ideia de como agir. Tentar fazer qualquer coisa parecia inútil. A comida estava acabando. O suprimento de água potável logo seria cortado. Embora soubessem que a ajuda mútua seria vital, havia muita desconfiança no ar.

"Finalmente veio o anúncio de que a evacuação iria começar", relata B. "Os Bulsara tinham que sair de casa imediatamente. Para onde eles iriam? Eles tinham família em Dar es Salaam, no continente, mas, no que dizia respeito a Bomi, essa possibilidade nem foi considerada. Suas viagens o haviam levado a Mombasa, no Quênia, e Aden, no Iêmen. Ele tinha sentido na pele os ventos da independência. Tanganica, o Quênia colonial, a Colônia de Aden e outros protetorados britânicos já tinham conquistado total independência. A única opção viável seria o Reino Unido."

Naquela noite, Freddie, Ibrahim e Mustapha se despediram na rua, rindo e fazendo piadas como de costume. Foi a última vez que se viram.

Freddie nunca soube o que aconteceu com os amigos. Não fazia ideia se um ou ambos conseguiram fugir, como ele. Pelo resto da vida, carregou no coração a dor de ter perdido seus únicos companheiros leais.

“Ele nunca conseguiu deixar aquilo para trás e seguir em frente”, afirma B. “Se quisesse apagar o horror de seu passado, também teria que apagar os muitos momentos de pura alegria que passara com aqueles garotos. Estava tudo junto. Ele tentou, em vão, compreender o motivo do genocídio. Milhares de pessoas foram assassinadas pelo simples motivo de estarem no lugar errado, na hora errada. Será que seus companheiros de infância também haviam morrido? Ele não tinha sequer uma foto deles. Não levara nada que o fizesse se lembrar deles. Tudo o que tinha eram as imagens que guardara na mente, dos dias felizes numa vida distante. Com o passar dos anos, seus rostos foram, aos poucos, se apagando da memória.”

CAPÍTULO 4

E TAMBÉM SEM RELIGIÃO

Freddie cresceu na Índia. Sua filha faz a seguinte reflexão:

"A Índia o alimentou, tanto como artista quanto como ser humano, com as histórias dos marajás, o sistema de castas em que todo mundo sabe o seu lugar e nunca questiona isso, e a profusão de raças, culturas, religiões e grupos étnicos morando lado a lado desde tempos remotos. Todos os aromas, perfumes e cores de que Freddie mais gostava vinham de lá. Ele adorava as festas vibrantes e exuberantes dos parses. Antigamente, o Queen era conhecido como 'a banda que dava as festas mais depravadas do rock'. O que a maioria das pessoas não percebe é que as comemorações mais loucas da banda eram inspiradas e dignas das extravagâncias lendárias dos marajás, cujas festas fantásticas incluíam comida e vinho sem fim, cobras e mulheres nuas pintadas de modo a parecerem vestidas (até os braceletes eram pintados!). Essas coisas chocavam e ao mesmo tempo encantavam as autoridades britânicas convidadas para as festas."

Foi durante os anos que passou na Índia, revelou Freddie à filha, que ele se viu questionando a vida com mais profundidade do que em qualquer outro momento. Se só existe um Deus, ele se perguntava, por que há tantas religiões diferentes? Por que tantos rituais e tantas práticas conflitantes? Talvez, ele concluiu, tudo isso não fosse mais do que diversas interpretações de uma mesma coisa.

"Na St. Peter's, ele aprendeu a praticar a religião da família à sua maneira", conta B. Ele ia à missa de domingo, como todos os garotos e, ao ler a Bíblia, encontrou as palavras de Cristo que mudariam sua vida: "E, quando orares, não serás como os hipócritas; porque gostam de orar em pé nas sinagogas e nos cantos das praças, para serem vistos pelos homens (...) Tu, porém, quando orares, entra no teu quarto e, fechada a porta, orarás a teu Pai, que está em secreto."[1]

Freddie compreendia o que Cristo queria dizer: que a oração devia ser um momento particular entre Deus e o fiel. Com isso, Cristo não queria sugerir que era errado rezar com outras pessoas, e sim que os fiéis deveriam ser sinceros e orar pelos motivos certos.

B. me lembra o seguinte:

"Você escreveu no seu livro que, 'no texto sagrado do zoroastrismo, o Vendidad, está escrito que o homem que mente para os homens e para as mulheres, ou mente como uma mulher que mente para os homens, o homem que faz isso é um Daeva (demônio). Esse homem é um adorador de Daevas, um amante dos Daevas. Para os parses, a homossexualidade não só é um pecado, como também, inacreditavelmente, uma forma de adoração do diabo'.

"Mas a pesquisa que Freddie fez sobre a própria religião lhe revelou que nenhum dos textos do Avesta, com exceção dos Gathas, foi realmente escrito por Zaratustra. Todos foram escritos por pessoas sobre as quais não sabemos nada, nem mesmo nomes ou funções. Muitos desses textos foram escritos provavelmente mais de mil anos *depois* da vida de Zaratustra ou pertenciam a religiões pré-zoroastrianas: as mesmas que Zaratustra rejeitou e contra as quais se rebelou. Essa descoberta foi uma verdadeira revelação. Para Freddie, ela abriu um novo horizonte. Daquele dia em diante, ele passou a seguir apenas as palavras de Zaratustra, com suas crenças e práticas. E se distanciou dos rituais organizados e codificados."

O preceito-chave da religião, e aquilo que Freddie mais aproveitou, era o maior princípio de Zaratustra: a ideia de que o objetivo de nossa existência é levar uma vida alegre e feliz na Terra, e depois partir contente para o Mundo dos Pensamentos, o mundo espiritual, ao fim de nossa vida terrena. Ele concordava com o requisito de que todos os indivíduos deveriam contribuir para o aprimoramento do mundo, de modo que cada ser vivo, seja ele humano, vegetal ou animal, possa desfrutar uma vida de paz e abundância. Ele compreendia que a condição para essa felicidade seria a criação de uma sociedade baseada na justiça, na serenidade, no progresso e na prosperidade. Também sabia que o progresso e a paz interior só seriam alcançados se todos investissem na felicidade de todos os seres. Ele concordava com a premissa de que, ao longo da vida, nós — homens e mulheres — temos o livre-arbítrio para escolher que tipo de vida desejamos levar. Ele aceitava que as forças antagônicas do bem e do mal exercem suas influências de modo igual. Como a liberdade de escolha forma a base dos ensinamentos dos Gathas, cada indivíduo é responsável pela própria alegria ou tristeza.

Freddie meditava com frequência e a fundo sobre as questões levantadas por Zaratustra nos Gathas. Os princípios básicos do profeta — ser bondoso, generoso, honesto leal, ajudar os outros, aproveitar a vida e realizar-se pessoalmente — eram os padrões que o guiariam até o fim. B. explica que, nos Gathas, "não existem demônios, diabo ou inferno. Nem ordens, nem mandamentos. Nem pecado, nem salvação. E os Gathas também não falam sobre bissexualidade ou homossexualidade. O primeiro princípio diz que a felicidade pertence àqueles que tornam os outros felizes. Cada indivíduo deve fazer o que é correto e apropriado para si de acordo com a própria consciência. É muito simples: as forças que movem as pessoas para a felicidade são positivas; já aquelas que impedem que elas sejam felizes são negativas. O bem e o mal surgem apenas do pensamento humano. Infelizmente, poucas pessoas fora da comunidade sabem disso. O zoroastrismo costuma ser mal interpretado e praticado de maneira equivocada".

Freddie não era apenas um seguidor da religião. Como sabemos, ele foi fiel a ela a vida inteira. Sem ser refém de regras e rituais, ele a praticava como bem entendia. Muita gente vai se surpreender quando souber que ele passou a vida procurando por Asha (justiça), Vohu manah (bons pensamentos), Khashatra (autodomínio), Armaiti (serenidade), Haurvatat (evolução rumo à perfeição) e Ameretat (a eternidade além do próprio tempo). E a filha garante que ele conseguiu encontrar tudo isso. Por toda a vida e no momento da morte, ele estava totalmente em paz com sua fé e sua religião.

"Ele provavelmente praticava os princípios de Zaratustra mais detidamente do que a maioria dos zoroastrianos", acredita B. "Tudo na privacidade do seu quarto."

• • •

Quando a filha tinha idade suficiente, Freddie assumiu a responsabilidade de lhe ensinar as orações mais importantes do zoroastrismo e seu significado, assim como os rituais diários de devoção, as orações de arrependimento e as muitas maneiras, costumes e tradições da fé.

"Não que ele mesmo seguisse todas elas", B. deixa claro, "mas para Freddie era importante passar para mim absolutamente tudo o que tinha feito parte de sua trajetória de vida. Ele me deu sua camisa sagrada e o *kutsi* — a corda que os parses usam em volta da cintura — e me ensinou seu significado. Ele me deu o livro dos Gathas, o livro diário de orações e um outro com o catecismo zoroastriano. Também me educou na visão do zoroastrismo: a de que ninguém, nem mesmo um sacerdote ou um profeta, pode intervir na salvação de uma alma. Cuidar da pureza dos próprios pensamentos, palavras e ações é uma responsabilidade individual. Você não deve pensar em nada que não seja correto, não falar nada a não ser a verdade, não fazer nada que não seja apropriado e cumprir seu dever em relação a todos os seres vivos".

É verdade, concorda a filha, que Freddie nunca falava publicamente sobre religião nem discutia as crenças pessoais com a maioria dos amigos ou conhecidos.

"Mas, como eu disse, ele dava muita atenção à minha formação religiosa, e sobretudo à minha educação no zoroastrismo. Ele acreditava verdadeiramente que Deus era o arquiteto da existência de tudo o que vemos no mundo, e que não existe um deus, mas sim Deus, seja lá o caminho ou nome que Ele venha a assumir. A ironia para mim, como já expliquei, é que não sou reconhecida como zoroastriana por ser uma filha ilegítima. Mas meu pai escolheu a própria fé, assegurando que eu teria o direito de me sentir, ao mesmo tempo, cristã e zoroastriana. E isso eu posso fazer, ele dizia, porque só existe um Deus."

Freddie se sentia incomodado por alguns dos rituais e das leis criados por vários líderes religiosos, segundo a filha, porque eles ameaçavam o futuro dos parses e dos zoroastrianos.

"Eram leis sobre quem podia ser zoroastriano e quem não podia. Sobre a patrilinearidade: alguns se recusam a aceitar filhos que só tenham o pai como zoroastriano; sobre identidade, conversão, casamento e tudo o mais; para ele, esse tipo de coisa fazia a religião ser exclusiva demais. Freddie desejava que os parses tivessem a mente mais aberta. Ele não conseguia entender como uma religião que era tão generosa em relação aos outros era capaz de ser tão rígida e fechada na própria definição e sobre quem podia ou não praticá-la. Ele temia que a influência de líderes ortodoxos acabaria levando a religião à extinção."

O nascimento de Freddie, conta a filha, foi comemorado como uma grande bênção em sua fé, porque era um filho homem. Isso significava que não só o nome da família iria continuar, mas a comunidade parse também.

"O Panchayat, que é o conselho que cria as regras e mantém a família zoroastriana e seus valores sociais, tem normas muito estritas para quem conta como parse. Só aqueles que têm pai parse (e, na Índia, os que têm pai e mãe parses) são aceitos. Quando uma mulher parse escolhe se casar com um homem de outra etnia, o Panchayat declara que ela deixou de ser parse e não terá mais permissão de participar dos eventos especiais. Mas um homem que venha a se casar com uma mulher não parse continua sendo parse a vida toda. Isso deixava Freddie perplexo, sem conseguir entender. Afinal de contas, os parses construíram escolas para garotas. Na Índia, foram os primeiros a proporcionar às filhas uma boa educação. Muitas mulheres parses são financeiramente independentes dos maridos. Jer, a mãe do Freddie, trabalhava e isso era uma coisa muito comum. Mas uma mulher só poderia ser considerada parse se o pai e a mãe dela também fossem e apenas se ela se casasse com um marido da mesma etnia. Para Freddie, estava tudo errado. Ele foi feminista a vida inteira, e com orgulho. Como costumava dizer, as mulheres carregam as crianças no ventre, e com isso elas carregam o mundo. Nós realizamos o que há de mais mágico em toda a criação: damos à luz. Dessa maneira, esse milagre colocava as mulheres muito acima dos homens. Freddie nunca deixou de pensar assim. Achava que a jornada, o caminho para o futuro, era muito mais importante do que as tradições do passado. Suas opiniões causavam enormes discussões entre ele e os pais. As muitas contradições da vida parse em questões importantes, não só a posição das mulheres, o incomodavam, e isso reforçou ainda mais sua convicção de que ele deveria praticar a religião discretamente e à sua maneira, de acordo com a própria visão."

Freddie às vezes era criticado por pessoas da comunidade por não falar abertamente sobre religião. Como quase tudo o que ele falava gerava manchetes, não teria ele o direito de guardar suas crenças só para si?

"A comunidade parse é muito fechada", relata B. "Ela não promove o zoroastrismo, nem tenta converter pessoas e ganhar seguidores. A vida que os parses levam se baseia na alegria, na felicidade, na verdade, na honestidade, no respeito, na lealdade, na filantropia, na generosidade, na apreciação da vida, nas realizações pessoais e nos valores da família, com todo o nosso coração, e não em nome de um deus, de um profeta ou de qualquer outra pessoa. Como meu pai preferia lidar diretamente com Deus e seguir as palavras de Zaratustra junto com suas próprias crenças e práticas, *rejeitando* os rituais organizados e codificados, ele era rotulado como 'não religioso'. Até pela própria família! Mas nada poderia estar mais longe da verdade. Ele citava ou mencionava Deus e religião com frequência em suas letras. Algumas das referências eram explícitas, como nas músicas 'Jesus' (no álbum de estreia, *Queen*) e 'All God's People' (no álbum *Innuendo*).

"Ele também era da forte convicção de que todos tinham o direito de acreditar no que bem entendessem. A religião do meu pai por acaso era o zoroastrismo, que era minoritária em todos os lugares onde ele morou. Tudo o que ele queria era manter suas crenças reservadas, onde quer que estivesse, e evitar o tipo de debate religioso que com frequência é muito mal interpretado e leva a perseguições.

"Várias pessoas disseram e escreveram que Freddie não tinha uma verdadeira crença, que ele só procurou um deus no fim da vida para ser absolvido de seus 'pecados'. Isso não é verdade. Ele guardava uma fé profunda. Nunca se afastou de Deus. Por não ter se casado com uma mulher zoroastriana ou tido um filho homem, não cumpriu as expectativas depositadas sobre ele ao nascer. Mas honrou a religião e seus valores de muitas outras maneiras: com sua grande generosidade, seu desejo de fazer todo mundo feliz, a universalidade de seus pensamentos e sentimentos, a energia que empregava em seu trabalho artístico, a música (que ele via como uma linguagem universal), seus princípios, seu respeito e amor pela família. Ele sentia um imenso orgulho de suas raízes. Apreciava em especial o gosto e o estilo dos parses. Em geral, as casas eram mobiliadas com requinte, todos os aposentos eram decorados com lindos tecidos e flores, iluminados com velas e lâmpadas. Ele amava tudo isso e copiava. Também adorava o espírito festivo dos parses e de comemorar as datas importantes. A tradição diz que nós devemos celebrar a vida, se pudermos, todo mês, num lugar colorido e decorado com flores, frutas e belos tecidos, tudo isso acompanhado de música. As mulheres se enfeitam com as melhores joias. Aniversários, navjotes, casamentos e festivais religiosos sempre incluem jantares, todo o tipo de diversão e são grandes eventos. Durante toda a vida adulta, Freddie adorava dar festas descomunais e mimar seus convidados. O mesmo espírito, a mesma generosidade e tendência a espalhar alegria serviam de combustível para as performances exuberantes que ele dava no palco."

Refletindo sobre Freddie e suas festas, ela via um fenômeno curioso:

"Ele dava muitas festas e convidava um monte de gente, mas raramente os outros o convidavam também. Era generoso ao presentear os amigos, mas ele mesmo recebia poucos presentes. E isso não o refreava. Ele sentia um prazer muito maior em doar do que em receber. Para os parses, a prosperidade é uma bênção, e Freddie falava muito de como ele amava ter dinheiro e fazer sucesso. O que não quer dizer que os parses sejam pessoas gananciosas. Nós acreditamos que o dinheiro serve para comprar coisas. O objetivo não é acumular cada vez mais dinheiro simplesmente para dizer que tem, mas para doar. Basta observar o papel que os parses desempenharam no desenvolvimento da Índia. Construíram hospitais, escolas, instituições, infraestrutura, estradas e pontes para que todos desfrutassem, não só sua comunidade. A generosidade dos parses é para o bem comum. Mesmo sendo uma minoria, eles desempenharam um papel muito importante. É algo de que se orgulham, e Freddie também."

CAPÍTULO 5

ÊXODO

Depois de pegar tudo o que puderam e carregar o máximo de malas e sacolas que conseguiram levar, Freddie e a família deixaram a casa às pressas, em silêncio, sem se despedir dos amigos e pessoas queridas. Bomi arriscou tudo, mexeu uns pauzinhos e cobrou alguns favores para tirar a família da ilha em direção a um lugar seguro. Só anos depois, Freddie perceberia que o pai teria dado tudo o que tinha, inclusive a própria vida, para salvar a esposa e os filhos.

Um dos navios que levaram para longe os cidadãos ingleses durante o genocídio de Zanzibar era uma fragata antissubmarino da marinha britânica chamada *Rhyl*. Seus navios irmãos naquela tensa operação foram o *Owen* e o navio de apoio logístico de combate *Hebe*.

"Há muito tempo eu desconfiava que Freddie se inspirou no som e no ritmo do nome da embarcação que o levou para a liberdade para rebatizar de *Rhye* o lindo mundo de fantasia que ele criou inspirado no rio Oxus, que fica no Irã e adjacências. Porque nós sabemos que o nome veio depois de ele ter criado essa terra encantada", comenta B.

Apenas o sultão, sua família e algumas poucas pessoas de confiança foram resgatados de Zanzibar em 12 de janeiro de 1964. No começo, as autoridades hesitaram em retirar os cidadãos britânicos, argumentando que uma operação tão complexa quanto aquela seria totalmente desnecessária.

"A família do Freddie, entre muitas outras, passou vários dias sem saber o que fazer, sem ter ideia se seria removida dali ou não, enquanto o mundo em volta deles desabava", conta B. "Eles receberam ordens para ficar em casa, fechar bem as janelas e esperar com calma e paciência — o que não é fácil nessas circunstâncias.

"Os Bulsara foram resgatados depois de alguns dias. Encontraram refúgio com parentes, mas não sei se foi na Índia ou em Tanganica, já que, naquela época, eles tinham família nos dois países. Pelo que Freddie me contou e pelo que escreveu, acho que foi na Índia, mas nos cadernos ele não indica o local exato. O período entre o dia da evacuação e o dia em que receberam as chaves da casa em que iriam morar na Inglaterra foi de nove meses. Freddie nunca falou muito a respeito, a não ser para mencionar a sensação de que os quatro se sentiam desenraizados, como se tivessem sido arrancados de casa e lançados ao mar. Quando foi estudar na Índia, sua casa era Zanzibar. Mais tarde na vida, independentemente de onde estivesse no mundo, sua casa e suas raízes seriam em Londres. Durante aqueles nove meses, porém, aquele período de 'desenraizamento' o deixou assustado."

A impossibilidade de fazer as malas e se despedir devidamente dos amigos era uma repetição da experiência de quando havia sido mandado para o internato.

"Os pesadelos que o acometeram daquele dia em diante agravaram ainda mais uma dificuldade crônica que ele já tinha de pegar no sono", comenta B. "Meu pai nunca superou o terror que sentiu quando a família foi forçada a fugir de Zanzibar. E passaria o resto da vida com essa ferida aberta."

Os revolucionários derrubaram o sultanato e instituíram uma república. Em abril de 1964, os presidentes de Zanzibar e da Tanganica, que ficava no continente, uniram os dois países e formaram a Tanzânia. Meses depois da fuga da família Bulsara, o pai de Freddie descobriu que sua casa, assim como centenas de outras na ilha, fora saqueada e expropriada pelo governo da ocasião. Terras, residências particulares e clubes privados foram estatizados. Muitos cidadãos foram presos, e milhares desapareceram. Décadas depois da revolução, a vida em Zanzibar ainda não havia se recuperado. A fome e a pobreza se espalhavam por toda a parte. Leis draconianas e trabalhos forçados foram instituídos. Mesmo magoado por ter sido obrigado a fugir de sua querida terra natal naquelas circunstâncias, Freddie acabou sendo grato a seus pais por terem conseguido tirar a família de lá com vida. Ele sabia que, se tivessem ficado, não teriam continuado vivos para contar a história.

"Essa história terrível é uma parte da vida do Freddie que poucos conhecem", conta B. "Ele nunca falava disso publicamente. Só com os três amigos mais próximos: Mary, Roger e o homem que viria a ser meu padrasto. Eram as mesmas pessoas de confiança com quem ele falava sobre a infância, adolescência, o que aconteceu no internato, o genocídio, sua religião e suas raízes parses. Todas essas experiências, entre outras mais, o deixaram extremamente inseguro. Foi essa insegurança que o lançou no sonho de se tornar artista."

Freddie e a família chegaram à Inglaterra na segunda-feira, 4 de maio de 1964. A rainha Elizabeth II ocupava o trono e celebrava com o marido, o príncipe Philip, duque de Edimburgo, o nascimento do príncipe Edward, seu terceiro filho, o caçula. O conservador Alec Douglas-Home era primeiro-ministro, mas seria derrotado, ainda naquele ano, por Harold Wilson, do Partido Trabalhista. Três dias depois da chegada dos Bulsara, os trabalhistas conquistariam uma vitória acachapante nas eleições de Londres. O programa *Top of the Pops* estreara na televisão quatro meses antes, o West Ham United tinha acabado de vencer o Preston North End no estádio de Wembley e faturado a Copa da Inglaterra, e Bob Dylan se apresentaria naquela mesma noite, no Royal Festival Hall.

A família logo percebeu que pessoas fora do padrão não eram recebidas de braços abertos.

"A vida foi difícil para eles por muito tempo", prossegue B. "Isso também impactou Freddie profundamente. Zanzibar e a Índia deram a ele seus melhores anos, mas também as memórias mais insuportáveis. As atrocidades que ele mantinha escondidas viraram cicatrizes que marcaram sua alma. Sem revelar nada sobre sua história e seu passado, ele evitava ser visto como estrangeiro. Ator nato que era, ao se comportar de maneira transgressora, conseguia proteger e esconder seu verdadeiro eu. As pessoas viam a armadura, não o homem; muito menos a criança desamparada que nunca superou o medo de ficar sozinho."

Estimulado pelas matérias e fotos que via nas revistas, Freddie já sonhava havia tempo em ir para a Inglaterra. Imaginava até conhecer pessoalmente a rainha — e esperava que isso acontecesse. Mas, quando chegou ao Reino Unido, nada era como ele pensava. A casinha anódina na zona oeste de Londres, onde eles foram inicialmente acomodados, e a modesta casa na avenida Gladstone, em Feltham, em que a família teria sua residência permanente, estavam muito distantes das mansões majestosas e das belas residências que povoavam sua imaginação. No começo, ele ficou bem decepcionado, mas logo mudou o pensamento. Já sabia da sorte que tiveram em ter sobrevivido e recebido uma segunda chance na vida. Disse a si mesmo que tudo acontece por um motivo, que a vida é predestinada e que as lições duras são as que nos preparam para ser quem somos. Como seu pai conseguiu se apossar de alguma poupança antes de fugir, pelo menos eles possuíam algum dinheiro para recomeçar. Freddie sabia que muitos outros não foram agraciados com a mesma sorte. Os parentes que a família tinha em Londres conseguiram para eles uma acomodação provisória. A comunidade parse também ajudou. Bomi e Jer tiveram muito o que fazer: atender às exigências da imigração, encontrar uma residência permanente para a família, arranjar empregos e conseguir vagas para os filhos numa escola. Freddie foi matriculado na Isleworth Polytechnic and Hounslow Borough College em setembro e escolheu uma formação de dois anos em artes. Aos vinte anos, munido deste certificado, ele foi aceito no Ealing Art College, que era parte do Ealing Technical College and School of Art.

"Apesar de Freddie estar animadíssimo com esse recomeço", relata B., "os pais estavam apreensivos. Eram julgados pela aparência e geralmente rejeitados por serem estrangeiros. Algumas pessoas os tratavam com desprezo. Freddie via tudo isso, mas não se fazia de rogado. Todas as experiências passadas o haviam endurecido. Seu mundo já desabara completamente três vezes e ele aprendera sobre a vida da maneira mais difícil. E tinha sobrevivido. Ele sabia que seu futuro estava em Londres, e estava determinado a se atirar de cabeça e aproveitar o máximo do que aparecesse à sua frente".

Freddie incorporou seu figurino, aprimorou o visual espalhafatoso e assumiu o papel do Grande Farsante.

"Ele agora não aceitaria ser desrespeitado por ninguém. Não era mais o estrangeiro. Passara a fazer parte da cena londrina. E mudou de aparência para refletir as mudanças pelas quais tinha passado. Ele não sabia ao certo o que era, nem conseguia expressar muito bem naquele momento, dizia. Tinha plena consciência, porém, de que devia seguir seu caminho e fazer as coisas do seu jeito. Freddie passava boa parte do tempo pintando quadros e improvisando músicas, visualizando seu futuro e tentando escrever as próprias canções. Também começou a varar a madrugada com os amigos. A mãe dele não tinha a menor ideia do que estava acontecendo e, naturalmente, ficou preocupada. Não gostava de ver no que o filho estava se transformando, e os dois viviam brigando por causa disso. Tudo o que Jer queria era que ele arranjasse um diploma em algum curso sério e se preparasse para uma profissão respeitada. Nesse ponto, Freddie dizia que se sentia sufocado pela mãe. Segundo ele, era como se Jer estivesse tentando cortar as asas que ele tão desesperadamente estava tentando abrir."

Por outro lado, Bomi, o pai, era bem mais tranquilo.

"Desde que Freddie continuasse frequentando a escola, tudo o mais estava bem para ele. Afinal, eles tinham acabado de chegar a um país com cultura, costumes e tradições totalmente diferentes. Iria levar um tempo até que eles se acostumassem. Bomi estava disposto a dar a Freddie todo o tempo de que ele precisasse para se adaptar àquele novo ambiente e conquistar seu espaço. Mas, aparentemente, Jer queria que o filho se reinventasse de um dia para o outro. Bomi pode ter percebido que Freddie tinha um artista dentro de si, com talento e potencial prontos para explodir. Quanto ao Freddie, ele realmente acreditava que havia futuro para ele na música e prometeu a si mesmo que essa seria sua profissão. Estava tão determinado que nada poderia impedi-lo. Dentro de casa, a situação foi ficando tensa. Quanto mais Jer reclamava, mais tarde Freddie voltava para casa, até que, no fim, ele parou de voltar."

Pouco depois de iniciar o curso no Ealing Art College, Freddie encontrou um apartamento conjugado para alugar. Ele ansiava em morar no centro da cidade e desfrutar de tudo o que ela podia oferecer. Naquela época, já tinha tido várias namoradas, mas não podia levá-las à casa dos pais para passar a noite. Bomi compreendia bem a situação. Deu dinheiro ao filho para pagar o aluguel do minúsculo apartamento e uma mesada para que sobrevivesse até conseguir o diploma de designer gráfico. Mas Bomi deixou claro que, depois disso, ele teria que se virar por conta própria. Freddie ainda voltaria muitas vezes para a casa da família, para tocar piano e comer uma boa refeição.

Nada veio fácil. Ele tinha muito pouco. Estava sempre desesperado atrás de dinheiro, mas ao mesmo tempo se sentia confiante de que o que precisava acabaria chegando. Comprava alguns discos, um livro ou outro e pôsteres de pinturas para as paredes de seu apartamento pequeno e sem graça — as aparências realmente importavam para ele. Fora isso, vivia com muito pouco.

"Quando ia visitar a família, chegava com um monte de discos debaixo do braço para poder tocar no gramofone deles, porque ele não tinha um", afirma B. "Quando os pais lhe deram um toca-discos de presente de aniversário, meu pai se achou o cara mais rico do mundo."

• • •

Com o passar do tempo, apesar da longa separação que houve entre eles na infância, Freddie passaria a saber tudo sobre a vida do pai. Muito do que o pai lhe contava o espantava. Ele achava difícil de aceitar certas coisas pelas quais Bomi havia passado, como a participação da Índia na Primeira Guerra Mundial, lutando ao lado do Império Britânico, o racionamento de comida, a inflação gerada pelo esforço de guerra, a chegada dos separatistas e as atrocidades cometidas pelas forças armadas britânicas para contê-los; o tumulto, a violência, as execuções sumárias. Aí veio a Segunda Guerra Mundial, em que o Bomi também serviu, e toda a turbulência da luta da Índia pela independência. Embora Bomi fosse parse, a Índia era sua pátria, o país onde ele, a esposa e seus antepassados nasceram e viveram.

"Sim, Freddie soube de tudo da vida do pai. Conheceu toda a história pessoal de Boomanshaw Rustomji, que veio muito antes de Bomi Bulsara."

Era a primeira vez que eu ouvia o pai de Freddie ser chamado por esse nome. O nome de nascença de Bomi nunca havia sido revelado em qualquer livro ou documentário anterior, nem foi mencionado no longa *Bohemian Rhapsody*. Aqui, pela primeira vez, estava a identidade legal do Bulsara pai, antes de ele ter trocado a Índia por Zanzibar. O único registro que encontrei sobre isso na Inglaterra aparecia nas páginas da *London Gazette*, o diário oficial do Reino Unido, cuja existência remonta a 1665. Na edição de 30 de junho de 1970, seis anos depois da fuga da família Bulsara de Zanzibar rumo à Inglaterra, o pai de Freddie aparece na página de "NATURALIZAÇÃO: Lista de estrangeiros aos quais foram conferidos Certificados de Naturalização". No registro está escrito:

"*Bulsara, Boomanshaw ou Bomanshaw Rustomji (conhecido como Bomi Bulsara); sem nacionalidade; avenida Gladstone, 22, Feltham, Middlesex. 22 de abril de 1970*" — sendo esta a data em que a naturalização foi concedida.

O Certificado de Naturalização, também conhecido como Certificado de Cidadania Britânica, é expedido para os cidadãos de fora do Reino Unido quando se tornam cidadãos britânicos. Ele atesta que aquele indivíduo passou a ter os mesmos direitos de qualquer cidadão britânico nascido no Reino Unido, inclusive o de residência.

Logo abaixo, aparece o seguinte registro, referente à mãe de Freddie: "*Bulsara, Jer, Bomi; sem nacionalidade; avenida Gladstone, 22, Middlesex. 22 de abril de 1970.*" Nesse momento, não há registros sobre Freddie ou a irmã Kashmira. Freddie tinha dezessete anos e a irmã, doze, quando a família desembarcou na Inglaterra, na primavera de 1964. Depois de duas residências temporárias, eles se estabeleceram na avenida Gladstone, no mês de novembro. Até 31 de dezembro de 1969, a maioridade legal na Inglaterra começava aos vinte e um anos. A partir de 1º de janeiro de 1970, ela foi reduzida para dezoito. Freddie e Kashmira eram, legalmente, menores de idade quando os pais deram início aos trâmites de naturalização. Freddie não teve que pedir cidadania em seu nome até ter residido no país por cinco anos. A essa altura, ele já estaria com vinte e três anos de idade, o que seria pouco mais de metade de sua vida.[1]

• • •

"Freddie era muito parecido com o pai", afirma B. "Os traços do rosto — queixo, lábios, bochechas —, as mãos e os gestos eram todos do Bomi. A personalidade também. Não só a resistência que ele exibia quando diziam como tinha que se comportar, o que fazer e o que não fazer, mas também a sensação de estar acima dos outros, a personalidade exigente; e, por outro lado, a gentileza, a atenção com os outros, a retidão e sua enorme timidez.

"Ele sempre se descrevia como persa e britânico, *não* como indiano, zanzibariano ou africano, e muito menos tanzaniano", diz B. "Os pais dele moraram em Zanzibar por motivos profissionais. Só aqueles que ignoram completamente a história de Freddie e a de Zanzibar o descreveriam como zanzibariano, africano ou tanzaniano. Embora seu nome artístico e pelo qual era chamado fosse 'Freddie Mercury', ele continuou sendo Frederick (Freddie) Bulsara até morrer. Na certidão de óbito, aparecem os dois nomes: 'Frederick Mercury' e 'Frederick Bulsara'. Essa foi a escolha dele, a decisão dele."

Com isso ela quer dizer que Freddie manteve suas origens e suas tradições. Aqueles que dizem que ele nunca quis olhar para trás não entendiam nada sobre ele.

Outro equívoco comum é afirmar que Freddie vivia brigando com os pais.

"Ele os respeitava imensamente", conta a filha. "É claro que ele teve um período de rebeldia. É bastante compreensível, considerando que ele passou muito tempo separado dos pais, a milhares de quilômetros de distância. De modo que eles realmente não se conheciam mais tão bem na época. Quando a família teve que fugir de Zanzibar, eles perderam a posição social elevada de que desfrutavam e desembarcaram num ambiente totalmente diferente e desconhecido. Meu avô Bomi ficou muito preocupado com o filho, porque Freddie não apenas estava totalmente desinteressado da escola, como também não se esforçava para conseguir um emprego. Foi só mais tarde que Freddie compreendeu que o comportamento do pai em relação a ele nascia do temor que tinha pelo futuro do filho."

Também vale a pena lembrar que os pais de Brian May, Roger Taylor e John Deacon demonstraram seu descontentamento quando os filhos largaram a faculdade para se dedicar à música. As preocupações de Bomi eram perfeitamente justificáveis. Ele não era o único pai a agir daquela forma. Com o tempo, os pais dos quatro rapazes acabariam se sentindo orgulhosíssimos deles.

Freddie tinha rancor dos pais por tê-lo enviado para um internato distante, onde ele não recebia os cuidados adequados e passava por abusos e humilhações. Mas ele veio a compreender que, se não fosse por isso, não teria recebido uma educação de excelência, nem a capacidade de desenvolver seu talento artístico. Nem teria conseguido entrar no Ealing College.

"Tudo teria sido muito mais difícil para ele, para não dizer impossível", observa a filha. "Ele sabia que, se não fosse pela decisão terrível que seus pais tomaram, é provável que nunca tivesse sua magnífica carreira artística. Ele viria a saber o quanto os pais ficaram de coração partido quando o enviaram para a Índia. Sofreram muito com o afastamento do único filho homem. Bomi tinha uma índole muito reservada e não era de expressar emoções, mas carregou uma culpa enorme por ter impingido um sofrimento tão grande ao filho e à esposa. Essa culpa foi um obstáculo entre Bomi e Freddie por muitos anos e fazia com que as discussões entre eles fossem difíceis e, às vezes, insuportáveis. Não que Freddie algum dia tivesse perdido o respeito pelo pai. Quando estava em Londres, os visitava uma ou duas vezes por semana, e quando estava viajando, telefonava para eles."

Como o pai do Freddie era um homem extremamente reservado, que ficava na dele e não conversava com qualquer um, e como Freddie mantinha os pais afastados da imprensa e de tudo o que envolvesse sua carreira e seus negócios, certas pessoas se compraziam em falar mal do Bomi, ressalta B.

"Era o mesmo tipo de gente que tentava retratar Freddie como um cara que só se sentia feliz nos círculos de homossexuais, que ainda querem que nós acreditemos que, embora respeitasse os pais, só tinha o sobrenome de origem em comum com eles. Elas dão a entender que ele vivia afastado da mãe, do pai e do restante da família. Mas nada podia estar mais longe da verdade. Embora Bomi não concordasse com a opção do filho de estudar Arte e Design, ele sempre se fez presente e sempre tentou ajudar. Quando Freddie quis mudar de ramo e trocar o Design pelas Artes Gráficas, Bomi apoiou a decisão. E quando Freddie decidiu sair da casa dos pais e encontrar um apartamento para morar (ele se mudou para Addison Gardens, 42-B, em Kensington, dividindo um espaço minúsculo com Paul Humberstone e Chris Smith), o pai forneceu os fundos para pagar o aluguel e as despesas do mês."

E por que Bomi fez tudo isso?

"Porque ele se via no filho, sabia da luta do garoto. Ele mesmo nem sempre seguira o caminho que os pais traçaram para ele. Quando jovem, Bomi se viu preso entre a educação religiosa e uma doutrinação mais rígida do que qualquer coisa que Freddie recebeu. Ele queria ter muito mais liberdade e menos regras. Consequentemente, era mais leniente com o filho. E nunca pressionou Freddie a encontrar logo uma mulher e se estabelecer num lugar. Ele confiava que os filhos tomariam as decisões corretas em seu devido tempo e aceitava que eles sempre deveriam viver suas próprias vidas. Era realista o suficiente para saber que a vida e a época dos filhos eram totalmente diferentes das que ele vivera. Essa foi a maneira que ele teve de amar os filhos e ser um bom pai."

O próprio Bomi demorou bastante até encontrar uma noiva e se estabelecer num lugar.

"Antes do Freddie", continua B., "Bomi havia saído da Índia e corrido o mundo por muitos anos. Tinha feito o próprio caminho e vivido as próprias aventuras, fugindo do casamento até os trinta e seis anos. O que, naquele tempo e naquela cultura, era relativamente tarde para se casar".

As coisas se mostraram bem mais difíceis com a mãe de Freddie.

"Ela teria preferido que o filho, que era seu orgulho e sua alegria, seguisse um caminho mais tradicional. Gostaria que ele tivesse uma carreira mais segura, que se casasse, se estabelecesse e tivesse filhos o mais rápido possível. Ela mesma havia se casado bem jovem. A diferença de idade para Bomi era muito grande e incomum para aquele tempo. A filha Kashmira seguiria os passos da mãe e também se casaria bem nova."

Quanto à educação desastrosa de Freddie, Bomi carregou até morrer o peso da culpa pelo sofrimento a que submeteu a esposa e o filho.

"Ele se arrependeu amargamente de ter mandado Freddie estudar a milhares de quilômetros de casa, num internato na Índia. Passou anos atormentado com a ideia de que teria tomado a decisão errada e que teria sido melhor se a família inteira tivesse se realocado para a Índia. Ele também se arrependia por não terem emigrado para a Inglaterra em agosto de 1947, depois que a Índia se tornou independente do Reino Unido e Freddie tinha apenas um ano de idade."

Mas, nesse caso, sem a ansiedade de separação que o angustiava, a solidão e a confusão que o atormentavam e contra a qual ele se impôs, será que Freddie teria a necessidade, a garra e a pressa de se tornar um artista disposto a alcançar as estrelas? Não há como saber. O que dá para saber, de seus próprios diários, é que ele *compreendia* por que o pai tomou as decisões que ele considerava serem as melhores para o filho. Mesmo que isso tenha significado arrancar uma criança nova e querida dos braços amorosos da mãe e exilá-la a um oceano de distância por muitos anos, causando uma dor insuperável da qual nenhum deles jamais conseguiria se recuperar e cujas cicatrizes marcariam pai e filho para sempre. Freddie conseguiu aceitar o fato de Bomi ter feito o que considerava ser o certo naquela época, dadas as poucas opções disponíveis para eles. Mas o que Bomi viria a reconhecer e considerar o maior erro de sua vida o atormentaria até o fim de seus dias.

Freddie poderia ter explodido num acesso de fúria, ido embora de casa e nunca mais falado com os pais, mas sua natureza não era essa. Embora tenha guardado mágoa, jamais permitiu que ela fosse uma barreira entre eles. A família continuou sendo importante por toda a sua vida. Ele os honrou, ficou sempre por perto e os ajudou o máximo que pôde.

"No fundo, no fundo, e especialmente porque seu pai tinha muitos problemas de saúde", explica a filha, "tudo o que Freddie queria era amá-los e protegê-los".

CAPÍTULO 6

DESLOCADO

Um dos bons amigos que Freddie fez no Ealing College, Tim Staffel, tocava numa banda chamada Smile. Eles abriram para o Pink Floyd no Imperial College de Londres, onde Brian May estudava, e também para o Family, Yes and T. Rex. Freddie se tornou um *habitué* dos shows deles. No começo de 1969, Tim o apresentou ao baterista Roger Taylor e ao guitarrista Brian May durante um ensaio. Freddie simpatizou tanto com eles que começou a aparecer nos ensaios sempre que podia. Com gostos musicais semelhantes, Roger e Freddie se deram bem logo de cara e se tornaram inseparáveis. Essa lealdade permaneceria pelo restante da vida de Freddie.

"Os dois passaram por momentos difíceis mais ou menos na mesma época", comenta B., referindo-se aos abusos sexuais que Freddie sofreu na escola e o doloroso divórcio dos pais de Roger. "Essas experiências terríveis na infância são um ponto crucial, mas a amizade se deu por outros fatores, dois dos quais envolviam amigos próximos. Quando Freddie precisou fugir de Zanzibar, ele não sabia e nunca iria descobrir o que aconteceu com os amigos que considerava irmãos." Quanto ao Roger, ele havia se envolvido num acidente feio de carro na Cornualha, em fevereiro de 1967, quando sua antiga banda, a Reaction, estava a caminho de um show. Na época com dezessete anos, Roger tinha acabado de tirar a carteira de habilitação e estava ao volante. Quando avançava pela rodovia A30 em Goss Moor, perto de Truro, um forte nevoeiro baixou sobre eles e a van caindo aos pedaços em que viajavam bateu num caminhão que estava estacionado. O veículo capotou, arremessando Roger pelo para-brisa. Ele não teve ferimentos sérios, mas a maioria dos outros passageiros se feriu gravemente. O melhor amigo dele, Peter Gill-Carey, estava estudando para ser médico, mas não conseguiu terminar a faculdade. Roger foi indiciado pela polícia, mas, depois de um processo de sete anos, foi absolvido. O trauma psicológico e a chamada "síndrome do sobrevivente" o atormentariam por muito tempo, e Freddie sabia exatamente como ele se sentia.

"A amizade pura que existia entre os dois os mantiveram firmes", conta B. "Freddie e Roger nunca tiveram uma discussão mais ácida. Freddie adorava a sonoridade do Smile e percebeu o potencial da banda. Ele tinha muitas ideias sobre iluminação, figurino, estética e coisas assim. Sobre como deveriam interagir e a melhor maneira de construir uma relação com o público."

Em junho daquele ano, aos vinte e três anos de idade e depois de "residir no Reino Unido e suas Colônias" pelos cinco anos anteriores, Freddie solicitou cidadania plena, sob a Lei da Nacionalidade Britânica de 1948. Registrou seu nome como "Frederick/Farrokh Bulsara" e o endereço da avenida Gladstone, 22, Feltham Middx. Ele também deu os dois endereços anteriores da família: Hamilton Close, 19, Feltham, uma pequena casa de tijolos, com três quartos e varanda, situada num beco, onde os Bulsara residiram por quatro meses, entre 4 de maio e 31 de agosto de 1964; e Hamilton Road, 122, Feltham, também de três quartos, mas um pouco maior, onde a família ficou por dois meses, em setembro e outubro de 1964, antes de se transferir para sua humilde residência permanente.

• • •

Quando se formou no Ealing College e o pai parou de ajudá-lo financeiramente, a situação econômica de Freddie ficou mais precária do que nunca. Mas o verão também trouxe seus bons momentos. Freddie abriu com Roger uma barraca no mercado de Kensington, conheceu uma assistente de loja chamada Mary Austin, por quem se apaixonou, e entrou para a banda Ibex, a primeira de verdade. Da mesma maneira que acontecia com o Smile, Freddie transbordava entusiasmo e estava cheio de ideias sobre como o grupo poderia progredir. A diferença é que, desta vez, ele realmente *fazia* parte da banda e a empolgação não poderia ser maior. Ele se concentrou em desenvolvê-la de acordo com sua visão, ao mesmo tempo que trabalhava sua presença de palco e aperfeiçoava sua técnica ainda em estágio embrionário.

A barraca no mercado nunca renderia uma fortuna, mas Freddie e Roger se divertiam vendendo tudo que parasse em suas mãos: roupas usadas, sapatos, arte, antiguidades, até os quadros e desenhos de Freddie. Ele adorava o clima e o espírito de camaradagem do mercado, e a dupla fez muitos amigos por lá. Mas eles ainda ganhavam tão pouco que passavam fome e até uns simples ovos com bacon eram vistos como um banquete da realeza. Os dois então decidiram morar juntos, com outros amigos.

"Freddie amava aqueles tempos de camaradagem e apoio mútuo", revela B. "Eles tocavam música e escreviam canções sempre que podiam. Tudo começou ali. Freddie dizia que ele e Roger eram parceiros para todas as horas e irmãos de vida. A amizade entre os dois nasceu das dificuldades que enfrentaram e de um intenso desejo de alcançar o sucesso, contra todas as adversidades."

Naquela época, Brian May não tinha a mesma ambição fervorosa, observava Freddie, concluindo que talvez isso se devesse ao fato de ele ter tido uma infância estável e feliz.

"Freddie achava que aquela necessidade desesperada de *ser* alguém na vida não existia no Brian", explica B. "Quando, mais tarde, John Deacon entrou para a banda, ele também trouxe a própria infância disfuncional para o grupo, já que havia perdido o pai muito cedo, ainda criança. Freddie achava que sua história de vida e essa dinâmica psicológica explicavam sua ligação com Roger e John. Já com Brian, ele nunca foi capaz de construir uma conexão muito profunda. E isso explica bastante as atitudes de John, de Roger e de Brian após a morte do Freddie."

Freddie levou uma vida boêmia até meados de 1970, quando foi morar com a namorada, Mary. O casal se conheceu no ano anterior, quando Freddie estava perto de completar vinte e quatro anos. Mary, que era de 6 de março de 1951, tinha apenas dezoito.

"Ele costumava ir à boutique Biba, onde ela trabalhava, e Mary frequentava a barraca dele no mercado de Kensington", conta B. "Eles bateram os olhos um no outro e viram, naquele instante, que havia algo muito especial entre os dois. Mas, por vários meses, nada aconteceu. Foi só no fim do ano, depois que Freddie a convidou para sair mais uma vez, que Mary finalmente teve coragem de aceitar. Eles passaram a morar sob o mesmo teto a partir de então e ficariam juntos até o dia em que ele morreu. Mais tarde, Brian May diria que foi ele quem os apresentou, e que já havia namorado Mary. Mas Freddie nunca citou o nome dele nesse contexto, então talvez não tenha sido ele que de fato apresentou os dois. Eram um grupo de jovens que iam aos mesmos pubs e shows e passavam o tempo juntos. Dizem que Brian tinha uma quedinha pela Mary e que eles teriam saído uma única vez, mas o crush não era recíproco. E então o Freddie e a Mary começaram a sair."

Freddie admirava muito Mary pelo fato de ela ser independente desde muito jovem. Logo ele iria descobrir que os pais dela eram surdos e que aquela casa extremamente silenciosa explicava muito de seu jeito quieto e sua discrição. Além disso, ela perdera de forma trágica a mãe quando tinha apenas quinze anos.

"Ele ficou impressionado com a coragem, o pragmatismo e a inteligência dela", comenta B. "Ele amava o estilo, as tiradas rápidas e o senso de humor de Mary. Ela o fazia rir. Ele dizia que, desde o primeiro momento, sabia que passaria o resto da vida ao lado dela. Simplesmente sabia, lá no fundo, que ela era a pessoa certa. Não conseguia explicar. Quem consegue? Ele tinha a sensação de que se conheciam desde sempre. Acreditava que estavam predestinados a ficar juntos e que envelheceriam juntos. Do jeito que Freddie via as coisas, eles eram um só. Almas gêmeas. Eles falavam a mesma língua, compartilhavam os mesmos valores e viam e compreendiam o mundo da mesma forma. Ele vivia dizendo que estar 'caidinho' por ela era uma expressão equivocada, porque o que ele tinha experimentado era uma verdadeira ascensão, e não uma queda. Eles colocaram o amor que sentiam um pelo outro acima de todas as coisas. Os dois se completavam."

Numa pequena quitinete cujo aluguel custava dez libras por semana, no número 2 da Victoria Road, esquina com Kensington Gardens, e dividindo cozinha e banheiro com os outros inquilinos, Mary e Freddie conversavam até alta madrugada. Quando iam para a cama, ficavam entrelaçados e dividindo histórias de infância. Nos dias em que Mary não tinha que trabalhar, eles passavam o dia inteiro deitados, só conversando, ouvindo música, fazendo amor e curtindo a preguiça juntos. Freddie compartilhou seus segredos mais dolorosos com Mary e ficou encantado com o fato de ela conseguir curar algumas de suas feridas. A relação virou uma espécie de porto seguro para os dois. Até então, Freddie carregava nas costas o peso da rejeição dos pais, e os culpava por terem arruinado sua vida quando o mandaram para o internato. Ainda se ressentia da traição e da humilhação dos colegas da St. Peter's, e também sentia raiva das pessoas que o maltrataram quando chegou à Inglaterra. Mas Mary conseguia fazer todos aqueles sentimentos ruins desaparecerem. Ela percebeu os medos e as inseguranças dele, antes mesmo de qualquer confidência, e garantiu que jamais o rejeitaria ou o trairia. Prometeu apoiá-lo em tudo que ele fizesse na vida e que seria seu amor incondicional até o fim.

"Instintivamente, ele sabia que a relação que havia entre eles era a mais rara de todas", continua B. "Esse amor puro e altruísta era algo que Freddie nunca havia experimentado antes. Ela segurava a mão dele, cuidava dele, se preocupava com seus sentimentos e o fazia se sentir especial e seguro. Desde que fora abandonado no internato, aquela era a primeira vez que ele sentia ser o centro do universo de alguém, e, por isso, ele a amava profundamente. Para Freddie, ela era a mulher perfeita e a mãe de seus futuros filhos. Não era segredo que ele adorava crianças. Adorava brincar e aprender com elas e não tinha medo delas, ao contrário do amigo Kenny Everett, sobre quem vamos falar mais à frente, que tinha tanto medo de criança que chegava a achá-las desprezíveis!"

Freddie sempre teve vontade de ser pai. Via a paternidade como a experiência mais importante e recompensadora que ele poderia ter. Mas tudo no devido tempo. Primeiro havia coisas magníficas a se conquistar. Ser parte de uma banda de rock era sinônimo de longos períodos fora de casa, e ele sabia que isso não era vida para se oferecer a um filho.

"Ele também sabia que as turnês eram apenas uma fase temporária da vida. Depois disso, Mary e ele arranjariam um lugarzinho só para os dois, construiriam um lar e formariam uma família. Ele adorava a ideia de se empenhar e ser aquele tipo de pai que põe as mãos na massa. Muito antes do Ocidente acordar para a igualdade entre homens e mulheres, a expectativa de que as tarefas domésticas e o cuidado com as crianças deveriam ser divididos igualmente entre marido e mulher já era forte na cultura parse."

Ele entraria para outra banda em 1970, chamada Sour Milk Sea, a qual deixou depois de poucas semanas, acreditando que os outros integrantes sufocavam seu estilo. A saída aconteceu no mesmo momento em que Tim Staffel deixou a banda Smile para se unir a outra, chamada Humpy Bong. Numa discussão para decidir o futuro do Smile, foi combinado que Freddie poderia participar do grupo como cantor e líder.

"O Queen estava começando a surgir, com Freddie sendo a força motriz. Ele tinha uma visão própria para a banda e sabia o que eles deveriam representar. Por isso, se atirou de corpo e alma naquele trabalho, dedicando todo seu tempo e sua energia para escrever as músicas, aprimorar suas composições, explorar e experimentar ideias e ensaiar o máximo possível. Boa parte da ninharia que ele ganhava para sobreviver era investida na banda."

Semanas mais tarde, ainda com o nome Smile, eles dariam seu primeiro show, no dia 27 de junho de 1970, um sábado, no Truro City Hall. O show fora marcado pela mãe de Roger, que continuava morando na Cornualha, como um evento de arrecadação de fundos para a Cruz Vermelha. Quando a banda chegou ao local, Freddie contrariou todos os cartazes que anunciavam a apresentação e anunciou que, dali em diante, a banda se chamaria Queen.

• • •

Quando Freddie e Mary se mudaram para o primeiro apartamento de verdade do casal, com aluguel mais caro, de dezenove libras por semana, no número 100 da Holland Road, em Kensignton, o lugar também seria utilizado como sede da banda. A sala de estar confortável e acolhedora virou também sala de reuniões, além de estúdio fotográfico. A primeira sessão de fotos foi feita ali, e algumas das primeiras imagens capturadas pelo fotógrafo Doug Puddifoot foram parar na contracapa do primeiro disco. Mary era uma exímia anfitriã e dava muita atenção a todos. Nunca reclamava daquela intromissão, porque sabia que era por uma boa causa.

"Ela também ajudou Freddie a criar sua persona para o palco", conta B. "Nunca teve dúvidas de que ele faria sucesso, nem permitiu que duvidasse de si mesmo. Seu apoio era a única coisa com que Freddie sempre poderia contar, e ele se agarrou a isso. Ela ainda arrumou seu primeiro figurino, conseguiu roupas maravilhosas para toda a banda na Biba, além de cuidar da maquiagem deles. O casal passava a noite conversando sobre os looks que Freddie tinha em mente. Então, no dia seguinte, ela trazia para casa todas aquelas roupas incríveis. Mary foi a primeira estilista não só de Freddie, mas também do Queen. Tinha muito talento e bom gosto. Sabia exatamente o que combinava com ela, que cores realçavam a pele pálida e os cabelos louros, e nunca permitia que alguém a acompanhasse na hora de fazer compras! A única pessoa que permitia dar algum palpite era Freddie. Às vezes, ele pedia que ela usasse um vestido, variando um pouco o que costumava vestir no dia a dia, geralmente um jeans e moletom ou calça e camisa. Ela colocava os vestidos deslumbrantes só para agradá-lo, e Freddie ficava em êxtase. Mary sabia como agradar seu homem, surpreendendo-o com roupas novas e mudando seus looks. Essa sua capacidade o deixava encantado."

• • •

Em 1971, o baixista John Deacon se juntou à banda. Depois de meses compondo e ensaiando, o Queen estava pronto para estrear de verdade naquele verão. A sorte os levaria à porta do De Lane Lea Studios, em Londres, onde gravaram sua primeira demo profissional. Freddie ficou nas nuvens; sabia exatamente quanto aquele passo era importante. Eles puderam usar todo o equipamento do estúdio. Logo depois, começaram as tratativas com os irmãos Barry e Norman Sheffield, fundadores e proprietários do Trident Studios, no Soho, que queriam assinar com a banda um contrato de gerenciamento.

"Naquela época, o Trident era uma excelente oportunidade na opinião do Freddie", conta B. "Eles estavam um passo à frente de todos os outros estúdios. Foi prometido ao Queen a oportunidade de experimentar, improvisar e desenvolver sua sonoridade única quando o estúdio não estivesse em uso, como nas madrugadas, por exemplo. Eles aceitaram a oportunidade e a aproveitaram ao máximo. Segundo Freddie, era o ambiente perfeito para as diferentes personalidades deles, todas extremamente exigentes."

Mas ainda havia um longo caminho pela frente. Eles não estavam nem perto de assinar um contrato, muito menos tinham a garantia de que gravariam um disco. O lançamento do primeiro álbum parecia um sonho distante.

"Como todo mundo sabe, eles acabaram gravando. Quando *Queen*, o disco de estreia, foi gravado e lançado pela EMI Records em 13 de julho de 1973, Freddie não via a hora de levar a primeira cópia para os pais. O álbum mal havia sido lançado e a banda já estava de volta ao estúdio para começar a trabalhar na sequência, o *Queen II*. Freddie também começou a trabalhar em sua 'primeira' ópera sobre o mundo fantástico de Rhye. Foram as idas e vindas das garotas de programa que faziam ponto na viela St Anne's Court, onde ficava o Trident Studios, que em parte o inspirou a compor 'Killer Queen'. Freddie disse que essa foi uma das poucas músicas cuja letra ele escreveu antes de ter a melodia."

Mas a situação entre a banda e os irmãos começou a ficar complicada. Freddie se enfurecia porque achava que eles não respeitavam o Queen como artistas. Isso lembrava muito a maneira como pessoas totalmente estranhas o faziam se sentir um intruso nos dois primeiros anos que passou na Inglaterra. Na época, ele pensava: será que isso vale a pena? Eles mal conseguiam ganhar dinheiro para ter uma vida decente.

"O Freddie ficava dividido", conta B. "Ele acreditava no Queen. Embora não conseguisse fazer concessões no que diz respeito à música, ele estava disposto a ceder no âmbito comercial para fazer dar certo. Ele sabia que precisava ser paciente, mesmo que isso não fosse o seu forte. Mas a situação ficou incontornável quando Barry e Norman se recusaram a dar a John Deacon o adiantamento que ele havia pedido para comprar uma casa, da qual realmente precisava, porque ele e a esposa Veronica esperavam o primeiro filho. Aquilo foi a gota d'água. Freddie ficou uma fera. Naquele momento, ele decidiu que o relacionamento do Queen com Norman e Barry Sheffield havia acabado."

No início de 1975, afundados numa confusão contratual da qual não viam saída, o Queen ficou a ponto de se desfazer. Porém, estavam tão endividados que não poderiam simplesmente abandonar tudo e ir embora. Não tiveram outra opção a não ser honrar seus compromissos enquanto procuravam um jeito de se livrar dos contratos. No fim, acabaram conquistando a independência em relação ao Trident com a ajuda de seu novo empresário, John Reid, um escocês enérgico conhecido no meio musical por seu relacionamento pessoal e profissional com Elton John.

"A única vez que Freddie de fato se vingou abertamente de alguém foi dos Sheffield na música 'Death on Two Legs'", relata B. "Mas ele não escreveu a música de um ponto de vista pessoal, nem por dinheiro. Ele admitiu que as discussões com os irmãos poderiam ter demorado muito até que chegassem a um acordo. Mas, para ele, a situação atingiu o limite quando eles se recusaram a dar o adiantamento de que John precisava. Como um homem muito sensível e afeito à família, ele considerou a atitude cruel. Daquele momento em diante, não havia mais jeito de continuar trabalhando com eles. Mais tarde, Norman Sheffield reconheceu que eles poderiam ter conversado mais e que deveria ter dado mais atenção aos sentimentos da banda. Só podemos especular o que teria acontecido se o pedido de John tivesse sido atendido. O Queen poderia ter continuado sob contrato com os irmãos até conquistarem sua independência. Talvez não tivessem assinado com John Reid, e talvez Paul Prenter não tivesse entrado em cena e tido a chance de arrastar Freddie para águas tenebrosas. Freddie poderia ter encontrado o homem certo e, com um parceiro masculino de um lado e Mary do outro, tido a chance de ser um homem feliz."

• • •

Na noite de Natal de 1973, Freddie pediu Mary em casamento. Ele escondeu o anel de escaravelho de jade — típico dele — em uma caixa pequena dentro de várias caixas maiores, e Mary teve que abrir uma a uma até chegar à menorzinha.

"Essa é a data que ele escreveu nos cadernos", informa B. "Se você olhar com bastante atenção as fotos do lançamento dos discos *Queen II* e *Sheer Heart Attack*, ou as fotos das festas de 1974, verá Mary usando a aliança de noivado. Num documentário para a BBC, Brian May afirma que Freddie disse que era 'tão gay quanto um narciso em flor' numa entrevista para a revista *NME* em 1978, e que também 'não era um homem que negava sua sexualidade'. O problema desses comentários é que a entrevista em questão aconteceu bem antes, no início de 1974, antes do lançamento do *Queen II*. E isso muda tudo. Freddie tinha acabado de pedir Mary em casamento. A resposta à *NME* foi dada no automático pelo Mercury, sua persona de palco, e não por Freddie Bulsara. Ele dissera aquilo de maneira irônica e provocadora, muito perto do lançamento de *Queen II*, numa época em que os quatro integrantes da banda usavam blusas femininas. Todos eles têm acesso aos arquivos completos do Queen."

Embora a confusão de Brian com as datas certamente tenha sido sem querer, é compreensível que os comentários equivocados tenham deixado a filha irritada.

• • •

Ao longo dos anos, os debates sobre quem ocupava que lugar na hierarquia dos amantes do Freddie nunca chegaram a uma resposta. Em que ordem eles entraram em sua vida, e quando exatamente? Quem era o mais importante? Quem tomou o lugar de quem? Quem morava com ele harmoniosamente sob o mesmo teto, quem foi expulso de casa e quem foi o pior pesadelo? Quem dividia a cama com ele? Quais Freddie realmente amou, se é que amou de verdade? E quem transmitiu HIV para ele? O filme *Bohemian Rhapsody* foge dessas questões, reduzindo-as, por conveniência, a um Freddie que era puro e perdidamente apaixonado por Mary, ao mesmo tempo que se via atormentado por impulsos homossexuais aos quais não conseguia resistir. E assim, como diz a história contada através dos tempos, foi destruído o relacionamento romântico entre Freddie e Mary, embora a amizade íntima e a dependência emocional entre os dois tenha perdurado até o amargo fim. Mary é praticamente santificada no filme, que a retrata como uma heroína trágica, destruída pela percepção cada vez mais clara de que não havia esperança entre ela e o seu único e verdadeiro amor. Ela tenta fazer o possível para tocar a vida, enquanto Freddie é retratado como um ex possessivo e pegajoso, que simplesmente não consegue deixá-la em paz. Ele compra um apartamento para sua suposta ex-namorada, que fica a um minuto de distância do seu. São tão próximos que ele consegue vê-la de sua janela, e vice-versa. Uma cena angustiante mostra ele ligando e desligando um abajur, enquanto conversa com Mary ao telefone. Esse gesto incessante simboliza seu amor eterno. O tema subjacente do filme é que ela tenta se afastar de Freddie para tocar a vida, enquanto ele faz de tudo para continuar grudado nela. A obra insinua que Mary representa um ideal que ele nunca poderá alcançar por causa de sua necessidade de transar com outros homens. Mas isso está longe de corresponder aos fatos.

Como já foi dito, o maior pesadelo da Mary era que Freddie a abandonasse depois que o Queen começasse a ganhar dinheiro e fazer sucesso. O momento em que ele confessa achar que é bissexual e a lendária resposta de Mary — que não, ele era gay mesmo — só tem uma pontinha de verdade. O filme reduz a complicada e multifacetada vida amorosa de Freddie a uma única transição fluida, de Mary para Jim Hutton, e deixa de mostrar outras pessoas significativas que desempenharam papéis importantes na vida dele. Ao fazer isso, o longa passa a ideia de que Freddie foi a figura trágica por excelência, um homossexual refém de seu irrefreável apetite por outros homens, enquanto se mantinha profundamente apaixonado pela mesma mulher por quase toda a vida adulta.

Essa abordagem reducionista é, até certo ponto, esperada. Primeiro porque esse era um assunto particular, da conta de mais ninguém além de Freddie; segundo, porque em parte envolvia a intimidade de pessoas que não são públicas e, portanto, têm direito à privacidade. Mas também porque, naquele período de mudanças na forma como a sociedade encarava a sexualidade, exigir que o público geral aceitasse que o líder de uma banda de rock fosse abertamente bissexual seria pedir demais.

O Queen era uma banda em ascensão, com uma reputação para proteger e um legado musical para preservar. No início dos anos 1970, quando conquistaram a fama, a homossexualidade havia sido, em parte, descriminalizada no Reino Unido apenas alguns anos antes. A Lei de Ofensas Sexuais, aprovada em 1967 e em vigor na Inglaterra e no País de Gales, não iria eliminar a desconfiança e o preconceito da noite para o dia. A banda e seus empresários poderiam temer, não sem razão, que sua popularidade fosse comprometida e até despencasse se os fãs soubessem de toda a verdade. Pouca gente sabia, naquela época, que a sexualidade de Freddie e os acordos feitos em sua vida privada eram infinitamente mais complicados do que a maioria das pessoas era capaz de imaginar. Os tempos podiam estar mudando, mas não para todo mundo. Embora a sociedade estivesse mais tolerante com os homossexuais, a bissexualidade continuava sendo vista como algo problemático. Hoje, mais de cinquenta anos depois, a bifobia, em certos níveis, continua sendo um problema.

Mas por quê? São muitas as teorias. Uma corrente defende que muitos ainda veem a homossexualidade como "uma aberração da natureza", pela qual o indivíduo "afetado" não teria culpa. Argumenta-se que um indivíduo gay não pode ser responsabilizado "pelo seu jeito de ser". Já a bissexualidade é geralmente estigmatizada como uma forma de ganância e/ou escolha. Alguns acham que os bissexuais são mais promíscuos que os homossexuais porque relutam em "escolher um lado". Pessoas bissexuais costumam ser alvo de desconfiança, pois há quem acredite que estejam em uma jornada de autoaceitação para assumir que, no fundo, são gays. No entanto, bissexuais sempre existiram na história. Não são "de uma natureza mais pervertida" que héteros ou homossexuais. Nem poderiam ser. A bissexualidade não se restringe aos seres humanos, ela existe em todo o reino animal: mais de mil espécies, incluindo bonobos, morsas, girafas, moscas, golfinhos, lagartos, flamingos e gansos, apresentam comportamentos similares entre indivíduos do mesmo sexo, desde relações sexuais a cooperação na criação de filhotes. Segundo o Greenpeace, indícios de comportamentos bissexuais e homossexuais entre os animais "já existem há séculos, mas foram ignorados ou escondidos do público". Os cientistas mais antigos descreviam suas descobertas como "antinaturais", "monstruosas" ou "horrorosas". Comportamentos homossexuais entre animais também foram reduzidos a "brincadeiras" ou "brigas". Em 1912, um membro da expedição do capitão Robert Falcon Scott à Antártida documentou a homossexualidade entre pinguins-de-adélia, mas essa parte do artigo foi retirada, sendo redescoberta apenas cem anos mais tarde.

Em muitos lugares, comportamentos homossexuais permanecem ilegais, enquanto em outros, os direitos das pessoas LGBTQIAP+ são limitados ou desprezados. Mais de sessenta países ainda mantêm leis que criminalizam a homossexualidade, quase metade deles no continente africano, onde nasceu Freddie. Embora alguns países (como Cingapura, Barbados e Botswana) tenham tomado medidas nos últimos anos para descriminalizar a união homoafetiva e aumentar os direitos das pessoas LGBTQIAP+, outros (como Nigéria e Uganda) reforçaram as leis discriminatórias já existentes. Em muitos lugares, quem viola essas leis pode ser condenado a longas sentenças de prisão ou até à pena de morte.

• • •

"Freddie não se via como um homem gay, mas bissexual", afirma, oficialmente, sua filha. "Ele disse isso com as próprias palavras e confirmou com a própria letra. Mas, para ele, o amor, a ternura, o afeto e a emoção eram muito mais importantes do que o desejo. Como ele mesmo disse, 'não se pode comparar sexo com amor, porque, neste caso, você está se referindo à coisa mais linda da Terra'. Ele transou e sentiu desejo por homens, mas com Mary ele fazia amor. Tinha atração física pelos homens e precisava ser dominado sexualmente, mas era emocionalmente atraído pelas mulheres. Ele precisava do amor inquebrantável que sentia por sua mulher mais do que qualquer outra coisa na vida. Sempre muito educado, respeitador e um perfeito cavalheiro, ele odiava os homens gays que se comportavam de maneira extravagante fora de contexto. Ele berrou e explodiu de raiva com Jim Hutton algumas vezes, quando ele tratou mal uma mulher ou lhes disse palavras desrespeitosas. Freddie era muito correto. Ele queria tudo 'no seu devido lugar', de acordo com o princípio que há muito tempo rege a sociedade indiana."

A bissexualidade, por definição, não é binária, o que pode confundir as pessoas que preferem que a vida seja assim. Bissexuais chegam a ser acusados de querer roubar os holofotes pelo qual nunca pediram. Mas será que tudo isso não acontece principalmente porque muita gente adora julgar, criticar e perseguir os outros? Para um cidadão comum, já é angustiante estar na mira disso tudo. Se multiplicarmos isso por mil, é possível perceber a dimensão do problema para uma celebridade no centro das atenções do mundo. A sina dos bissexuais, em tese, poderia ser "pior", já que eles enfrentam hostilidade e críticas de homossexuais, lésbicas e pessoas trans por não serem "suficientemente gays", além da discriminação da comunidade hétero não esclarecida. Acusados de "querer ter tudo", os bissexuais saem sempre perdendo.

"Se *tivermos* que rotular o Freddie de alguma coisa", diz B., "teríamos que usar a expressão 'homem bissexual polígamo'. Se ele estava à frente de seu tempo? Ele sabia que as pessoas tinham dificuldade de entender sua postura. Inclusive, acharia incompreensível que, trinta anos após sua morte, isso ainda não seja debatido com naturalidade nos dias de hoje. O homem bissexual ainda é visto na nossa sociedade como uma pessoa gay não assumida e que só quer manter as aparências. O estranho é que essa mesma sociedade não projeta esse preconceito nas mulheres bissexuais. A repressão sob a qual vivem os homens gays tem um papel importante nisso. A ideia aparentemente inimaginável de que uma pessoa possa ao mesmo tempo ser homo e heterossexual resultou na negação da verdadeira identidade bissexual".

A ex-namorada de Freddie, Rosemary Pearson, o rejeitou pelo fato de ele ser bissexual. Mary optou por aceitá-lo exatamente como ele era. Sua capacidade de abraçar tudo aquilo selou o amor dos dois pela vida inteira.

"A propósito, a dualidade do Freddie foi revelada pela primeira vez no brasão do Queen que ele desenhou para o primeiro disco da banda, em 1973", afirma B., "com duas fadas que o representavam".

Não fui a única a acreditar que Freddie não queria compartilhar sua "homossexualidade" com o restante do mundo porque não queria ofender os pais e a comunidade parse de sua família. Muitos de nós tiramos conclusões precipitadas assim. Mas estávamos errados.

"Ele nunca escondeu a bissexualidade, nem o fato de transar com homens", diz a filha. "Se ele quisesse esconder esse lado com medo de incomodar os pais, não teria dado as declarações públicas que deu."

Declarações do tipo:

"Já tive muitos amantes, tanto homens como mulheres. Tive relacionamentos dos dois lados."

"Eu não conseguiria me apaixonar por um homem do jeito que eu me apaixonaria por uma garota."

"Talvez eu tenha um gosto sexual mais amplo do que a maioria das pessoas, mas só vou até certo ponto."

"Eu durmo com homens, mulheres, gatos, o que você imaginar. Vou para a cama com qualquer coisa!"

"Prefiro transar com alguém com quem eu não tenha nenhum envolvimento, e houve momentos em que fui extremamente promíscuo. Eu costumava ser uma vadia que levantava de manhã, coçava a cabeça e pensava com quem queria trepar no dia. Eu vivia só pelo sexo."

E: "Eu sempre procuro alguém capaz de me amar, mesmo que seja só por uma noite. Minhas relações casuais são apenas eu representando um papel."

"É verdade que, na tradição parse, a homossexualidade não é permitida", confirma B. "Nem os relacionamentos bissexuais. Mas o que os pais dele poderiam fazer? Freddie era um homem adulto. É claro que eles sabiam o que estava acontecendo. Não viviam isolados do mundo. Eram pessoas cultas, liam jornais e assistiam à televisão."

Os Bulsara não tinham vergonha do filho nem o expulsaram da vida deles.

"A mãe tinha muito orgulho do filho", diz B. "Ela recortava e guardava todas as boas notícias que saíam sobre ele. Os dois tinham total ciência das declarações que o Freddie dava sobre sua sexualidade. Até onde sabemos, ele seguia os ensinamentos de Zaratustra. Uma regra fundamental desses ensinamentos é que o pecado não é uma coisa ruim que você faz contra si mesmo, e sim as más ações que você comete contra os outros seres vivos. Segundo Zaratustra, o sexo não é um pecado se for consentido. Ora, as relações sexuais que Freddie teve com outros homens sempre foram consentidas. Depois de decidir a maneira como viveria sua vida, mas desesperado para não desrespeitar Mary, Freddie teve conversas longas, profundas e muito sérias com ela. Eles estavam de acordo que não queriam perder um ao outro. E assim redefiniram, em acordo, a parceria e a vida sexual que passariam a ter."

Ela lembra que sexo com homens ou com mulheres não são considerados pecados pelos Gathas.

"Os Gathas não falam nada sobre bissexualidade ou homossexualidade. Não esqueça que Ahura Mazda é, ao mesmo tempo, masculino e feminino: Ahura é o masculino, e Mazda, o feminino. Freddie conhecia essa estrita igualdade de homem e mulher dentro da mesma entidade. Ele satisfazia seu lado feminino se relacionando com homens, e seu lado masculino, com a Mary. Para ele, o estilo de vida ideal seria viver abertamente num *ménage à trois* com compromisso. Infelizmente, durante os anos 1980, e mesmo hoje, a vítima teria sido Mary. As pessoas apontariam o dedo para *ela*, que seria ridicularizada e humilhada, fariam piadas e teriam pena de sua posição de 'mulher enganada'. Freddie detestava a ideia de fazê-la sofrer. Por não querer lhe causar vergonha ou constrangimento, ele decidiu compartimentalizar a vida."

Esse era o dilema de Freddie. Ao procurar manter a vida pessoal da forma mais reservada possível — até os antigos colaboradores começarem a traí-lo a torto e a direito, chamando a atenção para seu estilo de vida "chocante e sensacional" —, ele passou a atrair uma intensa especulação dos fãs e da grande mídia sobre como realmente seria sua vida íntima. Matérias sensacionalistas na imprensa e revelações bombásticas alimentavam esse fogo. Desde sua morte, certas pessoas passaram a ganhar a vida contando e recontando histórias conhecidas e inventando revelações cada vez mais estarrecedoras. "Havia muito mais e muito menos do que se dizia", afirma a filha, que passou anos avaliando e absorvendo o longo relato manuscrito de Freddie. O fascínio que ele tinha pelos conceitos de omnissexualidade, multissexualidade e pansexualidade, cada um diferente dos demais, era inspirado pela sua pesquisa das culturas antigas. Os costumes, as tradições, os hábitos e os comportamentos sexuais das antigas civilizações o fascinavam e despertavam sua imaginação, especialmente os da Índia pré-colonial.

"É sabido que a Índia dos marajás era uma fonte constante de inspiração para Freddie", relembra B. "Aquele modo de vida, o luxo, a sofisticação e o refinamento o deixavam fascinado. Naquele belo e antigo país, prevalecia uma atmosfera de libertinagem. Os casamentos múltiplos eram um costume de longa data. Era absolutamente normal que os homens tivessem várias esposas. As *nautch* [dançarinas profissionais hindus que se apresentavam em cerimônias religiosas e nas cortes no tempo do império Mogol, entre os séculos XVI e XVIII] eram contratadas para divertir, satisfazer e oferecer todo tipo de agrado sexual. Elas também eram responsáveis em iniciar os rapazes na arte do sexo. O antigo conceito indiano de amor separava a mulher com quem se casa da amante com quem o homem se diverte e desfruta das relações sexuais."

"Todo mundo quer ter uma relação de amor [que ele tinha com Mary] e ao mesmo tempo sair e se divertir um pouco", disse Freddie a David Wigg em uma entrevista para o jornal *Daily Express*, publicada em julho de 1986. "Nós queremos as duas coisas."

B. ressalta a compreensão e o entusiasmo que o pai sentia por esse conceito antigo, que ele abraçaria a vida inteira. Ao mesmo tempo, ele reconhecia que muitas pessoas no mundo moderno, especialmente no Ocidente, não eram capazes de considerar este tipo de comportamento aceitável.

• • •

Cerca de um ano depois que a música "Bohemian Rhapsody" foi lançada e virou uma sensação, o dinheiro começou a entrar em quantidades absurdas. A fama e a fortuna são conhecidas por corromperem até os homens bons e honestos. E isso aconteceu com Freddie, o que complicou ainda mais sua relação com David Minns, um profissional da indústria fonográfica que cruzou seu caminho por algum tempo.

Eles se conheceram em junho de 1975. Nas lembranças de Minns, ele estava indo para seu apartamento na Werter Road, em Putney, e foi dar um alô para o amigo Cherry Brown na Rod's, uma boate gay que mais tarde se chamaria Country Cousins. Foi outro amigo, Malcolm Grey, que apresentou David a Freddie. O "Minnsie" trabalhava no ramo do entretenimento numa série de funções, desde a organização de figurinos para Paul e Linda McCartney até o gerenciamento da carreira do cantor e compositor Eddie Howell. A dupla deixou de lado o contexto profissional e passou a cultivar uma amizade intensa, o que levou Freddie a apresentar seu novo melhor amigo a Mary, e David a passar a visitar o casal em Holland Park. Mas, ao mesmo tempo, David e Freddie começaram a virar assunto das notinhas de jornal, ainda que este continuasse a morar com Mary. Como demonstração de afeto, Freddie deu a Minns o apelido feminino de "Dyllis". No segundo semestre de 1975, David perguntou a Freddie se ele aceitaria produzir uma música para Eddie Howell. Freddie disse que sim e começou a trabalhar na faixa "Man from Manhattan" no início de 1976, antes de o Queen iniciar a turnê *A Night at the Opera* nos Estados Unidos.

"Freddie e David Minns tinham uma relação afetuosa", confirma B., "embora também fosse caótica, com muitas brigas, traições, ciúmes, abusos e até violência. Eles despertavam o pior um no outro.

"Depois da sessão de estúdio com Howell, e mesmo já conhecendo Mary e sabendo da relação dos dois, Minns levou Freddie a seu apartamento e deu em cima dele", conta B. "A onda de puro prazer que Freddie sentiu na primeira relação sexual com um homem, quinze anos depois dos ataques que sofrera em Panchgani, o deixaram todo confuso. O problema é que ele gostou. E muito. Minns e ele se tornaram amantes apaixonados."

No começo, seus encontros com Minns não eram muito diferentes dos inúmeros casos que ele tinha com as *groupies* nas turnês, um luxo comum de músicos na estrada. No caminho entre o nada e o lugar nenhum, sempre parecia haver garotas com quem transar. Mas era só tesão, e não amor. Freddie se orgulhava de saber diferenciar um do outro. Anos depois, quando decidiu ter relações com homens, a presença de outras mulheres em sua cama passou a ser supérflua.

"Mary foi o seu único amor verdadeiro", enfatiza B. "E a única mulher com quem hoje ele ainda dormiria. A única exceção seria a [atriz alemã] Barbara Valentin." Vamos falar sobre ela a seguir. "E o único homem com quem ele dormiria por amor, além do sexo, seria seu futuro namorado Joe Fannelli."

Freddie tinha que se dividir entre Mary e David, ficando mais confuso dia após dia. E especialmente perturbado pelos sentimentos cada vez mais fortes em relação a Minns.

"Ele começou a pensar", conta a filha, "em ter uma relação mais séria com Minns, em paralelo à que ele tinha com Mary". Ele não tinha nenhum desejo de terminar com ela. Muito pelo contrário. Ainda estava convicto de que seriam parceiros a vida inteira e não via por que não poderia ficar com os dois. Já Minns não aceitava essa vida dupla. Frustrado e com raiva, ele submetia Freddie a castigos físicos cada vez mais violentos. E Freddie permitia.

"Enquanto estava viajando numa turnê, ele repensou a relação que tinha com o David", conta B., explicando como Freddie percebeu que a influência que o parceiro exercia sobre ele era mais negativa que positiva, e que a verdade é que ele tentava controlá-lo. "E assim Freddie decidiu se afastar dele. Ao voltar da Austrália, onde estava na turnê *A Night at the Opera*, no final de abril de 1976, a primeira coisa que Minns fez foi exigir do parceiro que contasse a Mary que eles tinham um relacionamento. Foi nesse contexto — tendo de lidar com os sentimentos cada vez mais fortes em relação a Minns, o amor por Mary e a pressão que Minns exercia nele — que, no início de maio de 1976, Freddie ficou com a minha mãe e eu fui gerada.

"Ao concluir a parte norte-americana da turnê *News of the World*, no fim de 1977, Freddie se cansou da possessividade de David Minns e do quanto ele lhe fazia mal. Naquela época, eles já mantinham o relacionamento há quase dois anos. Alguns dias mais tarde, Freddie conheceu Joe Fannelli, de Franklin, em Massachusetts, e terminou com Minns."

David não aceitou o término. Fez todo tipo de ameaça e até forjou uma tentativa de suicídio para tentar reconquistar Freddie. O término foi violento.

"Freddie não sentia culpa em relação a Mary, como ele escreveu no diário, porque tanto David como Mary lhe davam, cada um, algo de essencial, uma coisa sem a qual ele não conseguia viver. Mas a experimentação de sua sexualidade com Minns o obrigou a ter uma conversa muito difícil, mas necessária, com Mary. Depois disso, eles redefiniram sua parceria e sua vida doméstica e conseguiram continuar juntos, construindo uma ligação incrível, baseada no respeito e no amor mútuo."

Foi aí, explicou Freddie, que ele percebeu que precisava dos dois: da relação tradicional com Mary, até que a morte os separasse, e de sexo casual com homens. Mas ele amava e adorava a Mary. Como podia esperar que ela aceitasse um arranjo desse? Estava desesperado e queria ser correto com ela, mas, ao mesmo tempo, ele não queria deixar de viver sua recém-descoberta homossexualidade.

"Na época em que escrevia as músicas para o disco *News of the World*, ele se encontrava num estado emocional complexo e particularmente vulnerável", revela B. "Naquele momento, ele tinha certeza de que era bissexual, mas como é que as coisas se resolveriam? Estava tão confuso que passou por um bloqueio criativo, o que era raro de acontecer com ele. Consequentemente, só contribuiu com três músicas para aquele disco, lançado em outubro de 1977: 'We Are the Champions', 'Get Down, Make Love' e 'My Melancholy Blues'. Das outras oito faixas,

Brian escreveu quatro, e Roger e John, duas cada um. Freddie ficou constrangido. Ele nunca escrevera tão poucas músicas para um disco do Queen."

"Não é errado dizer que foi difícil para Freddie lidar com sua sexualidade e sua vida amorosa", admite B., "mas não da maneira como a maioria das pessoas imagina".

"A dificuldade não vinha da necessidade de ele transar com outros homens, junto com o medo de perder Mary. Nada jamais se colocaria entre eles. Nem mesmo o fato de ele ter gerado uma filha com outra mulher, o que, àquela altura, já havia acontecido."

E por que isso não acabou com a relação mantida com Mary?

"Porque não", responde B.

E por que não?

"Porque nada poderia interferir na vida deles."

Nem uma coisa dessas?

"Nem uma coisa dessas."

Talvez ninguém mais conseguisse entender que nada poderia abalar o compromisso inquebrantável que havia entre os dois. Mas *eles* conseguiam. De modo que a opinião dos outros realmente não interessava.

Mesmo assim, o Freddie sem dúvida sentiu-se um pouco inseguro.

"Se abrir com Mary sobre a necessidade de uma vida bissexual foi um passo gigante, que poderia ter sérias consequências", explica B. "Isso poderia mudar os sentimentos mais profundos que eles guardavam um pelo outro, algo que Freddie tinha muito medo de arriscar. Então ele se lembrou de como, entre o final de 1975 e meados de 1977, no período em que nasci, eles tornaram-se ainda mais unidos. Se é que isso era possível. No fim das contas, ele concluiu que Mary seria capaz de aceitar a situação, desde que ele sempre fosse sincero com ela. E estava certo. O fato é que meu pai nunca precisou reprimir suas necessidades. Sua dificuldade era admitir que era bissexual, porque isso poderia ter um efeito negativo nos sentimentos que ele e Mary nutriam um pelo outro."

Freddie engoliu em seco e começou a conversa definitiva com Mary pouco antes do embarque do Queen para a turnê *News of the World* —

que iniciaria em Portland, no Maine, em novembro de 1977, e terminaria em Londres, em maio do ano seguinte. Enquanto se preparava para aquele momento, seus nervos estavam à flor da pele. Mas Mary aceitou bem. Não teve cena. De maneira calma e afetuosa, ela disse que o aceitava e o incentivava a se sentir à vontade com sua sexualidade.

"O mais importante é que ela não o rejeitou", conta B. "Ela mostrou a ele que, com coragem, poderia viver sua sexualidade da forma como gostaria. Embora ele estivesse preocupado com as normas sociais e com o que os outros iriam pensar, Mary simplesmente falou de sentimentos. Diz-se que após ele assumir a Mary que se considerava bissexual, e não gay ou hétero, Mary respondeu que achava que ele era gay. Mas não foi bem assim, como Freddie deixa claro em seus diários. Depois disso, eles tiveram uma longa conversa, em que Freddie explicou a Mary seus verdadeiros sentimentos e por que ele era bissexual, e não gay. As pessoas nunca incluem essa parte." B. tem enorme respeito pelas pessoas bissexuais e destaca que atualmente a experiência dessas pessoas é bem diferente da que Freddie teve nos anos 1970 — hoje, consideram-se as inúmeras nuances e a diversidade de identidades.

"Ambos sabiam que não seria fácil. Eles teriam que aprender a não sentir ciúmes e dar espaço um ao outro. E não se acertariam com o novo estilo de vida da noite para o dia. Também não fariam mais sexo com penetração, mas continuariam emocionalmente fiéis um ao outro, pelo tempo em que permanecessem vivos."

Freddie ainda queria se casar com Mary. Ele realmente tinha essa intenção.

"Ele adiou o casamento por falta de dinheiro e complicações nos negócios do Queen", relata a filha. "Depois tentou reorganizar tudo nos anos 1980, mas a situação já era outra. A doença havia chegado."

Como não queria que a parceira perdesse a oportunidade de ser mãe, ele a incentivou a encontrar alguém capaz de lhe dar um filho. Mas nada disso mudou o que um sentia pelo outro.

"Mary sempre foi a mulher dele, e ele, o marido dela. Freddie sempre se comportava como tal." Independentemente das relações com outros homens, "ele mantinha suas promessas e honrava seus compromissos.

Eles nunca se separaram. Por isso, quando partiu para a turnê *News of the World*, eles tinham encontrado um jeito de continuar juntos, e ele pôde acalmar a mente".

• • •

Mary continuou trabalhando para Freddie, administrando suas várias empresas. A ordem cronológica é meio complicada.

"Freddie criou a Marlhouse Productions Limited em julho de 1975, quando a banda começou a conquistar sua independência da Trident", conta B. "No fim de 1976, a Marlhouse Productions virou a Mercury Songs Limited, que por sua vez se transformou na Goose Productions no final de 1978. No meio-tempo, ao fim de 1977, Freddie criou a Pond Productions, que, um ano depois, também foi incorporada à Mercury Songs Limited."

• • •

No ano de 1977, "o diabo" surgiu encarnado na figura de Paul Prenter, um DJ de uma rádio da capital norte-irlandesa Belfast que vivia um estilo de vida abertamente gay. Freddie e ele se conheceram num bar, e Paul logo percebeu o que o astro estava passando, viu uma oportunidade e deu o bote.

"Contratado pelo então empresário do Queen, John Reid, Paul começou a trabalhar primeiro para a banda inteira, mas pouco tempo depois tornou-se o empresário pessoal de Freddie", lembra B. "E assim continuaria até 1985."

Prenter apresentou Freddie a mais um estilo de vida novo.

"Meu pai ficou fascinado com toda aquela liberdade. Ele nem imaginava que aquilo existisse. Naquela época, Freddie raramente se entregava ao sexo gay. Era um cara supertímido, nunca tomava a iniciativa com outros homens, sempre precisava que alguém o apresentasse a outra pessoa e, mais tarde, que batesse nele. Por quê? Porque a ideia de que ele poderia se machucar feio num encontro e não ter condições de reagir era um fetiche irresistível.

"A primeira vez que Prenter levou Freddie para uma das boates gays mais famosas de Nova York, ele ficou chocado com tanta violência", revela B. "Não teve a menor vontade de participar, ficava satisfeito na condição de *voyeur*. Ele queria ver não só até que ponto as pessoas eram capazes de ir, mas também quanta dor eram capazes de suportar. Basta ouvir 'Get Down, Make Love', faixa que está no *News of the World* e foi inspirada nas noites que ele passou nas boates com Paul Prenter, no período em que só estava interessado em voyeurismo. Ele curtia. Aquilo o deixava excitado. A música 'Body Language', do disco *Hot Space*, fala do que ele viveu nessa fase selvagem, quando não eram mais apenas palavras e excitação."

Prenter tinha conseguido fisgar Freddie. Foi graças a ele que o artista mudou seu visual, adotando naquele momento o look característico de um "clone gay".

Ao contrário dos boatos e das fofocas, Prenter e Freddie não eram parceiros sexuais. Embora Freddie não tivesse se assumido gay — e nunca se assumiria, porque ele simplesmente não era —, os dois frequentavam boates gays juntos. A relação azedou no segundo semestre de 1984. Os outros integrantes da banda estavam irritados com a influência que Prenter parecia exercer sobre Freddie e até sobre a música do grupo. Era um consenso que Freddie havia se tornado uma marionete nas mãos dele e que Prenter fora o arquiteto de sua ruína.

"Ele incitava as tendências mais transgressoras do Freddie ao levá-lo aos lugares mais sórdidos", explica B. "Foi ele que fez Freddie ficar vidrado nas práticas mais desprezíveis. O sexo pode ser uma droga perigosa, e Freddie ficou perdidamente viciado. Era muito fácil guiá-lo cada vez mais para um mundo autodestrutivo de depravação e promiscuidade, garotos de programa, encontros sexuais a esmo e drogas ilícitas."

Foi uma reviravolta enorme para ele. Até então, Freddie sempre fora muito tímido, sensível e romântico.

"Mas, de repente", conta a filha, "nada mais o satisfazia nesse novo mundo de devassidão. Ele escreveu nos cadernos que nada mais o surpreendia, nem nos clubes mais censuráveis. O motivo é que ele só olhava, sem tocar. Um prazer que ele desfrutava, muitas vezes mais do que devia. Era algo que o inspirava e o deixava excitado. Ele observava, ficava excitado, e depois levava alguns rapazes para casa e passava a noite transando com eles. Com o tempo, seus gostos para homens mudaram. Logo passou a preferir parceiros de cabelo preto e bigodes para as transas casuais. Tinha uma preferência por sexo selvagem, sem compromisso, em que ele era o passivo. Ele se atirou em inúmeros encontros, às vezes com muitos homens na mesma noite. Porém, em relação a práticas agressivas, sórdidas ou abusivas, ele traçava um limite, embora a violência e as humilhações costumassem ser marcas registradas em seus relacionamentos com outros homens".

A exceção foi Joe Fannelli, um cozinheiro americano de dezessete anos que supostamente ficou com Freddie durante a turnê norte-americana do álbum *Jazz*, em 1978.

"Todos nós — eu mesma, a Queen Productions e as pessoas que trabalhavam para Freddie — sempre escrevemos o nome dele errado. O nome dele era Joseph FANNELLI, conforme registrado na certidão.

"O relacionamento dos dois era totalmente diferente dos que Freddie teve com David Minns ou qualquer outro homem. Em Joe, meu pai encontrou afeto e ternura genuínos. Para ser mais exata sobre quando o caso deles começou, eles *não* se conheceram durante a turnê do disco *Jazz*, mas sim no fim de 1977", ou seja, durante a temporada de vinte e seis shows que o Queen fez nos Estados Unidos e no Canadá, na turnê *News of the World*, que começou em Portland, em 11 de novembro de 1977, e terminou em Londres, em 13 de maio de 1978. "Joe passou os dois anos seguintes entre o Reino Unido e os Estados Unidos", conta B. O caso deles contrastava enormemente com o anterior. Freddie se sentia feliz e o relacionamento era pacífico. Marcado pelo amor, pelo afeto e pela ternura, a relação tinha muito em comum com a que Freddie mantinha com a Mary.

"Confiante no compromisso de Mary com o relacionamento e vivendo uma segunda relação de amor com Joe", diz a filha, "Freddie se sentia sereno e animado na época em que começou a compor as músicas para o sétimo álbum de estúdio do Queen, *Jazz*. Dessa vez, ele foi mais prolífico e entregou cinco canções: 'Mustapha', 'Jealousy', 'Bicycle Race', 'Let Me Entertain You' e 'Don't Stop Me Now'. Brian compôs quatro, e Roger e John contribuíram com duas músicas cada um".

• • •

Praticamente qualquer pessoa teria dificuldade em administrar um estilo de vida tão complicado. Mas Freddie não via isso como um problema. Na sua cabeça, estava tudo resolvido. Ele dividia o aconchegante ninho de amor de Phillimore Gardens com Mary e a "casa do sexo", que era Stafford Terrace, com seus amantes do sexo masculino e transas casuais. Durante o dia, Mary também trabalhava lá. De noite, com certa frequência, Freddie e ela ainda dormiam juntos na "cama do casal".

"Tivesse ou não um namorado na ocasião", conta B., "ele costumava passar a noite com Mary. E, sempre que ela ia encontrá-lo em uma turnê, eles tinham um combinado que funcionava para todo mundo. Freddie sempre pegava suíte com dois quartos: um para ficar com Mary e outro para se divertir com os garotos de programa.

"Sim, por mais estranho que pareça, Mary sabia exatamente o que estava acontecendo, pois dormia no quarto ao lado. Não havia segredos entre eles. E ela aceitou esse arranjo porque a alternativa seria impensável. Um não queria perder o outro."

Tarde da noite, depois de uma apresentação, Freddie saía para curtir com sua comitiva, pegava alguém que ele queria — às vezes, mais de um —, levava para o hotel, fazia sua farra, depois se despedia do cara e ia passar a noite com Mary. Mas como é que ela conseguia viver com tudo isso?

B. dá de ombros.

"Para eles funcionava. Depois de encerrar a noite com os rapazes, Freddie os mandava embora. Então tomava um banho demorado e ia deitar com Mary na cama. Os dois eram capazes de separar as coisas. Às vezes, era mais complicado quando ela estava com um namorado, mas queria passar a noite com Freddie. Não são muitos os parceiros que conseguem fazer vista grossa. Mas Freddie e Mary viviam em uma bolha. O amor entre eles era o refúgio dos dois. Por mais estranho que possa parecer, o sentimento estava acima de meros corpos e de sexo. Era a junção de duas almas, um amor eterno. Eles viveram nesse acordo por treze anos.

"Os parceiros casuais e os garotos de programa nunca decepcionaram Freddie", assegura B. "Porque eles sabiam o que estavam fazendo ali. Sabiam exatamente o que esperar. Mas ele sempre era traído pelos namorados, a única exceção foi Joe. Às vezes, um dos parceiros casuais só virava namorado dele por alguns dias ou meses, ou até engatava em um 'relacionamento fixo', como Jim Hutton. Mas, no fim, era sempre a mesma coisa: eles o magoavam, humilhavam, traíam. Fora esses garotos de programa e parceiros, Freddie nunca brincava com os sentimentos dos outros. Ele se apaixonava rápido demais e realmente desejava que os relacionamentos dessem certo. Como eu já disse, ele queria, ao mesmo tempo, o amor eterno, mútuo e incondicional que tinha com Mary e um bom relacionamento com um homem. A confiança era o elemento mais importante nas relações. Tinha vontade de que as coisas dessem certo, então era atencioso, amoroso e carinhoso. Mas, quando se sentia traído ou magoado, ele se tornava o extremo oposto. E essa foi uma questão recorrente, mas nunca com Joe."

Joe, que Freddie apelidou de "Liza", mantendo o hábito de dar nomes de mulher aos seus parceiros,[1] acabou se cansando de tanto segredo e tanto subterfúgio.

"Ele queria uma relação que fosse assumida", conta B. "Mas, por causa do amor e do compromisso com Mary, e dos preconceitos da sociedade em relação à bissexualidade naquela época, ele não poderia ceder nesse ponto.

"Joe era muito parecido com o lado manso do Freddie", acrescenta. "Era reservado, discreto, tímido e quieto; além de um homem forte e em boa forma, que levava uma vida saudável. Eles tinham o mesmo senso de humor e gostavam de brincar. Joe era interessado e curioso em relação a tudo, mesmo aquelas coisas que não interessavam Freddie, o que acabava o ajudando. Ele era muito apaixonado pelo que fazia e extremamente meticuloso. E sempre conseguia apaziguar os medos do Freddie, os pitis que ele dava e os ataques de pânico. Não se importava em ficar na sombra, fora dos holofotes e da vista dos outros — pelo contrário. Até gostava. O que o deixava desconfortável era toda aquela agitação em volta dele, pelo fato de não querer se expor. Quando Paul Prenter começou a levar Freddie para lugares cada vez mais sórdidos, instigando seu fascínio e sua curiosidade com práticas mais promíscuas, Joe não se interessou. Nem um pouco. Não tinha nele esse lado selvagem, de farra."

"Quando Joe disse a Freddie que estava o deixando para voltar para casa, em Maryland, é claro que houve uma cena", continua B. "Mas o rompimento foi igual ao relacionamento. Sem briga nem violência. Freddie entendia os sentimentos do Joe, e o Joe, os do Freddie. O afeto e a ternura que eles tinham um pelo outro não acabou. O amor se transformou numa forte e profunda amizade, mesmo que Freddie tenha ficado arrasado com a separação. Inconsolável. Foi depois dessa ruptura que ele virou um selvagem."

Embora se alegue que Joe teria voltado de vez para a vida de Freddie em 1983, as fotos contam outra história.

"Dá para encontrar facilmente na internet fotos de Freddie e Joe juntos entre 1980 e 1982. Joe se encontrou com meu pai durante a turnê *The Game*, do Queen. Há uma foto dos dois que foi tirada em Bruxelas, em 1980. Ele também esteve com Freddie no Japão, em 1981. Na estreia de *Flash Gordon* em Tóquio, Joe foi fotografado sentado à esquerda de Peter Freestone. Embora tenham publicado que Freddie teve que aguentar o suplício de assistir a um filme inteiro quietinho, ele não compareceu a essa estreia em 10 de fevereiro de 1981. Freddie ficou no hotel com Peter Morgan, para irritação dos divulgadores do filme e dos fãs, com a desculpa de que precisava cuidar da voz e da garganta, afetadas pela pressurização do ar na cabine do longo voo." Depois da exibição, os outros integrantes da banda foram convidados a subir ao palco para dar entrevistas e fazer uma sessão de fotos em frente ao público histérico, com as cantoras e ídolos adolescentes Hiroko Yakushimaru e Hiromi Ōta, além da cantora, atriz e DJ Yuki Okazaki. Freddie não participou de nada disso. As reportagens da imprensa japonesa daquela época deixam claro que ele não estava presente.

Também há fotos de Freddie e Joe na Argentina e na Venezuela em 1981 e durante as sessões de gravação em Munique, no ano seguinte.

"Por todo esse tempo, e até o fim, Joe foi o principal secretário particular de Freddie. Ele continuou morando em Stafford Terrace, mesmo depois de terminarem o namoro, até se mudar para Garden Lodge. E, nos últimos três anos e meio da vida de Freddie, era Joe quem estava ao lado dele em Montreux."

Antes de retornar à comitiva do Freddie, no período em que voltou à Inglaterra, Joe procurou emprego como cozinheiro em vários restaurantes de Londres. Freddie tentou ajudar com os vistos, autorizações de trabalho e referências sempre que necessário. O afeto que ainda havia entre eles mantinha as portas abertas. Tempos depois, a amizade voltaria e seria ainda mais forte. Percebendo que podia confiar inteiramente nele, Freddie convidou Joe a morar em Garden Lodge, onde ele trabalharia como cozinheiro e principal secretário particular pelo restante da vida do cantor. Sim, esse papel foi de Joe, não de Peter. E, assim como Freddie, Joe acabou sendo infectado pelo HIV, que o levaria à aids, e morreu de derrame cerebral não muito tempo depois de Freddie.

"As responsabilidades do Joe aumentaram depois que Paul Prenter foi despedido", explica B. "Isso aconteceu após a estada do Queen no Brasil, em janeiro de 1985."

A demissão veio durante a turnê *The Works*, quando a banda se apresentou no Rock in Rio, na Cidade do Rock, em 11 de janeiro daquele ano. O festival também teve a participação de AC/DC, George Benson, Rod Stewart e outros. "Foi ali que Freddie pôs um ponto-final na relação profissional que tinha com o Prenter. E Joe passou a ficar encarregado de manter tanto pessoas quanto atenção indesejáveis o mais longe possível de Freddie. Ele sempre sabia onde e com quem Freddie estava, e impedia muitas situações embaraçosas. Com discrição, Joe facilitava os momentos secretos do parceiro sem causar inconveniências e sempre conseguia driblar e evitar as conversas com o amante do momento."

Freddie confiava a própria vida a Joe, como ele mesmo revelou. Confiava em sua discrição e em sua personalidade reservada. Joe não se gabava. Ele via tudo e não comentava nada.

"É por isso que Freddie nunca acreditou que foi Joe quem espalhou os boatos sobre seu problema de saúde", afirma B. "Eu também não acredito. Porque só Joe, Mary e o motorista particular Terry Giddings tinham a agenda médica do Freddie. É importante dizer que uma parte das informações publicadas na imprensa tinha detalhes suficientes para sugerir que elas foram vazadas por alguém de dentro de Garden Lodge, mas também havia inexatidões provando que foram passadas por alguém que, na verdade, não estava tão bem-informado.

"Joe era gente boa mesmo. Calmo e paciente. Não era hipócrita nem calculista. Não ficava tendo ideias acima da patente dele. Nunca quis ser aquilo que não era. Ele era franco, claro e direto, até com Freddie. Talvez até mais com Freddie, que podia falar absolutamente qualquer coisa com ele. Não importa o que acontecesse, Joe continuava leal. Tinha a própria vida fora do círculo do astro e não era obrigado a levar 'a vida normal do Freddie', seja lá qual fosse. Ele era uma pessoa muito calma e pacificadora, e Freddie apreciava isso. Nunca quis estar sob os holofotes, ficava no canto dele, e era feliz dessa maneira. Fazia o trabalho que era pago para fazer e cumpria seu papel como amigo. Freddie sabia que podia confiar nele e havia tirado a sorte grande.

"Joe morreu cedo demais, em junho de 1993. Aos trinta e nove anos de idade, jovem demais. E se tivesse sobrevivido, tenho certeza de que teria agido da mesma forma que Mary esses anos todos. Ele era um dos poucos que sabiam a meu respeito. Até para isso Freddie confiou nele. E costumava fazer *crêpes bretonnes* deliciosos para mim, sempre que eu tinha que esperar pelo meu pai."

• • •

Tirando Winnie Kirchberger, de Munique — que ele ainda não conhecia —, David Minns e Joe Fannelli foram os únicos homens por quem Freddie teve uma verdadeira afeição. B. confirma:

"Ele queria continuar a ter uma relação de amor e afeto com eles, mas os dois o decepcionaram amargamente. Freddie percebeu que não poderia amar um homem do jeito que amava Mary, e que nunca um homem iria amá-lo tanto quanto ela. No começo, ele ficou muito magoado e decepcionado com isso. Mas, ao refletir bastante sobre o dilema em que se encontrava, e tudo que ele implicava, Freddie pareceu capaz de ter, por muito tempo, o que parecia ser o melhor dos dois mundos: uma mulher bonita e educada com quem mantinha uma relação romântica, amorosa e exclusiva, e o máximo de sexo violento que ele conseguisse aguentar com quantos homens quisesse."

• • •

Freddie passou os anos de 1978 e 1979 no exterior, em um exílio fiscal.

"Mas não só em Nova York", lembra B. "Ele esteve boa parte do tempo em Munique, entre meados de 1979 e 1985. As temporadas em Nova York nesse período foram as mais sórdidas de sua vida. Sempre que Mary não estava junto, era muito fácil ele sair e pegar um cara para passar a noite. E não havia lugar melhor para fazer isso. Lá ele podia ser anônimo. Aos poucos, essas transas casuais se tornaram rotineiras. Depois que Joe terminou com ele, ir para a cama com homens virou um vício. No começo, era só diversão. Freddie só queria sexo sem compromisso. Mas o vício logo tomou conta dele e o levou para as trevas. Ele começou a procurar transas cada vez mais violentas e perigosas, e sua necessidade e seu desejo só aumentavam. Ele sabia muito bem que tinha perdido o controle, mas não havia escapatória. Precisava cada vez mais de álcool, cocaína e *poppers* (nitrito de amila), um relaxante muscular para a dor. E não ajudava nada o fato de as pessoas continuarem lhe dizendo o quanto ele era magnífico, ou de cada vez mais gente querer se aproximar dele, por causa da fama e do dinheiro. Freddie via todo mundo se divertindo e se convencia de que também estava. Em certa medida até que sim. Ele gastava uma nota em festas extravagantes e nunca parou para ver quanto custava. Fazia isso sem pensar nas consequências. Suas noitadas viraram um carrossel de entretenimento, confraternização, selvageria e insanidade. Algumas eram de uma devassidão assustadora. Mas de dia meu pai era ele mesmo, o de sempre. Freddie se descrevia como o Médico e o Monstro, ou Gizmo e Mogwai.[2] Depois de Joe, dezenas de homens molharam o biscoito na sua xícara, para usar uma expressão blasé dele. Mas nada disso era amor. Era só sexo, um ato mecânico. Como ele não conseguia ter aquilo que queria, então fingia ser feliz daquele jeito."

• • •

Freddie conheceu um entregador da DHL chamado Tony Bastin, de Brighton, no fim de 1979. Embora tenha ficado fissurado, no fundo ele sentia que não podia confiar nele.

"Durante a turnê *The Game*", conta B., "Bastin foi desleal com Freddie mais de uma vez, e ele só tomou conhecimento disso em agosto de 1980, depois que o rapaz já não trabalhava mais para ele. Naquela noite, Freddie afogou suas mágoas e raiva no álcool, então entrou em contato com Tony e implorou que ele voltasse aos Estados Unidos. Como se veria mais tarde, Freddie só o chamou para humilhá-lo e enxotá-lo. Devido a problemas técnicos, o show do Queen na noite seguinte foi um verdadeiro desastre, e o estado emocional do Freddie não ajudou. Os ânimos se exaltaram e o astro teve um acesso alucinado de raiva, afastando todos ao seu redor. Naquele dia, só o gerente da turnê, Gerry Stickells, conseguiu acalmá-lo.

"Freddie pegou um avião com destino a Nova York para encher a cara e esquecer tudo. Enquanto estava lá, ele conheceu e ficou apaixonado por um grupo de homens gays que se chamava New York Daughters. Naquele ponto, ele impôs a si mesmo uma regra que viria a quebrar inúmeras vezes: não se permitiria se apaixonar rápido demais. Suas transas casuais estavam totalmente fora de controle, assim como seu estilo de vida autodestrutivo. Com o corpo acelerado pela cocaína e pelos comprimidos que ajudavam a diminuir suas inibições, ele também passou a depender de Paul Prenter — cujo objetivo, um papel que ele se atribuiu, era repetir para Freddie que ele era intocável. Sem tomar qualquer tipo de precaução, Freddie frequentava os fundos dos inferninhos mais infames e os cantos mais obscuros do submundo de Nova York. Pegando garotos indiscriminadamente, ele os levava ao seu quarto de hotel e fazia o que quisesse com eles. Mas, na verdade, Freddie era o alvo perfeito. No fim das contas, não era ele que estava sendo usado?"

• • •

Uma das recordações de Freddie de que a filha mais se orgulha é uma foto de 1981, dela mesma aos quatro anos com o pai e David Bowie, tirada em Le Picotin, o charmoso chalé onde morava o Claude Nobs, na cidadezinha de Caux, mil metros acima do Lago Léman e do resort de Montreux.

"Junto com Phillimore Gardens, Caux era um dos refúgios preferidos de Freddie", explica B. "As caminhadas até o desfiladeiro de Col de Jaman e a Rochers de Naye, uma trilha alpina belíssima, com uma vista sensacional do Lago Léman, estavam entre as suas favoritas. Freddie adorava caminhar, e é tudo tão tranquilo lá em cima... Além disso, também gostava das montanhas nos arredores de Munique. Mas o trajeto de ida e volta levava um dia inteiro, e ele raramente dispunha de tanto tempo. Se fosse necessário ter uma conversa 'difícil' com ele, não haveria lugar melhor do que durante uma caminhada pelas montanhas. Nós costumávamos conversar muito nessas andanças. Não havia escapatória. E acho que isso facilitava a discussão, porque uma parte do cérebro tinha que se concentrar no caminho. Eu logo aprendi esse truque e o levava para lá sempre que precisava fazer uma pergunta mais complicada. As caminhadas à beira do lago e pela trilha que levava até lá passaram a ser os trajetos favoritos depois que meu pai ficou doente. Eram bem mais fáceis para ele, que já não conseguia fazer muito esforço. Para mim é impossível voltar a esses lugares hoje em dia. São muito carregados das lembranças de suas últimas semanas e meses de vida. Não consigo mais percorrer o caminho que leva até o lago. Mas lá em cima, nas montanhas, onde a vista e as paisagens são de tirar o fôlego, independentemente de como esteja o tempo, eu me sinto perto do meu pai, de uma maneira muito serena. A sensação que tenho lá em cima é estranha e difícil de descrever. É, sim, de cortar o coração, mas sem raiva nem arrependimento, e sem a dor da perda. Lá em cima, eu me sinto livre de qualquer sensação de injustiça. É muito mais fácil lidar com as coisas. De certa maneira, essas viagens às montanhas são verdadeiras peregrinações. Lá em cima, longe de tudo, eu me sinto bem.

"Meu pai me ensinava tudo sobre o que era imensamente grande e o que era infinitamente pequeno. Sobre um quadro inteiro e um detalhe minúsculo no cantinho. Sobre a altura majestosa de uma árvore e um pequeno detalhe numa folha. Ele apontava para os pontinhos brilhantes no céu e me lembrava que cada pontinho daquele era muito maior do que nós, o nosso pequeno planeta Terra. Também ficava encantado com a paisagem coberta de neve, ao mesmo tempo que falava da minúscula perfeição de um cristal num simples floquinho. 'Diante de tanta beleza', dizia ele, 'não podemos aceitar que tudo isso seja obra do acaso'. Às vezes, até hoje, lá nas montanhas, eu faço uma pergunta a ele, sempre que preciso de ajuda. Talvez o simples ato de 'perguntar' ao meu pai me dê forças, soluções e a minha resposta."

Quanto a Claude Nobs, é retratado como um dos maiores aliados que Freddie teve, assim como um homem de uma gentileza excepcional e infinita honestidade.

"Ele foi um amigo maravilhoso meu e do meu pai", conta B. "Entendia as maneiras como Freddie compartimentalizava a vida e seus muitos aspectos, porque por muitos anos trabalhou com inúmeros artistas que faziam a mesmíssima coisa. Eu também acredito que a discrição seja uma característica das pessoas desta região da Suíça. Sempre que o Freddie pedia alguma coisa, Claude nunca questionava. Não perguntava isso ou aquilo, ou como, ou por quê. Ele aceitava e fazia o que estava ao seu alcance. Ele ajudava muito Freddie em Montreux, especialmente nos últimos anos. Quando Claude estava por perto, em geral não era preciso envolver mais ninguém, o que era ótimo naquelas circunstâncias. Ele conhecia meu pai do avesso. Sabia de muitas coisas particulares da vida dele, mas, enquanto viveu, nunca contou o que sabia. Claude faleceu em janeiro de 2013, depois de um acidente de esqui do qual ele não conseguiu se recuperar. Hoje, seu ex-parceiro, Thierry Amsallem, compartilha algumas histórias, ainda que algumas não tenha vivido, pois são anteriores a sua vida com Claude."

Por exemplo...?

"Uma das muitas noitadas que aconteceram no Le Picotin — o Le Grillon não existia e Freddie só conhecia a casa original de Claude, Le Picotin, com coleções bem mais modestas na época — e o show de fogos de artifício que Claude organizou para Freddie e David Bowie quando foram jantar na casa dele em julho de 1981, durante a gravação de 'Under Pressure'. A propósito, "aquela famosa queima de fogos aconteceu quando Bowie ainda morava num chalé perto, em Blonay. David deixou aquela casa em 1982, quando comprou o Château de Signal, nas montanhas de Lausanne.

"Para mim, é fascinante e assustador como algumas das pessoas ligadas a Freddie tendem a apoiar as versões de acontecimentos que nunca vivenciaram. O Thierry era parceiro do Claude, portanto não devia qualquer lealdade a Freddie.[3] Já Claude era amigo fiel de Freddie e não falava sobre ele. Quando eu digo que nós devemos muito a eles — ao Claude e à Vicky Vocat —, não estou exagerando."[4]

Mesmo assim, Freddie se recusava a perder as esperanças de arranjar um parceiro compatível e preparado para amá-lo e dividi-lo com Mary. Volta e meia, ele se convencia de que tinha encontrado O Cara. Uma hora era o fisiculturista e ator pornô Peter Morgan, que ele namorou entre meados de 1980 e março de 1981. Outra, era Bill Reid, de Nova Jersey, que acabou o maltratando e o deixando deprimido. O frágil estado mental de Freddie o levou a descarrilar no começo de 1983, enquanto compunha as músicas para seu disco solo, *Mr. Bad Guy*.

Nos diários, ele é muito franco sobre cada um desses namoros, descrevendo-os como "violentos" e "destrutivos".

"O problema todo é que ele continuava se apaixonando rápido demais", reitera B. "Ou então *achava* que estava apaixonado. Sabe aquela adrenalina, aquela emoção que a pessoa sente quando está começando algo novo com alguém? Mas, com a mesma rapidez com que se apaixonava, via-se irremediavelmente decepcionado quando o namorado começava a tratá-lo mal. Demorou muito para que ele conseguisse romper esse ciclo."

Sem saber como lidar com a dor da perda, Freddie voltava a acionar o modo 100% baladeiro, correndo cegamente atrás de sexo, uma noite após a outra.

"Era a droga dele", conta B. "Transar só por transar, e Paul Prenter lhe garantia um bom suprimento. Mesmo quando Freddie não estava com vontade, Prenter insistia em arranjar alguém para ele, e Freddie se sentia obrigado a aceitar. Prenter era impiedoso e tirou proveito disso, sabendo que meu pai não conseguia dormir sozinho. Nessa época, Freddie continuava se enganando, dizendo que nunca havia sido tão feliz. Mas a alegria durava pouco. Sempre que queria se sentir melhor, ele se servia de uma bebida em dose dupla e uma carreira de cocaína. Os momentos de euforia eram muito intensos e os de baixo astral eram pesados demais. Ele acordava no dia seguinte, lembrava o que tinha acontecido na noite anterior, sentia nojo e ficava horrorizado com o que havia feito. Ele se sentiu mais perdido e solitário nessa época da vida do que em qualquer fase anterior."

Considerando os horrores de seus dias de internato e do genocídio, essa é uma afirmação muito forte.

Também em 1983, o Queen passou algumas semanas em Los Angeles para as primeiras sessões de gravação do álbum *The Works*.

"Foi aí que entrou mais um homem na vida do Freddie: Vince Gioielli, 'o barman'", relata B. "Eles tiveram uma relação afetuosa e pacífica, e meu pai realmente acreditou que estivesse apaixonado. Desde Joe ele não sentia tanta sintonia com outro homem. Estava tão feliz que torcia e rezava para que *esse* fosse o cara.

"Talvez ele estivesse apaixonado, mas o relacionamento durou poucas semanas. Quando a gravação acabou e Freddie o convidou para ir à Europa, Vince não quis. Como no caso de Joe, ele terminou com Freddie porque não estava preparado para abrir mão da própria vida e seguir o namorado mundo afora. Isso despertou em Freddie sentimentos jamais experimentados. Embora ele compreendesse e respeitasse a decisão do Vince, aquela esnobada partiu seu coração.

"Ele não podia nem contar com Mary para ter o apoio moral de que precisava, porque ela estava num relacionamento romântico com o músico Jo Burt", conta B.[5] Freddie ficou arrasado. Ele voltou a Nova York com o rabo entre as pernas para uma última farra, sabendo que, dessa vez, quando saísse dos Estados Unidos, não voltaria mais.

• • •

Depois de Vince, Freddie entrou numa depressão profunda. Sugado para mais um vórtice de autodestruição, ele se perdeu totalmente por algum tempo.

"Aos poucos, os Anos Loucos foram virando os Anos das Trevas", relata B., melancólica. "Ele passava um ar de alegria, mas isso era efeito do álcool. Determinado a aproveitar o máximo que podia, ele se recompôs e escreveu mais algumas boas músicas. Todo mundo ficou feliz. Mas ele estava em queda livre e só piorou. O Monstro, como ele mesmo dizia, o levou mais fundo do que o pretendido, e isso o estava consumindo. O trabalho ficou em segundo plano enquanto ele se concentrava nas atividades noturnas. Mesmo nessas noitadas, ele não conseguia se controlar. Ia ao extremo total em cerca de dez minutos, não podia esperar. Freddie estava vivendo uma mentira, fingindo ser o *macho man* gay e feliz, e todo mundo à sua volta achava que ele estava curtindo a vida como nunca. Uma parte dele estava contente, cada noite mais alucinada, abastecendo sua necessidade compulsiva de sexo. Qualquer homem servia. Não havia critérios. Mas, no fim da noite, ele voltava para casa sofrendo, queria acreditar que estava fazendo tudo isso por amor, mas, no fundo, sabia que estava só fingindo. O Monstro havia se instalado dentro dele e exigia ser saciado. Constantemente. E isso significava que Freddie nunca podia ficar sóbrio nem sozinho."

• • •

Em 1987, Paul Prenter vendeu uma matéria bombástica sobre Freddie para um jornal de circulação nacional na Inglaterra. Foi o ápice da traição vinda de um amigo. Ele compartilhou fotos particulares e detalhes escandalosos sobre o estilo de vida de Freddie e alegou que o cantor tinha transado com centenas de homens. Também revelou que dois de seus ex-namorados, Tony Bastin e o comissário de bordo John Murphy, tinham morrido de aids. Acredita-se que Prenter tenha ganhado mais de trinta mil libras pelas revelações. Ele carregou seu malfadado butim para Belfast e torrou tudo. Aí voltou para Freddie, querendo mais. Não passou nem do capacho da porta. Ele morreu de aids em agosto de 1991, três meses antes do ex-chefe e amigo.

• • •

"Como a relação romântica deles continuaria pelo resto da vida, Freddie sempre tinha muito receio de causar algum dano à reputação de Mary", conta B. "Ele escreve sobre como temia lhe causar algum constrangimento e o quanto sentia asco só de pensar que poderia envergonhá-la. Mas, embora ele tenha feito tudo que podia para manter sua vida particular reservada, as informações começaram a vazar. Há olhos e ouvidos por toda parte, e sempre terá alguém querendo vender alguma notinha para um jornal. Sua vida só foi cada vez mais devassada pelos tabloides. Ele explorava tão vigorosamente a própria sexualidade que decidiu ter mais uma conversa sincera com Mary, e, mais uma vez, ela foi muito compreensiva. Juntos, tomaram a decisão de suspender a vida sexual em comum dali em diante. Ao pararem de fazer sexo, passando para outro tipo de relação, Freddie e Mary conseguiram continuar fiéis."

Mas será que Mary via as coisas assim? *De verdade*? Mesmo com Freddie se envolvendo em inúmeros encontros com desconhecidos, noite após noite?

"Só eles eram capazes de entender o que um significava para o outro", afirma B. "Os dois sabiam que ela nunca seria capaz de satisfazer a necessidade de sexo violento de Freddie, mesmo trazendo outros parceiros para a relação. Mary simplesmente não era desse jeito. Barbara Valentin [que logo se tornaria namorada de Freddie] estava muito mais propensa a aceitar esse tipo de acordo. E ele nunca criticou Mary por ela não ser capaz de lhe dar isso.

"E assim, juntos, eles foram tocando a parceria e a vida doméstica, construindo um laço fortíssimo e eterno. Só aqueles que faziam parte do círculo mais íntimo — e isso não inclui certos assistentes — sabiam exatamente como era o combinado entre eles ou o que de fato acontecia. Para o mundo, aquele casal havia terminado o namoro e eram apenas bons amigos. Mary seguiu trabalhando de perto com Freddie, e eles continuaram dedicados um ao outro. Eles seriam os primeiros a admitir que aquela parceria incomum se sobrepunha às relações que tinham com as outras pessoas. Como Freddie contou à jornalista Nina Myskow do jornal *Sun* em novembro de 1979 — mais tarde reproduzido pela revista belga *Joepie*, em holandês —, 'As outras pessoas que entram na nossa vida simplesmente têm que aceitar isso'."

A própria filha do Freddie acredita que é vital colocar tudo em pratos limpos e corrigir algumas declarações equivocadas que foram feitas sobre a relação entre o artista e Mary Austin. Ela não acha que essa informação vá prejudicar Mary, considerando-se tudo que já veio a público sobre seu relacionamento com Freddie. O que B. tem a falar aqui sobre Mary não é uma intromissão maior do que tudo que foi feito antes e é inteiramente favorável a ela. B. ama, admira e apoia Mary. Ela acha frustrante e desrespeitosa a ideia, muito comum, de que a parceira de Freddie não tenha sido nada além de uma notinha de rodapé na vida dele e que eles não passaram mais do que alguns anos juntos em um relacionamento antes de ele ter enveredado para um estilo de vida predominantemente homossexual. B. se pergunta por que certas pessoas, sobretudo aquelas que contam com o respeito dos fãs do Queen, sentem a necessidade de perpetuar esse mito. Ela realmente acredita que Mary deveria ser reconhecida e respeitada por ter ficado a vida inteira ao lado de seu grande amor, assim como ele ficou ao lado dela, e por ter dado a Freddie mais alegria e segurança do que qualquer outra pessoa, em qualquer outra fase da vida dele.

E assim, como de hábito, Freddie e Mary continuaram a viver juntos e a curtir a vida caseira particular, longe da confusão.

• • •

Embora Mary não tenha tido dinheiro para acompanhar Freddie nas turnês norte-americanas de 1974 e 1975, ela sempre passava as férias com ele. Também viajou com as esposas e namoradas dos músicos da banda numa viagem de lazer ao Havaí antes da primeira turnê pelo Japão — onde, a partir de abril de 1975, o Queen se apresentou oito vezes, começando e terminando em Tóquio.

Depois de sete anos e meio juntos, Freddie e Mary se separaram no final de 1977.

"Mas eles continuaram morando juntos em Stafford Terrace, 12, em Kensington, até o fim de 1978", informa B. "Joe Fannelli também morava lá, com eles."

Imagine tudo isso. Depois de ter aceitado um pedido de casamento, com anel e tudo, no Natal de 1973 — quando tinha vinte e dois anos e Freddie, vinte e sete, e já estavam juntos havia três anos —, Mary se viu obrigada a abandonar seus sonhos de ter um futuro com ele. Ela teve que esquecer toda a expectativa de um noivado auspicioso e um casamento feliz para sempre e aceitar ser a parceira secreta da vida de Freddie, a mulher nos bastidores e sua "namorada oficial". Em outras palavras, um disfarce para o estilo de vida aparentemente autocentrado do cantor, depois de assumir a bissexualidade. Eu mesma analisei esse dilema detalhadamente em *Love of My Life*. Fiz as perguntas mais óbvias: por que ela não pulou fora e se mandou, retomou sua independência, se casou com outro cara e teve os filhos e a vida doméstica com que tanto sonhava? Por que aceitar a humilhação de ser rebaixada de *spalla* da orquestra a uma mera violinista coadjuvante porque "todos sabiam o que ele estava aprontando"? A única resposta deve ser porque ela e Freddie acreditavam ser almas gêmeas, predestinados a ficar juntos. Porque ela amava e adorava cada célula dele tanto quanto ele a amava. E porque um não via sentido em viver sem o outro.

"Uma assinatura num pedaço de papel é algo terrivelmente ocidental e civilizado", comenta B. "A verdade é que Freddie de fato *se casou* com Mary, na tradição parse. O ato de dar um anel para ela fez com que o contrato de casamento entre eles estivesse '*pukka*', ou seja, sacramentado. Foi real, autêntico e genuíno, não uma brincadeirinha. E não podia mais ser desfeito. O motivo pelo qual Freddie pediu a mão de Mary na noite de Natal foi que, na tradição parse, a cerimônia de núpcias começa logo após o nascer do sol. O anel era de jade, uma pedra valiosa na cultura parse, tão cobiçada como diamantes, pérolas ou esmeraldas. Freddie também escolheu o desenho do escaravelho, símbolo do sol e do fogo eterno, que é o elemento mais importante na fé zoroastriana. Esse foi seu presente simples mas extremamente significativo para ela. Alguns anos mais tarde, depois que o Queen começou a fazer sucesso e Freddie ficou muito rico, ele também lhe deu um belo solitário como anel de noivado, que ela nunca tirava do dedo."

• • •

Freddie comprou o apartamento 2 em Phillimore Gardens, 14, a pouquíssima distância de Stafford Terrace, 12, no início de 1978, segundo B.

"Esse lugar, como já disse, virou o ninho de amor de Freddie e Mary. Ele o comprou através de sua empresa Mercury Songs Limited, que futuramente se tornaria a Goose Productions Limited." Aquele endereço discreto era deles, e só deles.

"Virou uma espécie de santuário, o refúgio e o porto seguro dos dois", ela explica. "Freddie e Mary decoraram tudo com muito cuidado e bom gosto. Eles saíam juntos para comprar móveis, obras de arte e objetos de decoração, que Freddie, com seu talento, senso estético e atenção aos detalhes, fez questão de arrumar da melhor maneira possível."

Freddie e Mary levavam uma vida íntima e reservada naquele lugar, longe de olhares curiosos.

"A vida deles era cheia de amor, afeto e sensualidade", conta B. "Freddie sempre encontrava abrigo, conforto e aconchego lá. Quando estava em casa com ela, nunca se sentia inseguro. Podia ser vulnerável sem se sentir ameaçado. Quando cada namoro chegava ao fim, ou quando, num impulso, ele ia embora de Nova York ou de Munique, ou simplesmente quando cansava de 'ser o Freddie Mercury' e de todo o ambiente gay, era para o apartamento 2 da Phillimore Gardens, 14, que ele voltava. Até o fim. Tirando umas poucas vezes, Freddie e Mary nunca ficaram longe um do outro por mais de uma semana."

Ele continuava levando seus casinhos para Stafford Terrace.

"Freddie nunca deixou de se comportar como marido de Mary. Ele a amava, cuidava dela e, é claro, a enchia de presentes. Ele gostava especialmente de presenteá-la com roupas bonitas, peças de lingerie caras e joias incríveis."

• • •

Mary sabia de tudo. Conforme Freddie se afundava em autodestruição e excessos, mais ele queria estar ao lado dela. Só se sentia seguro quando seu amor da vida inteira, sua "esposa de fato", sua "Senhora Fiel", como ele a chamava, estava perto dele. Sendo quase uma mãe para ele. Juntando seus cacos. Assegurando que tudo ia dar certo. Ele começou a pedir, com cada vez mais frequência, que ela lhe fizesse companhia em Nova York, Los Angeles, Munique, Montreux e em qualquer lugar da estrada, quando o Queen estava em turnê. Depois que a banda começou a lucrar de verdade e dinheiro não era mais um impeditivo, eles raramente ficavam longe um do outro. Quando estavam separados, se falavam todos os dias ao telefone, conversando por horas. Freddie também escrevia inúmeros cartões e bilhetes, na privacidade de seu quarto. Depois lhes entregava pessoalmente, na primeira oportunidade em que estivessem juntos. Essa correspondência contínua, que vai das primeiras apresentações do Queen até as últimas sessões de gravação em Montreux, chegou a centenas, senão milhares de bilhetes escritos à mão. O conteúdo revela o verdadeiro Freddie Bulsara que havia nele e a profundidade de seus sentimentos por Mary. Ele começava cada um com "Querida", "Doçura" ou "Meu Amor", antes de declarar sua paixão por toda a página. Todos os bilhetes foram guardados. Nem sequer um foi jogado fora. Eles guardavam todos em Phillimore Gardens, nas lindas caixas grandes e laqueadas de que Freddie tanto gostava.

• • •

Eu me lembro de ver Mary nos bastidores dos shows que cobri da turnê *The Works*, entre 1984 e 1985, e na turnê *Magic*, de 1986. Sempre que Freddie aparecia, ela estava lá. Juntos, eles pareciam felizes e contentes. "Como um casal de verdade", comentavam as pessoas, mesmo sabendo que não era bem assim. Pelo menos, nós achávamos que sabíamos. Todos nós concordávamos que Mary era o suporte de Freddie, uma personagem feminina para manter as aparências. A maioria dos jornalistas que cobriam cena musical naquela época já sabia que "o Freddie era gay". Eu e os repórteres com certeza sabíamos. Era de conhecimento geral, e ninguém se importava. Não escrevíamos sobre isso. Era um assunto dele. Não tínhamos como saber que a relação dos dois era muito mais complexa do que parecia, e que era mais forte e mais íntima a cada ano. Freddie não havia desmanchado o noivado e abandonado Mary para levar uma vida gay despudorada; de certa maneira, era o contrário. Se ao menos soubéssemos disso…

No passado, assim como outras pessoas, eu julguei Mary Austin. Neste momento, sabendo o que Freddie tinha a dizer sobre a situação e sobre o seu relacionamento, me arrependo de algumas suposições que fiz. A aliança entre os dois nunca foi uma mentira. A maneira como ele tratava seu verdadeiro amor não era humilhante. Embora a maioria das namoradas e esposas jamais cogitasse aceitar um acordo daqueles, para Mary e Freddie aquela era a solução mais óbvia. E a opinião de mais ninguém vinha ao caso. O mundo teria entendido? Muito provavelmente não. A sociedade não estava preparada para aquilo. Se a verdade tivesse vazado, poderia ter maculado a reputação da banda e atingido sua popularidade e as vendas dos discos. Assim, eles guardaram tudo para si. Fizeram uma escolha, como adultos. Aquilo não era assunto de mais ninguém, a não ser deles. Embora não fossem casados no sentido jurídico da palavra, eram comprometidos, dedicados e ficaram juntos, porque era isso o que queriam e precisavam. Para eles, não havia alternativa. Tendo criado seu próprio caos contido, lidaram com ele reservadamente, do jeito deles.

Houve erros dos dois lados. Talvez, se Mary fosse mais assertiva, ela poderia ter se recusado a tolerar aquela situação e insistido para que eles procurassem algum tipo de terapia e obrigado Freddie a tomar uma decisão. Mas também podemos olhar para tudo isso de outra maneira. Será que ela não tinha noção de algo que a maioria de nós não percebe? Que obrigar uma pessoa não convencional a se enquadrar numa convenção acabaria matando o espírito e destruindo a essência do que a tornava tão singular? O amor de Freddie por Mary e o dela por ele simplesmente foram do jeito que foram. Complicado e desafiado pela fama e estrelato, pelos olhos dos curiosos e pelas obrigações pessoais e profissionais, ainda assim o sentimento venceu todas as tempestades e continuou presente e verdadeiro. Os dois perceberam que não precisavam pedir permissão nem aprovação de ninguém, e que não eram obrigados a viver como as outras pessoas. A vida deles pertencia só a eles. Eles só tinham que responder um ao outro, e a mais ninguém.

Isso era justo? Nada é. Muita gente criticou Mary ao longo dos anos, rebaixando-a a uma aproveitadora. Ela foi acusada de só ficar com ele por causa das viagens de luxo, do estilo glamoroso e da fonte inesgotável de dinheiro. Mas pense um pouco. Ela nunca teria ficado sem casa e sem dinheiro, seja lá como terminassem. Freddie, que era um homem honrado e de palavra, teria ficado mais do que feliz em lhe dar uma casa própria e até uma pensão se tivessem decidido se separar. Ela tinha um objetivo — administrar as empresas dele — e era valiosa do ponto de vista pessoal e profissional. Ela poderia ter deixado o cargo, recebido uma bela bolada que a deixaria com a vida ganha e ido embora para recomeçar em outro lugar. Para ela, foi muito mais difícil ficar. Ela sabia que seria alvo de críticas, olhares piedosos, escárnio e desprezo pelo círculo íntimo de Freddie, assim como pelo público e pelos fãs. Ela só ficou porque amava Freddie e simplesmente não estava disposta a abrir mão disso. Decidiu enfrentar os desafios porque ele era dela.

"Freddie dizia que se abria com Mary mais do que com qualquer outra pessoa", conta B. "E ela com ele. Eles se conheciam de verdade. Ela era seu alicerce, seu apoio, seu *repos du guerrier*.[6] Eles passaram praticamente por quase tudo juntos, até o fim."

• • •

Mary nunca teve o costume de dar entrevistas. Ela dizia que não era artista nem celebridade. Freddie confiava em David Wigg, na época um jornalista muito respeitado no *Daily Express* que depois virou freelancer, trabalhando geralmente para o *Daily Mail*. David e eu ainda somos amigos. Mary às vezes falava com ele, enquanto Freddie era vivo, e lhe deu duas entrevistas exclusivas depois da morte do parceiro. Às vezes a matéria publicada nos jornais acaba saindo um pouco diferente do material que foi enviado. Antes de chegar à página impressa, um texto passa por muitas etapas, e as manchetes podem, em determinadas circunstâncias, dar a entender uma coisa que não era a real intenção quando a entrevista foi combinada. Freddie sabia bem como funcionava e nunca culpou o autor da matéria, pelo qual ele tinha o maior respeito, e cuja lealdade e admiração pelo amigo famoso nunca esmaeceu.

• • •

O entendimento que havia entre Freddie e Mary foi o que salvou a relação deles. Ele sabia que sua libido intensa um dia se apaziguaria. Estava ciente de que poucos mantêm, aos sessenta anos, o mesmo apetite sexual dos trinta, e que o desejo pela parceira no começo da relação naturalmente diminui depois de quinze anos ou mais. Ele explicava que as transas que tinha com os homens eram apenas um desejo físico.

"Ele amava Mary e seu amor era fundado na emoção e na ternura", conta B. "Para meu pai, era um amor puro, e não tinha a ver com sexo. Da mesma maneira, ele achava que rock'n'roll era coisa de gente jovem e que um dia, em breve, iria parar de fazer turnês. Mary e Freddie não pensaram em ter filhos aos vinte e cinco ou trinta anos de idade. Quando chegasse a hora de sossegar (que, na opinião de Freddie, seria lá pelos quarenta ou quarenta e cinco anos, quando já seria velho demais para viajar pelo mundo com um grupo de rock), então teria tempo de estar perto de sua mulher e seus filhos. A essa altura, Mary teria uns trinta e cinco ou quarenta anos, e não seria tarde demais para dar início a uma família. Quantas mulheres não tornavam-se mães depois dos trinta e cinco?

"Freddie queria se livrar de sua tendência a um estilo de vida decadente antes de ter filhos. Mostrava-se bastante categórico sobre isso. Era uma das coisas que ele mais criticava na Barbara Valentin — o fato de ela ser uma mãe relapsa. Ele reprovava suas escolhas e atitudes nada maternais. O filho da Barbara, Lars, era um jovem adulto nessa época, enquanto a filha Minki ainda era adolescente."

Freddie escreveu sobre o quanto queria desesperadamente ter uma família e viver uma rotina familiar.

"Os diários mostram que ele queria estar ao lado dos filhos mais do que qualquer outra coisa. Física, mental e emocionalmente, desejava estar por perto. Ele não queria ter que deixá-los em casa para partir em turnê. O sentimento de ter sido rejeitado pelos próprios pais nunca o abandonou. Ele dizia saber que a única coisa capaz de consolar e curar o menino de oito anos que havia dentro dele seria ter os próprios filhos. Escreveu sobre tudo isso com muita paixão."

Freddie falava que pretendia ter apenas dois filhos.

"Ele não queria ter mais porque, como dizia, só tinha dois braços", revela B. "Queria ser capaz de abraçar os dois filhos ao mesmo tempo.

Tinha planejado tudo, acertado tudo. Depois de ler todas as suas confissões apaixonadas, não me surpreendeu nem um pouco saber que ele havia mergulhado de cabeça na paternidade assim que eu nasci, passando o máximo de tempo que podia comigo e se certificando de que eu estaria sempre em segurança e sendo muito bem-cuidada."

June 2025

Freddie Mercury was and is my father. We had a very close and loving relationship from the moment I was born and throughout the final fifteen years of his life.
He adored me and was devoted to me. The circumstances of my birth may seem, by most people's standards, unusual and even outrageous. That should come as no surprise. It never detracted from his commitment to love and look after me. He cherished me like a treasured possession. I was, naturally, devastated by his death.

Shortly before he died, he gave me a collection of private notebooks that he had been writing since 1976, before I came into the world. They revealed, in at times, excruciating detail, the story of Freddie's whole life. They were written in his own handwriting, in ballpoint pen, in his own words.
He entrusted to me, his only child and his next of kin, the written record of his private thoughts, memories and feelings about everything he had experienced.
His gift to me was our secret. Although those who lived with him and shared his life knew of the existence of the notebooks, none of them knew, after his death, what had become of them. His family, fellow band members, closest friends, associates and management have had no idea until now that he gave them to me as a present.

* A tradução desta carta se encontra na p. 34. (N. da E.)

Mary Austin – the wonderful woman who was to all intents and purposes his wife, until death parted them – knew absolutely everything about him, including all his undisclosed secrets.
The others – his real, true friends whom he could count on fewer than the fingers of one hand; the band; the great army of so-called friends, employees and hired help, those with whom he had working relationships (journalists, designers, film makers, roadies, fan club staff); the ever greater army of so-called personal this or that (personal assistant, personal film maker, personal designer, personal photographer...); wider acquaintances and everyone else – knew only what Freddie wanted them to know. Which wasn't much.

Freddie was an intensely private man. He gave so few interviews that he was famous for it. Because of this it has been easy, since his death, for many people to exploit and betray him. To twist his words, to rewrite his story, to speculate and make up this theory or that about his life, in order to equate him to the image of the Freddie Mercury that they seek to portray. Their versions of Freddie are far removed from the man he really was. They have done this for their own profit and ego. Freddie would have been deeply wounded by it all.
After more than three decades of lies, speculation and distortion, it is time to let Freddie speak.

I had read everything that Lesley-Ann Jones had ever written about my Father when I wrote to

her towards the end of 2021, with the intention of offering her the responsibility of sharing his true story. I had been meaning to contact her for years, having read so much of her work: not only about Freddie, but also about other artists. I was struck by her obvious pursuit of the truth, and by how closely she came to capturing "the real Freddie". Her book "Love of my Life: The Lives and Loves of Freddie Mercury", published in 2021, portrayed him more accurately than anything I had ever read. So much of what has been written and committed to film about him by so-called friends, former lovers, employees and colleagues has been at best a gross distortion of the truth, at worst an exercise in exploitation.
Those who have been aware of my existence kept his greatest secret out of loyalty to Freddie. That I choose to reveal myself in my own mid-life is my decision and mine alone. I have not, at any point, been coerced into doing this.

Lesley-Ann and I talked intensely for many months from late 2021. We continue to communicate to this day. Our long discussions have been very moving, at times unbearable and heartbreaking. I revealed to her who my father was. I told her the truth about his childhood, his life, and everything that built the infant, the boy, the teenager, the young man, the grown man, the Dad he was to me, the stage persona and the Mercury mask that he created. I explained to her how he compartmentalised his life, and of course talked at length about our precious time together.

Lesley-Ann flew to Montreux in May 2023. I do not live there, but the city was chosen because of Freddie's attachment to the place. She made the journey to meet me and my family there, to see Freddie's seventeen notebooks, cards, private notes, letters, bank statements and other relevant documents, to view photos and private videos and to listen to audio. She tried for a long time to persuade me to publish some of my photographs. It is by no means her fault that I decided not to agree to this. Although I understand very well the importance of illustrating a book, I had to decline to publish the records of our time together. They are from a father to his daughter and only child. They are records of my Dad and grandfather of my children. We cherish them, they are private, and we want them to remain private. None of these personal items will ever be exhibited to the public. Nor will they ever come up for auction. It is, however, my legal right to share everything I learnt from my father's notebooks. It is also my right to destroy the notebooks, should I see fit to do so. Freddie's fans, the lovers of his music and the millions who honour his memory must respect this. I hope and pray that they will. If they cannot, that will prove that I was right to keep our mementoes to myself.

The life I live with my husband and our family in another country is intensely private. We want things to stay that way. We cherish our peaceful and anonymous life, and we want nothing to disturb it.

Nobody needs to know who I am. I will have nothing more to say beyond what I have revealed in this book. There will be no further interviews other than those I have given to Lesley-Ann. I owe it to my father to cherish privacy as one of the most precious privileges in life. As he himself said, it was the thing he regretted giving away so readily. The one thing he wished that he could get back.

Here, then, for the first and only time, is Freddie Mercury's true story. I have chosen to entrust it to my dear friend Lesley-Ann Jones. Every syllable that you read here was revealed to me by Freddie himself.

B

CAPÍTULO 7

PERNICIOSO

Meses depois de terem se mudado para Phillimore Gardens, Freddie pediu a Mary que procurasse a casa dos sonhos dos dois.

"Ele queria uma casa grande o bastante para eles e os filhos", conta B., "a fim de poder vê-los crescer, mas não grande a ponto de a família ficar muito separada e acabar se afastando dentro da própria casa. Como se sabe, Mary encontrou Garden Lodge, em Kensington. Era a casa perfeita. Mas, sendo Freddie quem era, precisava melhorar até o que já era perfeito. Juntos, eles planejaram as reformas e uma nova decoração. Foi por isso que Mary não mudou quase nada depois da morte dele. Ela estava mais do que satisfeita com o lugar do jeito que ficou. Fez apenas uma mudança: um jardim francês — *à la française*, como se diz. Freddie queria muito ter um e chegou a desenhá-lo e planejá-lo".

O gesto de Mary, de honrar uma promessa e um compromisso, foi um reflexo da atitude de Freddie em relação a tudo que fazia.

Eles adquiriram a futura residência da família, na Logan Place, Kensington, no início dos anos 1980. Freddie pagou por ela quinhentas mil libras em dinheiro vivo. A casa de tijolos neogeorgiana fora anunciada pela primeira vez na revista *Country Life* em 1978, aceitando ofertas acima de trezentas mil libras. Mary e Freddie foram visitá-la juntos e decidiram comprar na hora. A casa exigiria reformas e melhorias significativas até se transformar no lar dos sonhos do casal, trabalho que levou vários anos para ser concluído. Freddie se mudou em definitivo no meio do ano de 1986 e lá viveu até sua morte, em novembro de 1991.

Como Zanzibar e a Índia foram os paraísos perdidos de Freddie, uma das primeiras coisas que ele fez foi encomendar para a casa um enorme e espetacular mural da região de Panchgani, além de várias pinturas com a própria visão de como Zanzibar havia sido.

"A Índia e Zanzibar continuariam sendo lugares especiais para Freddie a vida inteira", conta a filha. "Para todo mundo que dizia que ele tinha deixado o passado para trás, virado as costas para esses dois lugares e se reinventado quando a família se mudou para a Inglaterra, esses quadros mostravam o contrário. E não eram as únicas provas. Por exemplo, para comemorar o que pensava ser seu último aniversário, ele encomendou um bolo no formato do Taj Mahal. Não do Big Ben, do palácio de Buckingham, da Torre Eiffel ou do Palácio de Versalhes. Não da ponte do Brooklyn nem da Estátua da Liberdade, em Nova York, da Marienplatz ou da Theresienwiese de Munique (onde anualmente se realiza a Oktoberfest). Todos esses lugares eram especiais, mas ele queria o Taj Mahal, porque é um símbolo da Índia. Para um dos aniversários da Mary, ele encomendou um bolo na forma de um tigre. O tigre-de-bengala é o animal nacional da Índia e uma das criaturas mais sagradas do país. E foi Freddie que sugeriu a Roger Taylor o nome de Tiger para o primeiro filho dele. Roger acabaria batizando o filho de Rufus Tiger. Sua filha, nascida três anos mais tarde, se chama Tigerlily."

• • •

De meados de 1985 a meados de 1986, sempre que Freddie estava em Londres, passava alguns dias e algumas noites em Garden Lodge.

"Quando não estava lá", relata B., "ficava em Stafford Terrace ou em Phillimore Gardens. Ele passou a frequentar cada vez mais Garden Lodge a partir de março ou abril de 1986 e começou a transferir para lá as coisas da Stafford Terrace, a fim de curtir o verão naquele lindo jardim. Freddie só passou a usar a casa como residência permanente em agosto de 1986, com o fim da turnê *Magic*. Enquanto isso, nos meses seguintes, ele continuava a levar os homens do seu círculo de parceiros regulares para Stafford Terrace".

Mary não foi capaz de vender o apartamento em Phillimore Gardens depois da morte de Freddie.

"Era o refúgio deles", lembra B. "Seu ninho de amor por treze anos, de meados de 1978 até meados de 1991. Ela passou a morar uma parte do tempo em Garden Lodge no começo de 1992, administrando as empresas do meu pai de lá. Ficou entre Phillimore Gardens e Garden Lodge de fevereiro a outubro de 1992, até se mudar definitivamente para Garden Lodge no fim do ano. Ela sempre havia cuidado das empresas, imóveis e demais bens do Freddie: primeiro do apartamento de Holland Park, depois do apartamento da Stafford Terrace. A partir de 1978, a sede era em Phillimore Gardens e, no fim, Garden Lodge."

• • •

Mary fez um leilão dos bens de Garden Lodge e da maioria dos pertences de Freddie (um total de 1.406 lotes) em setembro de 2023, por meio da casa de leilões Sotheby's. Depois de mais de 41.800 lances, a venda arrecadou quase quarenta milhões de libras em menos de uma semana. Alguns itens — inclusive um jukebox Wurlitzer 850, que saiu por 406 mil libras; uma jaqueta em estilo militar, por 457 mil; e o colete "Seis Gatos", por 139 mil — foram adquiridos de forma anônima pela irmã dele, Kashmira, que gastou três milhões de libras para comprar os objetos que, na sua opinião, deveriam ficar com a família Bulsara. Essa era uma disputa de longa data entre ela e Mary Austin. Do valor final, depois de descontada a comissão do leiloeiro, Mary doou um percentual para o Mercury Phoenix Trust e outro para a Elton John AIDS Foundation. Meses mais tarde, em fevereiro de 2024, quarenta e quatro anos depois de Freddie ter comprado o imóvel, onde morrera em novembro de 1991, Garden Lodge foi posta à venda por mais de trinta milhões de libras.

"Essa casa foi por muitos anos a mais gloriosa caixinha de memórias", comentou Mary na revista *Country Life*, "porque todos os aposentos são muito aconchegantes e cheios de amor. Foi uma alegria morar aqui e guardo muitas lembranças maravilhosas deste lugar. Agora que a casa está vazia, me sinto transportada para o dia em que a visitamos pela primeira vez. Desde que Freddie e eu atravessamos aquela famosa porta verde, este foi um lugar de paz, um verdadeiro lar de artista, e agora chegou o momento de confiar toda essa paz ao próximo dono".

As entrelinhas dessa mensagem altiva ecoavam com força. O corajoso ato de desprendimento final do amor de sua vida, de suas posses físicas e da preciosa casa que eles construíram juntos não foi para que ela se livrasse do Freddie. Ao contrário, como no fundo Mary sempre soube, aquilo o traria de volta.

• • •

Até a morte de Freddie, nem ele nem Mary se dedicaram a qualquer outro relacionamento significativo de longa duração.

"Mary nunca se envolveu com outro homem por mais de alguns meses, a não ser na época em que saiu com o músico Jo Burt", confirma B. "Mais tarde, ficou com o decorador Piers Cameron, é verdade, mas o motivo era totalmente diferente."

Aqui há certa confusão nos relatos; ou algumas pessoas se enganaram nas datas, ou escreveram errado.

"No seu último livro", comenta B., "você cita uma fala de Jo Burt sobre Freddie viajar com ele de avião para passar seu aniversário de quarenta anos em Nova York [uma festa lendária, planejada para durar um fim de semana, mas que acabou se estendendo por três semanas de devassidão e bebedeira] e que por cinco anos eles foram inseparáveis. Mas isso não foi na festa de quarenta anos, e sim na de trinta e cinco, em 1981, um pouco antes da turnê *Gluttons for Punishment*, do álbum *The Game.* A não ser que o Jo esteja falando da festa de aniversário de Mary em Munique, em 1984 (...), que não durou três semanas". Não há insinuação alguma de que Jo Burt tenha mentido, só estamos dizendo que detalhes de três comemorações diferentes parecem ter sido lembrados como se fossem de uma festa só.

"Além disso, a relação de Mary com Jo Burt não durou cinco anos, mas quatro. Começou em meados de 1981 e foi até a metade de 1985. E Jo nunca chegou a morar com Mary, nem em Phillimore Gardens, nem em nenhum outro lugar. Eles nunca residiram sob o mesmo teto. Jo frequentava o apartamento, mas nunca morou lá com ela. Aquela casa sempre foi o ninho de amor de Freddie e Mary. Mais tarde, Piers

Cameron se mudou de mala e cuia para lá por um tempo, mas a situação era diferente e nós já vamos chegar nisso."

Jo, nascido em 1956, era cinco anos mais novo que Mary. Era, e continua sendo, um baixista. Integrante da banda new wave de Tom Robinson, a Sector 27, criada em 1979, ele tocou ao lado do baterista Jason Bonham no grupo de rock Virginia Woolf, no fim dos anos 1980. Também foi baixista na turnê de 1987 do Black Sabbath e tocou baixo fretless (sem trastes) no único disco solo de estúdio de Freddie, *Mr. Bad Guy*, lançado em 1985.

B. revela que foi Freddie quem armou a separação de Mary e Jo: "Ele ficou com ciúme! Apavorado com a possibilidade de perder Mary. Então convidou Jo para tocar no disco dele, vendo isso como uma maneira de controlar a situação. Mas um dia estourou uma briga entre Freddie e Jo, e isso fez a relação de Mary com o baixista esfriar. No fim, o relacionamento foi destruído."

• • •

Depois de passar o verão de 1979 em Munique, trabalhando no então famoso (e agora extinto) Musicland Studios com o produtor Reinhold Mack, os quatro integrantes do Queen ficaram viciados na cidade e em seus múltiplos prazeres alternativos. Para Freddie, a principal atração da capital da Baviera era a exuberante cena gay. A música do Queen e a maneira como eles queriam gravar começaram a tomar rumos diferentes devido às influências daquele lugar. Todos queriam manter a conexão com Munique. Por motivos fiscais, o Queen já estava mesmo habituado a gravar seus discos fora da Inglaterra, e em julho de 1979, eles adquiriram o próprio estúdio de gravação em Montreux, na Suíça: o Mountain Studios, onde sete discos da banda seriam criados. Quando voltaram a Munique, em 1981, continuavam a ser, oficialmente, exilados fiscais. O plano era começar a trabalhar em mais um álbum ali.

O próprio Freddie confessa que, entre 1980 e 1985, foi bastante promíscuo. Entre uma relação "séria" e outra, sempre que uma delas começava a desmoronar, e nas longas ausências durante as turnês, ele se entregava a outros sem restrições.

"Ele tinha diversos níveis de relação com os homens", explica B. "Nos diários, fala de inúmeras transas de uma noite só. Um número que é realmente de espantar. Não tem muito que eu possa acrescentar sobre isso."

Foi quando, em 1983 e durante os dois anos e meio seguintes, Freddie entrou de cabeça em um "relacionamento estranho" com um dono de restaurante alemão meio grosseiro chamado Winfried Kirchberger. É claro que o apelidou de "Winnie", mantendo o hábito de dar apelidos femininos aos namorados. O caso deles se complicou quando Freddie se envolveu com a exuberante atriz austríaca Barbara Valentin. E esse arranjo ficou ainda mais confuso com um novo relacionamento que surgiu em Londres, com o barbeiro irlandês Jim Hutton. Assim que começou a namorar Winnie, Freddie logo saiu dos aposentos da banda, no deprimente apart-hotel Arabella-Haus, bem acima do Musicland Studios, para ficar na casa do novo namorado.

"A relação com Winnie era estranha", conta B. "No começo, era forte e tinha muito potencial, porque Winnie gostava do Freddie de verdade, não era pela fama. Não se interessava pelo show business nem se deslumbrava com aquele universo, não queria saber de nada daquilo e era muito pé no chão. Também era um homem ocupado, com uma empresa própria para administrar e muitas responsabilidades. Quando se conheceram, Freddie estava calmo, num astral bom, trabalhando no disco solo. Alguns meses depois, porém, quando o Queen partiu na turnê *The Works*, os problemas de sempre começaram a aparecer."

A turnê começou em Bruxelas e depois seguiu para Dublin e mais três apresentações em Birmingham e quatro shows na Wembley Arena. O segundo, em 5 de setembro de 1984, coincidiu com o aniversário de trinta e oito anos do Freddie. Do nada, Winnie lhe deu um anel. Freddie ficou maravilhado e usou a joia em público pela primeira vez na própria festa de aniversário, na boate Xenon, em Piccadilly, no centro de Londres, logo depois do show na Wembley. A banda então continuou seu percurso pela Alemanha Ocidental, Itália, França, Holanda, Bélgica e Áustria, antes de partir para sua polêmica visita ao resort Sun City, na África do Sul, seguindo de lá para o Brasil. Na sequência, vieram Nova

Zelândia, Austrália e Japão. O Queen estava conquistando o mundo e todos deviam estar se achando o máximo. Mas tudo o que importava para o Freddie era sua vida amorosa. O problema é que não é fácil se livrar de velhos hábitos. No minuto em que ele voltou a colocar o pé na estrada, retornou ao estilo de vida promíscuo e se jogou em tantas transas casuais que parecia estar tentando bater um recorde.

"Quando Winnie descobriu que Freddie estava sendo infiel", conta B., "ele revidou na mesma moeda. Não da maneira mais óbvia, que seria arranjar os próprios amantes. Foi muito pior que isso. Para começar, ele tratou Freddie com indiferença. Depois começou a rejeitá-lo, assim como os muitos presentes que recebia, inclusive uma Mercedes novinha em folha, entregue com um laço enorme e espalhafatoso, porque Freddie nunca fazia nada pela metade.

"Essa história já foi contada muitas vezes, mas nunca até o fim", comenta B. com um suspiro. "Winnie nunca aceitou o carro de presente, e Freddie foi obrigado a encontrar um meio-termo. Eles chegaram a um acordo. Winnie dirigia o carro quando estava indo a algum lugar com Freddie, ou sendo seu motorista. Fora isso, Winnie nunca quis o carro para uso pessoal. Mais do que a Mercedes, Winnie valorizava quando Freddie aparecia no restaurante já na hora de fechar e o ajudava a encerrar o dia, ajudando com os pratos e varrendo o salão antes de partirem para a cidade. Esse é o tipo de cara que Winnie Kirchberger era."

Quando Winnie começou a tratá-lo com frieza, Freddie ficou perdido.

"Ele ficou estarrecido", comenta B. "Não sabia como lidar com aquele tipo de tratamento. O que tinha feito para merecer aquilo?! Nós temos que lembrar que tudo isso aconteceu num momento extremamente caótico, graças à explosão da aids. A comunidade gay estava apavorada. Todo mundo estava paranoico e a maioria olhava por cima do ombro, desconfiada."

Quem anda fazendo o que com quem e quem vai me passar esse vírus, todos se perguntavam, cheios de temor.

Freddie então se mudou da casa de Winnie para os aposentos sem graça do apart-hotel Stollbergplaza, onde acabou conhecendo Barbara

Valentin, uma atriz famosa na região, que morava logo em frente. Eles se aproximaram, viraram amantes e foi nessa época que Freddie entrou em seu período mais hedonista. A obsessão por Winnie e Barbara, porém, o desconcentrou do trabalho, e isso acabou prejudicando seu processo criativo.

“Muita gente negou que a relação de Freddie com Barbara tenha sido sexual”, aponta B. “Mas como poderiam ter certeza? Só quatro pessoas sabiam o que realmente aconteceu: o próprio Freddie, Barbara, Winnie e mais um integrante do círculo mais próximo de seus parceiros regulares naquele esquema de três ou quatro na mesma cama. Esqueça qualquer coisa que você já tenha ouvido falar. Não tinha mais ninguém naquele quarto com eles, e Freddie nunca expunha suas relações com mulheres para seus roadies ou funcionários. Ele reconheceu publicamente a importância de Barbara em sua vida, com um agradecimento nos créditos de *Mr. Bad Guy*, por sua ‘má conduta’. O que as pessoas *acham* que ele estava falando? É claro que ele transou com ela! Ele mesmo disse! A questão é que ele nunca foi Freddie Bulsara com a Barbara. Ali era só o Freddie Mercury, o Mercury espalhafatoso.”

Peter Freestone, em especial, sempre teve a impressão — e já falou bastante comigo sobre isso ao longo dos anos — de que a relação entre Freddie e Barbara teria sido, muito provavelmente, platônica. No documentário feito pelo Channel 5 em 2004, *Freddie's Loves*, posteriormente citado pelo *Daily Express* em outubro de 2020, ele comentou: “Eu não posso afirmar que eles transaram ou não. Mas, se tivessem transado, Freddie não teria ficado quieto.”

“Só que certamente não seria com Peter Freestone que ele conversaria sobre uma coisa dessas”, comenta B. “Freddie não falava dos seus relacionamentos heterossexuais com nenhum homem do seu círculo ‘gay’. A mim me parece que muita gente gostaria de reduzir o papel da Barbara a nada mais do que uma intérprete entre Freddie e Winnie.

“Por que alguém hoje negaria algo que obviamente foi tão importante durante a vida do Freddie?”, pergunta B. “Ninguém pode negar a importância dela na vida dele nos dois anos que o relacionamento durou.”

Só agora, décadas depois dos fatos, é que o complexo motivo por trás do envolvimento entre Freddie e Barbara começa a aparecer. Ironicamente, a relação foi resultado direto do relacionamento entre Mary e Jo Burt. Embora Mary tivesse que tolerar todo o tipo de comportamento de Freddie, ao que parece, ele não estava preparado para fazer o mesmo.

"Como eu disse, Freddie tinha ciúme de Jo Burt, porque o relacionamento deles parecia sério", comenta B. "Já Mary não sentia ciúme dos amantes do Freddie. Segura de que sempre teria seu lugar ao seu lado, ela ficava tranquila em relação aos casos amorosos do parceiro. Mas ele achou difícil ver Mary parecer feliz com outro homem. Embora os dois tivessem redefinido a relação física que havia entre eles — a intenção era que fosse só uma fase, mas aí veio o HIV e estragou tudo —, o amor que sentiam um pelo outro nunca diminuiu. Mas Freddie temia que, com Jo, as coisas fossem mudar de verdade. A ideia de que outro homem pudesse dar à Mary o que Freddie dava realmente o assustou. Não é que o vínculo entre ele e Mary tivesse enfraquecido; mas meu pai era um homem extremamente sensível. Ele não era muito seguro em seus assuntos pessoais, então foi um momento problemático. Não percebia que Mary não estava assim tão feliz com Jo. Para Freddie, ela estava num relacionamento estável enquanto ele suportava uma desilusão atrás da outra, um relacionamento abusivo atrás do outro com seus muitos namorados, sem qualquer perspectiva de estabilidade. Foi provavelmente por isso que ele se envolveu com Barbara Valentin: para retomar o equilíbrio. Infelizmente, a atriz não entendeu do que Freddie precisava."

Desesperada para tê-lo só para ela, Barbara o levou a mergulhar em águas cada vez mais revoltas e atiçou seus instintos mais primitivos, acreditando ser essa a maneira de ficar com ele, como ela mesma me disse. Mas o tiro acabou saindo pela culatra e só serviu para exacerbar as inseguranças mais profundas de Freddie.

"O consumo de drogas e álcool aumentou, levando-o ao período mais hedonista e perigoso da sua vida, na virada de 1984 para 1985", explica B. "Barbara proporcionou alguma coisa de que ele provavelmente precisava para sobreviver àquela fase, mas nunca conseguiu dar a ele o que Mary sempre dera. Não é nenhuma surpresa o Monstro ter sumido depois que Mary e Jo terminaram. Freddie não teve mais medo de perdê-la. Deve ter sido muito difícil para Barbara lidar com tudo isso."

• • •

O próprio Freddie admitia que sua vida na época era uma bagunça.

"Ele produziu muita música ruim naquele tempo", afirma B. "Havia bastante tensão entre a banda. Freddie teve grande dificuldade com as canções de *Mr. Bad Guy*. Durante a gravação do disco, logo depois do festival de Montreux, no fim de maio de 1984, ele levou um tombo feio num bar de Munique, numa determinada noite. Foi só um tombo, e não uma briga [como já foi dito muitas vezes]. Ele estava curtindo a noite, a bebida estava correndo solta e seus amigos começaram a subir nos ombros uns dos outros. E lá foram eles, para cima e para baixo, para cima e para baixo, até que Freddie se desequilibrou, caiu e rompeu o ligamento do joelho. Ele ficou com a perna engessada até a gravação do clipe de 'It's a Hard Life', em 22 de junho de 1984."

O consumo de álcool e drogas naquele período chegou ao píncaro. Freddie desmoronou na África do Sul, durante a turnê *The Works*, e ao longo do primeiro semestre de 1985. Nos diários, ele mesmo descreve como perdeu o respeito por si mesmo, a ponto de se sentir "sujo" por dentro.

Seu emocional estava abalado devido a toda a polêmica que surgiu quando o Queen aceitou um convite para se apresentar no resort de luxo Sun City, em Bophuthatswana, África do Sul — um enclave de brancos ricos no meio de um país de pessoas negras pobres —, bem durante a campanha contra o apartheid e o boicote da Organização das Nações Unidas (ONU), o que fez com que a banda fosse banida pelo Sindicato dos Músicos no Reino Unido. Freddie sempre acreditara que a música deveria ser para todos: para o povo e não para os governos. Valorizava sua linguagem universal e apolítica.

"Ele dizia que, se você se recusasse a se apresentar em determinados países, também teria que se recusar a vender seus discos lá", afirma B.

"Mas e a história? Obviamente todos os países tiveram seus momentos sombrios no passado. Se levar em consideração todas as guerras e injustiças, todo regime assassino e desprezível, o único lugar em que se poderia tocar sem ofender ninguém seria a Antártida. Freddie se recusava a permitir que essas questões interferissem em sua música."

Quando o Queen foi acusado de ignorar o esforço mundial pelo fim do apartheid — não que eles fossem os únicos artistas a tocar no local —, Freddie acabou metendo os pés pelas mãos. De maneira arrogante, rebateu dizendo que se ganhava muito dinheiro por lá, insinuando que essa seria a razão da banda para ter aceitado fazer o show. Durante uma coletiva de imprensa em Munique, em março de 1984, ele deu as seguintes declarações, cujos trechos foram publicados na edição de junho da revista alemã *Musikexpress* e da revista inglesa *Sounds* e muito repetidos ao longo dos anos, inclusive na revista *Big Issue in the North*, de outubro de 2006, para comemorar o que seria o sexagésimo aniversário de Freddie:

"Estamos pensando em ir para a África do Sul e vai ser uma questão muito política e coisa e tal, mas não estou nem aí. No que me diz respeito, só estou tocando música para as pessoas. Nós fomos um dos primeiros grupos a ir à América do Sul, e a experiência foi incrível. Duas semanas depois que encerramos a turnê, a Inglaterra estava em guerra com a Argentina. Mas isso não devia ser problema para os músicos. A música é para todos. Eu quero ir à Rússia. A gente queria tocar lá há uns três ou quatro anos, mas eles viram a capa dos nossos discos e acharam que a gente ia corromper a juventude. É aí que quero chegar — aos outros cantos do mundo — antes de me aposentar. A música é para todos. Eu não quero, de forma alguma, que a política interfira na minha carreira. Penso em política, sim, mas logo a deixo de lado, porque nós somos músicos. Eu não gosto de ser político..."

Esses comentários foram feitos, evidentemente, com uma boa pitada de ironia. A África do Sul foi um abismo financeiro. Mas o Queen não estava fazendo uma declaração política. As apresentações que eles fizeram lá foram apenas em nome do entretenimento. Nesse caso, zombaram os críticos, é provável que eles tivessem dançado no ritmo dos nazistas se o cachê fosse bom.

"As pessoas esquecem que, tecnicamente, Freddie nasceu na África, embora fosse de ascendência e cultura parse e indiana", afirma B. "Como ele se apresentava como persa, e era assim que as pessoas o viam, ninguém nem se lembrava que ele tinha nascido em Zanzibar. Freddie morou lá por nove anos e meio, sem contar os anos de internato na Índia, antes de a família fugir para a Inglaterra durante o genocídio. Naquele ponto, com trinta e oito anos, ele tinha passado na África cerca de um quarto de sua vida."

• • •

De volta a Londres, Freddie se atirou de cabeça em seu novo relacionamento com Jim Hutton. Os caminhos dos dois se cruzaram pela primeira vez dois anos antes, no Copacabana, um bar gay em Kensington que ficava perto da casa de Freddie. Jim estava com outro homem na época, de modo que nada aconteceu entre os dois. Mas, em 1985, as coisas tinham mudado. Numa noite de março, Jim acompanhou Freddie e seus amigos numa noitada e a turma acabou no apartamento do artista, que não conseguia superar a semelhança física, muito impressionante, entre Jim e Winnie. Agora, ele sabia exatamente o que precisava fazer para conseguir que Winnie se comprometesse: usar Jim para despertar ciúme nele. Assim, começou um relacionamento sexual com o outro e logo depois deu a Winnie um lindo e caríssimo anel.

"Essa é outra história que as pessoas alteram e contam só parcialmente", diz B. "É verdade que Freddie e Winnie brigaram feio naquela noite. Freddie pediu mais uma vez que ele fosse morar com ele em Londres. E, mais uma vez, Winnie recusou. Também desdenhou do presente do Freddie, pois via como uma tentativa de 'comprá-lo'. Eles tiveram uma briga horrível, mas não terminaram naquela noite. Isso só iria acontecer seis meses mais tarde, em 1986. Não é correto dizer que Winnie atirou o anel longe e ele se perdeu. Winnie tinha dedos grandes e a joia era muito pequena para o anelar. Ele ia colocá-la no dedo mindinho, mas deixou cair no chão. Foi só isso. Um dos dois pegou, Winnie colocou o anel no mindinho e ali ele ficou até o ano seguinte, quando os dois decidiram seguir caminhos diferentes.

"É claro que tudo isso provocou ciúme em Jim", continua B. "Mas Freddie tinha feito aquilo para deixar *Winnie* enciumado, para convencê-lo a se mudar para Londres. Foi só quando o relacionamento deles acabou — o que foi uma pena, porque Winnie era um cara legal — que Freddie começou a sair com Jim de verdade. Este, por sua vez, deu um anel a Freddie quando ele completou quarenta anos, em setembro de 1986. Mas, quando Jim fez trinta e oito, em janeiro do ano seguinte, Freddie não lhe deu um presente à altura. Era uma joia, sim, um bracelete de ouro da Cartier, seu presente favorito para os amigos homens. Esse, ele dava aos montes. Mas não um anel, pois simbolizava muita coisa para Freddie. Precisamos lembrar que, durante esse tempo todo, Mary usava o anel de noivado dele. Jim ficou arrasado. Ele rejeitou o presente, no entanto aceitou um cheque e foi escolher pessoalmente um anel para comprar."

A relação continuou como sempre fora, mas nos termos de Freddie. Jim se mudou para Garden Lodge e lá seguiu como empregado, em diversas funções, até Freddie falecer. Nos diários, o cantor deixa claro que Jim nunca foi mais do que um garoto de programa pessoal, um parceiro sexual conveniente depois que Freddie não podia mais sair por aí pegando outros homens.

"A relação entre os dois se caracterizava por um monte de brigas feias e violentas, abusos e infidelidade", conta B. "Por fim, em 1989, Freddie deu um basta. Mas Jim não iria embora de mansinho; ele não queria sair de Garden Lodge. E Freddie tinha medo de expulsá-lo, porque estava apavorado com a possibilidade do ex-amante falar com a imprensa como Paul Prenter fizera. Por isso, deixou que Jim continuasse morando lá, cuidando do jardim e de mais uma coisinha ou outra na casa."

• • •

"Já a ligação com Barbara Valentin", conta B., "foi construída na disposição sem limites, por parte dela, de dividir a cama com Freddie e suas transas casuais, em uma paródia de amor, aceitação e felicidade. Entre Freddie e Mary, nós sabemos que era amor. Com outros homens, e com Barbara, era só luxúria. Enquanto Mary era seu verdadeiro amor — como sabemos, ela era de fato a esposa de Freddie Bulsara —, Barbara representava a exploração do sexo. Ela era a amante do Freddie Mercury. Entende a diferença? Como a própria Barbara disse, com ela Freddie 'podia transar com mais alguém entre eles, porque era assim que ele gostava'. Ela lhe deu o que ele queria e virou sua parceira na devassidão, na depravação e na decadência".

Não foi surpresa alguma ela não ter sido sequer mostrada no filme do Queen. Fazer isso revelaria um lado menos louvável de Freddie, que eles deviam estar ansiosos para manter às escondidas, temendo que a lenda fosse maculada e talvez até que os fãs se afastassem.

B. lembra que Freddie citou Barbara uma única vez, em uma entrevista com a jornalista Sharon Feinstein para a revista dominical do jornal *News of the World* de 14 de abril de 1985.

"O que ele disse foi: 'Barbara e eu formamos uma ligação que é mais forte do que qualquer outra que eu tive com um amante nos últimos seis anos. Eu realmente posso conversar com ela e ser eu mesmo, de uma maneira que é muito rara.' Observe que ele diz '*formamos* uma ligação', e não '*construímos* uma ligação', que seria a maneira como ele se referiria ao que tinha com Mary. 'Nos últimos seis anos' significa desde 1979. Para Freddie, sua ligação com Mary era intocável. Além disso, a relação que teve com Joe Fannelli sempre foi maior do que qualquer coisa que tenha tido com Barbara."

Para ser justos, devemos dizer que Freddie amou Barbara à sua maneira. B. concorda.

"Ela foi ao Rio na turnê do Queen de 1985. Por outro lado, muita gente estava lá também. E, durante a viagem, Freddie dividia o quarto principal com Mary, e não com Barbara. Quando a banda seguiu para o Japão e para a Austrália depois, foi Mary que acompanhou Freddie, e não Barbara."

Imagine o quanto Winnie, Barbara e Jim deviam ficar confusos e angustiados com o comportamento volúvel de Freddie. O quanto deviam perder a cabeça cada vez que viam Freddie alardeando seus sentimentos por Mary nas entrevistas. Envolvidos em relações sexuais e emocionais com ele, tinham que largar tudo o que estavam fazendo e correr até Freddie sempre que ele desejava. Devem ter se sentido esquecidos, ignorados, toda vez que estavam distantes, o que não deve ser bom para a autoestima. Mas Freddie também não parecia dar a mínima para eles quando de fato estava por perto. Embora Barbara tivesse acompanhado Freddie na coletiva de imprensa do álbum *The Works*, em Munique, foi Mary quem estava na sala de controle em Munique durante o playback de *Mr. Bad Guy*. Será que ele estava brincando com as emoções de todo mundo, ou era tão autocentrado que nem se importava?

"Como todos que vieram antes, Barbara, Winnie, Jim, Peter Freestone e os demais nunca conseguiram entender o acordo que havia entre Freddie e Mary", afirma B. "Nem compreendiam por que nunca seriam capazes de substituí-la."

Freddie não poderia ter se dado ao trabalho de explicar isso para seus amantes? Talvez a própria arrogância deles os fez acreditar (ou levou alguns a acreditar) que poderiam ser um parceiro ou parceira mais adequada para Freddie do que Mary. Talvez o orgulho deles não tenha permitido que recuassem, obrigando-os a seguir em frente a qualquer custo, até que "conquistassem" o amado só para si. É curioso que Barbara tenha "aceitado transar com Freddie e mais alguém entre eles, mas que ela nunca tenha conseguido aceitar Mary", opina B.

Freddie de fato comprou um apartamento em Munique com Barbara. Eu mesma a visitei lá, em 1996. Ela me mostrou as coisas de Freddie que guardava, incapaz de doar ou jogar fora. Fotografias em porta-retratos prateados, dele e dos dois juntos, adornavam todos os cantos da casa. Ficou claro, pela nossa conversa, o quanto ela o adorava.

"Se Barbara foi tão importante assim para Freddie", questiona B., "por que ele não deixou a parte dela no apartamento registrada, de modo que ela não tivesse que brigar com os administradores do patrimônio pelo imóvel depois que ele morreu? Por que não legou a ela, em testamento, sua parte no apartamento? Ele poderia ter evitado todo esse sofrimento, estresse e indignidade com facilidade. Ele poderia ter feito isso, mas não fez. Tudo o que posso falar aqui, devido a restrições legais, é que ele teve os seus motivos".

Pelos diários de Freddie, sabemos que um casamento com Barbara nunca foi considerado.

"Para gravar um vídeo, ou só por diversão, Freddie pode ter feito um casamento de brincadeirinha", afirma B. "Mas nunca nada além disso. Falar outra coisa seria uma traição aos sentimentos do Freddie. Ele amou Barbara, à sua maneira, por algum tempo, é verdade. Ele mesmo diz isso. Mas era Mary, e sempre Mary, que seria de fato sua esposa. Barbara jamais teve alguma chance contra ela, isso está totalmente fora de questão. Ele pode ter chegado à sua festa de aniversário de 1984 com Barbara e Winnie, mas era Mary que ele abraçava. Quando Mary viajava a Munique quase que semanalmente no período em que Freddie morava lá, ele em geral ficava no hotel em que ela estava hospedada, ou às vezes ela se instalava no apartamento dele. Sempre que Mary estava por perto, ele nunca era encontrado na casa do Winnie ou no apartamento da Barbara."

Segundo Freddie, o relacionamento com Barbara durou cerca de dois anos, do início de 1984 até o fim de 1985. Depois disso, informa B., ele "cortou relações com ela".

"Mais tarde voltaram a ser amigos, entre meados de 1988 e o fim de 1990. Depois disso, Freddie não teve mais contato com Barbara. Ela se hospedou em Garden Lodge em meados de 1988, mas foi só uma visita amigável e nada mais. Em nenhum dos cadernos ele fala dela entre o fim de 1985 e meados de 1988", reforça a filha. "Não é que ele tivesse passado a odiá-la. Era impossível para ele odiar alguém. Freddie detestava determinados comportamentos nas pessoas, mas não a pessoa em si, nem mesmo aquelas que o traíram. Ele podia mostrar indiferença, mas era incapaz de sentir ódio. A diferença em relação à Barbara, a partir do final de 1985, é que ele não queria mais vê-la a sós. Ela falou que esteve em Ibiza com ele, mas Barbara já frequentava o lugar muitos anos antes. Quando se encontraram lá, por coincidência, em 1987, não foi a pedido do Freddie. Nas visitas rápidas da Barbara, quando ela estava em Londres, entre o fim de 1985 e meados de 1988, a iniciativa nunca partia do Freddie. Ele anotou no diário que escrevia que ficou contente em vê-la em meados de 1988, mas é estranho que não haja nada a respeito dela nos anos anteriores, se, como ela sugeriu, os dois tivessem continuado a se ver com frequência. Quando ele deixou para trás seu estilo de vida selvagem, também perdeu contato com Barbara. Eles voltaram a ser amigos mais tarde, mas em seu último ano de vida Freddie encerrou a amizade. Dito isto, eu nunca duvidei da relação que eles um dia tiveram."

B. confessa que chegou a nutrir certo ressentimento por Barbara.

"Se ela tivesse tido a mesma atitude da Mary, se tivesse tentado manter Freddie com os pés no chão em vez de afundá-lo ainda mais na depravação, ele talvez tivesse evitado, ou pelo menos limitado, a superexposição ao HIV e à hiperinfecção, e seu sistema imunológico poderia ter resistido ao vírus por muito mais tempo. Em vez disso, ela foi sua fiel escudeira em toda aquela decadência. Eu não duvido que ela o amasse, ou que ele a amasse do jeito dele. Mas não era isso o que Barbara queria. Ela provavelmente nunca compreendeu, e muito menos aceitou, a vida que Freddie levava com Mary. Mas é absolutamente verídico o fato de que Barbara foi muito mais para Freddie do que uma simples intérprete entre ele e Winnie. Ninguém pode diminuir sua importância dessa maneira. Eles viveram muita coisa juntos. Na minha opinião, ela tentou tirar alguma vantagem dele, sim. Pode ter vendido algumas matérias para a imprensa, mas eram sobre o Freddie Mercury, não sobre o Freddie Bulsara. Ela sabia muito bem que tinha estragado a relação com os próprios filhos e que Freddie reprovava seu comportamento e suas escolhas como mãe. Acredito que essa tenha sido a razão de nunca ter revelado o que sabia sobre mim. Nisso, ela foi mais leal a Freddie do que seus detratores gostariam que acreditássemos."

Barbara descobriu que Freddie era pai meio que por acidente.

"Eu estava passando um curto período com ele em Munique e logo depois teria que voltar para a escola", lembra B. "Minha babá Maria estava comigo. Talvez uns dez minutos depois de eu ter saído de casa, percebi que tinha esquecido um dos livros da escola no apartamento dele, então voltamos para buscá-lo. Não dava para avisar que estávamos voltando porque não havia celulares naquela época. Mas nesse ínterim a Barbara tinha retornado, mais cedo do que Freddie esperava. Quando Joe abriu a porta, eu entrei correndo, dizendo que esquecera o livro. Não havia nada que Joe pudesse fazer para evitar: eu e a Barbara ficamos frente a frente. Eu me lembro de ter dito, solenemente, 'Bonjour, Madame'. Barbara e Joe se entreolharam. Nenhum dos dois falou uma palavra. Freddie, que estava no cômodo ao lado quando voltei, apareceu de repente. Os três ficaram se encarando. Ninguém falava nada, como se alguém tivesse dado um 'pause' no vídeo. Minha babá, que vinha logo atrás de mim, simplesmente explicou que tivemos que voltar para pegar o livro. Barbara percebeu na hora quem eu era. Não havia como eu ser filha do Joe Fannelli nem da babá."

Algumas pessoas achavam impossível, diz B., angustiada, aceitar que Freddie amava mulheres, mas que gostava de fazer sexo violento com homens.

"Não que ele facilitasse a própria vida. Ele sempre se sentiu dividido. Mas o mais importante é registrar que tanto Mary como Barbara aceitavam que precisavam compartilhar Freddie com homens. As duas entendiam que seus amantes homens eram capazes de dar algo a Freddie que elas nunca poderiam proporcionar. Infelizmente para as duas, os gays da vida dele nunca conseguiram fazer o mesmo com as mulheres de sua vida. David Minns, Paul Prenter, os New York Daughters, Jim Hutton e todos os seus ex-amantes, inclusive Peter Freestone, nunca conseguiram entender ou aceitar que nenhum homem poderia proporcionar o que Mary e Barbara davam a Freddie. A rejeição deles às mulheres que Freddie amava o feria profundamente."

No fim das contas, o que todos pensavam não vinha ao caso. Freddie nunca teria trocado Mary por Winnie, Barbara, Joe ou qualquer outra pessoa.

"Aparentemente, muita gente gostaria de apagar Mary e Barbara da vida do Freddie. Atribuem a elas papéis menores: a namorada de fachada, a que era o disfarce, a que fazia as vezes de intérprete. Por quê?

Freddie nunca escondeu o fato de que transava com homens. Ele tinha muitas transas casuais. Essas relações nunca tiveram a ver com amor, só sexo. Ele também nunca escondeu o amor que sentia por Mary. Conseguiu manter as duas coisas até 1989, mas só o amor resistiu até o fim. O resto foi embora. Para ser bem clara, aqueles que tentam rotular Freddie como 'gay' ou 'hétero' estão negando metade de seus sentimentos, emoções e necessidades verdadeiros. Ele detestaria isso. Acima de tudo, e é importante que eu diga isso, o que ele teria odiado, acima de todas as coisas, seria ser chamado de ícone gay internacional."

• • •

Enquanto isso, o vínculo entre Freddie e Mary continuava a crescer.

"Era uma coisa só deles", afirma B. "Freddie nunca viveu o amor que ele compartilhava com Mary com nenhum outro amante. Nem com Barbara, nem com Jim e tampouco com nenhum de seus 'amigos' ou parceiros. Você pode ignorar tudo o que já leu sobre o relacionamento deles dois. Como se as pessoas soubessem de alguma coisa! Ninguém sabia de nada. Ninguém estava envolvido. Mary era a única que Freddie tinha no coração. Não havia espaço para nenhum outro amante."

• • •

Elton John, que era amigo de Freddie, colecionava obras de Henry Scott Tuke, um artista da Cornualha da virada do século XIX para o XX que pintava barcos e rapazes nus. Freddie comprou um Scott Tuke para Elton e mandou entregar por meio de um amigo comum, depois de sua morte.

"O próprio Freddie não colecionava quadros de meninos ou rapazes", informa B. "Os únicos quadros de homens que ele tinha eram dele mesmo, com seus gatos. Os modelos das pinturas, esculturas e outros objetos de arte que ele possuía eram sempre mulheres, não homens, a não ser a coleção de gravuras representando deuses da mitologia. Os homens raramente eram representados nas obras que ele adquiria. Freddie não gostava desse tipo de arte. Em suas próprias gravuras, ele sempre desenhava ou pintava mulheres. Com apenas uma exceção: Jimi Hendrix."

Outra revelação significativa é que Freddie nunca precisou de drogas ou de álcool na sua relação pessoal com Mary. Por outro lado, tinha que consumir vastas quantidades de entorpecentes para transar com homens.

"Então, Freddie era um homossexual que também transava com mulheres, ou um homem hétero que também transava com homens?", questiona B. "Será que isso realmente importa? Será que, em vez disso, não deveríamos nos perguntar o que é mais importante: amor, lealdade, confiança, emoção e carinho, ou desejo carnal e sexo selvagem? Será que uma relação cheia de afeto e sensualidade, mas que não envolve mais sexo com penetração, não continua sendo feliz e satisfatória? A maioria dos casamentos heterossexuais de meia-idade não é assim? No mesmo sentido, um relacionamento sexual que envolva penetração, mas que não tenha amor, emoção e carinho pode ser uma relação feliz de verdade? Devo dizer, mais uma vez, que Freddie sempre se viu como bissexual. O amor, o afeto, a ternura e a emoção para ele eram muito mais importantes do que o desejo carnal."

Havia outros conhecidos do Freddie em situação semelhante. Por exemplo, Yves Mourousi, um jornalista e âncora de televisão francês, conhecido por curtir noitadas selvagens. Freddie o acompanhava com frequência a Le Marais, Pigalle e lugares semelhantes quando estava em Paris. Mourousi viveu a cena gay até 1985, quando se apaixonou e se casou com uma mulher. Dias antes do casamento, ele foi humilhado publicamente por dois de seus melhores amigos, que encenaram um casamento de zombaria. Naquela época, era inaceitável que um homem gay pudesse, de repente, se casar com uma mulher. A sociedade se sentia ofendida. Mais tarde, os Mourousi foram abençoados com uma filha. Mas então, tragicamente, a esposa contraiu meningite e morreu em 1992. O próprio Yves faleceria seis anos mais tarde, com apenas cinquenta e cinco anos. A menininha ficou órfã. Além dele, há o caso de Patrick Dupond, um *danseur étoile* (bailarino principal de um balé) que Freddie viu se apresentar em Paris. Dupond sucedeu Rudolf Nureyev como diretor de dança do balé da Ópera de Paris. Abertamente gay, ele começou um relacionamento sério com a bailarina de dança oriental Leïla Da Rocha em 2004. Em 2017, declarou que o estilo de vida que levava nos velhos tempos, quando se relacionava com homens, tinha sido um erro, uma paródia de amor. Mesmo tendo tomado o cuidado de explicar que estava falando apenas de si mesmo, foi criticado e ridicularizado. Também dessa vez, foi considerado inaceitável que um homem gay pudesse se comprometer com uma mulher. Dupond morreu em 2021. E, já que estamos falando desse assunto, podemos mencionar David Bowie? Sem saber se era menino ou menina, teve inúmeros casos com homens, mas acabou se casando com duas mulheres, Angela Barnett e Iman Mohamed Abdulmajid, e teve um filho e uma filha.

"Por que a comunidade gay trata essas pessoas como homossexuais que 'traíram' a causa?", pergunta a filha de Freddie. "Eles amaram ou transaram com homens por um tempo, e amaram ou transaram com mulheres por um tempo, na vida. Então eram gays, héteros ou bissexuais? Faz diferença? No que diz respeito a Freddie, e independentemente das opiniões dos outros, ele era bissexual, e Mary foi o amor da sua vida. É muito triste que tantas declarações feitas sobre esse assunto tenham alimentado uma animosidade profunda e inaceitável contra ela. Parece que essas pessoas nunca levaram os sentimentos da Mary ou do meu pai em consideração."

B. também questiona: por que, nos muitos livros, blogs, entrevistas, documentários e vídeos feitos sobre Freddie, as pessoas insistem em apagar Mary de sua história? Por que consideram necessário retratar Mary num papel subserviente?

"Em muito do que se escreveu", avalia B., "é como se Mary não existisse, muito embora ela tenha sido a parceira permanente da vida do Freddie nos últimos vinte e dois anos de sua vida. Em outras palavras, quase *metade* da vida dele. Será que algumas pessoas se ressentiam dela? Será que Peter, Jim e os outros mantinham alguma animosidade em relação a ela, porque, sempre que queriam tirar uma folga ou sair de férias, eles tinham que pedir permissão à *Mary*, e não ao Freddie?".

B. já refletiu muito sobre isso, e a conclusão a que chegou é a seguinte: "O amor que Freddie sentia por Mary ou Barbara não se encaixava com a imagem que os outros queriam carimbar nele. Por isso, a única solução era apagá-las totalmente."

Mas nada poderia quebrar o laço que unia Freddie e Mary, nem o que o ligava a Joe.

"Joe, como sabemos, sempre ocupou um lugar especial entre os ex-amantes do Freddie", afirma B. "Ele era um parceiro verdadeiro, que amava Freddie e aceitava a posição de Mary. Joe e Freddie construíram uma relação forte e ele deixou meu pai de coração partido quando terminou o relacionamento, embora nunca o tenha abandonado de verdade. Fora uma pequena ausência, Joe permaneceu ao lado dele. Satisfazia as exigências e as expectativas do Freddie, aceitava os termos e as decisões dele, e ficava feliz em viver segundo sua agenda.

"Peter afirma que ele ouviu falar do Joe Fannelli pela primeira vez em 1979, durante a turnê *Crazy*, e o conheceu em 1983, no aniversário do Freddie, que marcaria a reaproximação entre os dois. Disse que, depois disso, só viu Joe em 1985. Ele deve ter se esquecido de que Joe estava ao lado do Freddie no Japão, na Argentina e no Brasil em 1981, e em muitas ocasiões durante o ano de 1982. Peter depois diria que estava sempre com o Freddie, geralmente no mesmo quarto, na pior das hipóteses no quarto ao lado. Mas não era Peter. Era o *Joe*. Ele é que era o único, além da Mary, que conseguia acalmar o Freddie durante seus ataques de pânico, apaziguar seus medos e lhe transmitir confiança.

"Freddie tinha vários ataques de pânico, alguns mais violentos do que outros. Em seus diários, vários deles são registrados, às vezes com as razões de terem acontecido. Na época em que os ataques eram mais intensos, Joe Fannelli estava lá como o principal assistente particular do Freddie. Joe sabia exatamente como reagir e o que fazer nessas horas."

Peter perdeu a confiança de Freddie em 1986, lembra B. O próprio Peter reconheceu e falou sobre a questão.

"A partir daí foram Joe e Terry Giddings, seu motorista, que passaram a acompanhar e a cuidar do Freddie. Peter voltou a cumprir uma parte de suas funções quando meu pai estava trabalhando com a Montserrat

Caballé, porque já tinha trabalhado com ópera e conhecia bem aquele meio. Quando a reforma no Mews ficou pronta, ele saiu de Garden Lodge e foi morar lá. Na hora H, só Joe e Jim sabiam da situação de saúde do Freddie. Joe continuou morando em Garden Lodge. Era função dele monitorar e filtrar todos os telefonemas da casa."

Os diários de Freddie deixam claro que ele nunca falava com funcionários ou com amigos casuais sobre sua infância, sua história, sua religião ou seus sentimentos mais íntimos, tampouco sobre seus relacionamentos com mulheres, sua vida amorosa, sua parceria doméstica com Mary ou seus desejos e pensamentos mais profundos, suas opiniões sobre política ou notícias internacionais.

"Ele limitava essas conversas apenas aos amigos mais próximos e verdadeiros", afirma B. "Aqueles cuja lealdade fala por si só até hoje, mais de trinta anos depois. Os que nunca falavam ou escreviam nada sobre ele, e que nunca traíram sua confiança."

• • •

Freddie continuava a colecionar homens, como se sua vida dependesse disso.

"Ele se desrespeitava cada vez mais e parou de ser honesto consigo", relata B. "Chutou o balde mesmo, passou dos limites. Era manipulador, escolhendo os caras mais infelizes e ignorantes, em vez de homens do mesmo patamar que ele. Na vida sexual, precisava ser dominado. Ele se permitia sofrer abusos de seus parceiros sexuais e de propósito causava ciúmes neles. Todo aquele sexo sem amor e sem emoção, jogando um amante contra o outro, acabou cobrando um preço caro no final. Freddie teve um colapso nervoso, e toda aquela existência vazia estava repleta de maldade. Vítima de suas próprias contradições, ele continuou a se convencer de que estava ótimo. Então acabou se enrolando e se viu encurralado num lugar muito sombrio, onde a maioria de seus conhecidos o traía."

Como o próprio Freddie disse, ele só podia culpar a si mesmo. Foi ele quem criou o Monstro que não conseguia mais controlar.

"E, quando acordava de manhã", conta B., "ele pedia a Deus para que não fosse mais Freddie Mercury. Porque o Freddie, aquele Freddie transgressor, estava destruindo a vida dele. Tinha levado a melhor sobre o Freddie Bulsara, o homem reservado e gentil que adorava e se sentia totalmente seguro na vida doméstica que levava com Mary; o amante da arte, da música clássica, da ópera e do balé; o músico, cantor e compositor talentoso. Meu pai escreveu que, finalmente, começou a ter consciência do poder que o Monstro exercia sobre sua vida, de sua própria queda e de sua profunda e desesperada infelicidade. Disse que, ao compor o álbum *Mr. Bad Guy* e as canções para o *The Works*, do Queen, suas letras e melodias passaram a ser mais profundas".

Lançado em 27 de fevereiro de 1984, *The Works* traz canções extremamente introspectivas de Freddie: "It's a Hard Life", "Man on the Prowl", "Keep Passing the Open Windows" e "Is This the World We Created?", esta última em parceria com Brian May. A música "Love Kills", com Giorgio Moroder, chegou a ser gravada para ser incluída em *The Works*, mas acabou não entrando no disco. Posteriormente, foi retrabalhada como música solo de Freddie, e apareceu na trilha sonora da versão colorizada de 1984 do filme *Metrópolis*. Divulgada como single, seria incluída no disco *Queen Forever*, lançado pela banda em 2014. "Man Made Paradise" também foi regravada como faixa solo de Mercury e lançada em 1985, no álbum *Mr. Bad Guy*. "There Must Be More to Life Than This" foi gravada originalmente para o disco *Hot Space*, do Queen, de 1981. Seria a última faixa de *The Works*, mas, na última hora, Freddie e Brian May compuseram "Is This the World We Created?", que tomou seu lugar. Freddie a regravou com Michael Jackson em 1983, e mais tarde, a gravaria no álbum solo, *Mr. Bad Guy*. A versão reelaborada do Queen, com a dupla Freddie e Michael Jackson, também apareceria no disco *Queen Forever*.

"Pouco a pouco, mas de maneira firme", reflete B., "Freddie Bulsara começava a ganhar terreno sobre Freddie Mercury".

A tragédia foi que essa retomada veio tarde demais.

• • •

Privacidade era tudo para Freddie — como comprovado pelo fato de ele ter criado uma filha, desempenhando um papel importante em seu crescimento e viajando com ela (embora raramente no mesmo avião) e ter desenvolvido uma relação intensa e engrandecedora para os dois, ao mesmo tempo que fingia ser um artista milionário e sem limites, que vivia como queria, não pertencia a ninguém e tinha zero responsabilidade. Por quase quinze anos, durante todo o reinado mundial do Queen, a imprensa internacional nunca soube que ele tinha uma filha. Era um segredo tão bem guardado que até os funcionários da casa onde Freddie morava não tinham ideia da existência dela. Só aqueles que realmente precisavam saber, aqueles a quem ele confiaria a própria vida, é que sabiam. Se alguém vazasse uma coisa dessas, é bem provável que ninguém tivesse acreditado. Hoje tudo isso parece extraordinário e muito longe da realidade. Mas, caro leitor, foi isso mesmo o que aconteceu.

"Freddie mantinha sua vida particular bem reservada", comenta B. "Por causa disso, quanto mais ele assumia o papel do Monstro ou do Grande Farsante, mais a imprensa era atraída para sua 'monstruosa' persona do palco. A imprensa confundia aquela imagem com o verdadeiro Freddie, e os dois viraram uma coisa só. Os jornalistas pareciam querer pintá-lo como homossexual, apesar de a homossexualidade não ser mais considerada ilegal na Inglaterra. Então, por que tanto alarde? O que havia de tão chocante e vergonhoso numa coisa dessas? Quanto mais eles tentavam, mais Freddie se recolhia para proteger sua vida particular. Em grande parte, não era por si, mas pelo bem das pessoas cuja privacidade ele lutava tanto para proteger, especialmente a minha. É por isso que o Monstro e o Grande Farsante eram tão valiosos para ele. Esses personagens ajudavam a desviar a atenção da imprensa do verdadeiro Freddie. Ao escrever em seus cadernos, momentos em que ficava totalmente sozinho consigo mesmo, ele se mostrava por inteiro. Nessas páginas, registrava a verdade nua e crua. Os diários eram sua válvula de escape; permitiam que ele driblasse os assuntos mais sensíveis e particulares de que tanto lhe perguntavam nas entrevistas."

Tirar todas aquelas coisas da cabeça cheia de preocupações e colocá-las no papel era uma terapia fundamental para ele.

"Quando falava nas entrevistas sobre seu verdadeiro eu e sua privacidade, você acha mesmo que ele falava do seu lado gay? Sinceramente, eu espero que não!", diz a filha. "Porque vários jornalistas e talvez uma ou outra pessoa na televisão conheciam esse lado. Conheciam sua vida noturna e seus amantes homens. Uma parte desses jornalistas também participava das mesmas noitadas e frequentava os mesmos bares e clubes gays. Sempre que viam Freddie de braços dados com Mary, achavam que ela não devia ser mais do que um disfarce, uma fachada, para manter as aparências. Tratavam-na dessa maneira e reduziam sua importância. Mas, como eu já repeti várias vezes, não era verdade. Se eles apenas ouvissem e procurassem as pistas... Freddie falava com frequência nas entrevistas sobre o que sentia por Mary. Também falava sobre os parceiros masculinos, e até sobre sua vida sexual."

Freddie fez declarações públicas do tipo:

"Já tive muitos amantes, é claro, tanto homens como mulheres. Tive relacionamentos dos dois lados." [Entrevista a David Wigg, agosto de 1984, publicada no *Daily Express* no setembro subsequente, e parte de uma entrevista de 1987 com o mesmo jornalista.]

"Eu não conseguiria me apaixonar por um homem do jeito que eu me apaixonaria por uma garota." [Entrevista com Sharon Feinstein, abril de 1985, para o jornal *News of the World*.]

"Talvez eu tenha um gosto sexual mais amplo do que a maioria das pessoas, só digo isso." "Todo mundo quer ter uma relação amorosa e ao mesmo tempo sair e se divertir. Nós queremos só o lado bom. Eu vivo a vida ao máximo. Meu apetite sexual é enorme. Eu durmo com homens, mulheres, gatos, o que for. Vou para cama com qualquer coisa! Minha cama é tão grande que dá para seis pessoas dormirem confortavelmente. Prefiro transar com alguém com quem eu não tenha nenhum envolvimento, e houve momentos em que fui extremamente promíscuo. Eu era uma vadia que levantava de manhã, coçava a cabeça e pensava com quem eu queria trepar no dia. Eu vivia pelo sexo." [Trechos publicados em *Freddie Mercury: A Life in His Own Words*, uma compilação de frases organizada por Greg Brooks e Simon Lupton, 2006.]

"As pessoas sempre me perguntaram sobre minha sexualidade e coisas assim desde o começo da minha carreira, mas eu não seria capaz de me apaixonar por um homem da mesma maneira que sou apaixonado pela Mary. Todos os meus namorados me perguntam por que não conseguiam substituir a Mary, mas isso é simplesmente impossível." [Sharon Feinstein, revista do jornal *News of the World Sunday*, abril de 1985.]

Sobre Mary, Freddie declarou o seguinte para Nina Myskow no jornal *The Sun*, em novembro de 1979: "Conheço muita gente que acha difícil entender a nossa relação. As pessoas que entram na nossa vida simplesmente precisam aceitar isso. É algo que ninguém pode tirar de nós. É inalcançável." A David Wigg, em agosto de 1984, disse: "Mary é a minha esposa de fato. Para mim, é um casamento. O que é um casamento, afinal de contas, um papel que você assina? No que diz respeito a nós dois, somos casados e agimos como se fôssemos casados. Casamento é uma expressão usada pelas outras pessoas. O que conta é o que sentimos no coração. Somos felizes juntos, e o que os outros pensam não interessa. Acreditamos um no outro, e para mim isso basta. Ninguém deveria dizer como devemos nos comportar. Para mim, já somos casados. Como Deus quis." [Brooks e Lupton, 2006.]

E também disse o seguinte, na reportagem de Nina Myskow para o *Sun* em novembro de 1979, e na de Rick Sky, no *Daily Star* de novembro de 1980:

"Hoje eu gosto dela tanto como sempre gostei. Vou amá-la até o meu último suspiro. Provavelmente vamos envelhecer juntos."

CAPÍTULO 8

DILEMA

Já foi dito e escrito que Freddie sofria "convulsões" frequentes. Isso não era verdade. Muitas pessoas com HIV morriam de convulsões naquela época. Era uma das maiores causas de morte, depois da pneumonia.

"O que Freddie sofria era de ataques de pânico. Não eram convulsões", explica B. "Esses ataques, agravados pelo álcool e pela cocaína, o atormentaram durante anos.

"A primeira vez que aconteceu foi ainda na adolescência. Ele aprendeu a controlá-los com facilidade, na maioria das vezes. Mas sempre que tinha dificuldade em lidar com determinadas situações, e quando, ao mesmo tempo, seu estado emocional se agravava, o que o levava a abusar do álcool e da cocaína, ele não tinha condição de controlá-los. Freddie ficou bastante vulnerável a esses ataques no final de 1984 e na primeira metade de 1985. Além de Mary, Joe Fannelli era uma das únicas duas pessoas capazes de acalmá-lo.

"Foi um grande momento de virada em sua vida", reflete B. "O Monstro continuava a aparecer. A vida em Munique com Winnie e Barbara estava acabando com ele. Freddie queria que o parceiro fosse morar com ele em Londres, mas os negócios de Winnie estavam em Munique, não dava para simplesmente fechar tudo e ir embora. Além disso, ele não se sentia à vontade em Londres. Naquele momento, apesar de ter muita gente em sua vida, Freddie se sentia desesperadamente sozinho. Ele tinha tudo o que um homem poderia desejar, mas temia que a vida estivesse lhe escapando por entre os dedos. Por fora, usava sua habitual máscara de coragem, mas por dentro estava gritando. As intermináveis noites circulando entre os bares de Munique, bebendo até as pernas não se aguentarem, usando drogas demais e se metendo em muita loucura, e então se atirando na cama com quem estivesse por perto e disposto a participar de seus joguinhos sórdidos... tudo isso havia deixado de ser atraente. Ele perdera o interesse em transar. Quando finalmente percebeu que estava agindo no automático e já não sentia mais emoção nenhuma naquilo, ele se deu conta de que teria que mudar."

No campo profissional, começavam a circular os boatos de que o Queen havia acabado.

"Com toda certeza é verdade", diz B., "que a turnê *The Works* foi uma tortura para Freddie e que, de certa maneira, ela quase o destruiu. Mas para ele não restava dúvida: a banda era e sempre tinha sido sua principal referência. Para ele, Roger, John e Brian eram parte da família. Mas eles não eram só parceiros. Eram personalidades fortes, com egos que se digladiavam e às vezes precisavam de um escape. A única vez que Freddie realmente temeu que o grupo pudesse se desfazer foi em 1985 e ficou superansioso. Sabia o quanto ele podia ser difícil. Não poderia culpar nenhum dos outros se alguém decidisse ir embora. E, se John, Roger ou Brian decidissem sair, não haveria mais Queen. Freddie acreditava firmemente que a banda não poderia continuar existindo sem os quatro integrantes originais. E revelou isso aos outros. Se algum deles saísse, ele não poderia continuar o Queen sem eles".

Se Freddie tivesse vivido mais tempo, ela diz, as coisas teriam mudado com o passar dos anos.

"Ele não teria feito outra turnê de grande porte. Elas ficariam limitadas a umas poucas datas. O Queen provavelmente teria se tornado uma banda de estúdio. Mas eu posso garantir que Freddie jamais teria abandonado os outros. Ele precisava dos companheiros de banda mais do que eles imaginavam."

• • •

O único disco solo de Freddie, *Mr. Bad Guy*, produzido por Reinhold Mack e com a participação de músicos locais de Munique nas gravações, foi lançado em 1985. Comparado com o sucesso que ele fazia com o Queen, não foi um êxito completo, mas foi bem o suficiente para chegar ao sexto lugar dos mais vendidos no Reino Unido.

"As músicas e as letras desse disco são mais profundas", comenta B., "porque na época em que estava compondo e gravando, ele estava em plena batalha contra o Monstro. A intenção dele era chamá-lo de *Made in Heaven*, que é o título de uma das faixas. No entanto, por motivos comerciais, esse título não emplacou. Depois de sua morte, o Queen decidiu chamar o último álbum da banda de *Made in Heaven*. Para isso, eles retrabalharam as faixas 'Made in Heaven' e 'I Was Born to Love You' do disco solo do Freddie. Foi esquisito, porque Freddie insistiu que não queria que seu disco solo se parecesse com um disco do Queen. Foi por isso mesmo que quis fazer um trabalho solo. Ele inclusive agradece aos outros no encarte que acompanhava *Mr. Bad Guy* por não terem interferido no processo criativo. Mas aí Brian, Roger e John se apropriaram dos elementos centrais do álbum solo do Freddie para fazer um novo disco do Queen. Se pegarmos só as dez primeiras músicas de *Made in Heaven* — porque a 11ª, 'It's a Beautiful Day', é uma repetição da primeira faixa; a 12ª, 'Yeah', não é uma canção; e a 13ª, sem título, é só um experimento —, vamos ver que Freddie escreveu sete das dez músicas, ou seja, 70% desse disco do Queen".

• • •

Paul Prenter — uma pessoa tóxica, impiedosa e ameaçadora com seu sorriso de tigre — continuava em ação, orquestrando o estilo de vida e todas as necessidades do Freddie. Na segunda metade de 1984, a existência de Freddie se tornara tão sórdida que ele mal conseguia se olhar no espelho. Quando, naquela época, recebeu a notícia de que seu ex-namorado Tony Bastin tinha sido diagnosticado com aids e a doença já havia se instalado por completo, ele ficou mais instável do que nunca. "Eu era extremamente promíscuo", contou a David Wigg, em março de 1985, durante uma entrevista na convenção da CBS em Munique. "Era uma vida de excessos de todos os tipos." Mas ele estava falando de um tempo que havia passado. Àquela altura, Freddie já havia mudado seu estilo de vida drasticamente. Mas fechar a porteira era uma precaução inútil. O estrago já estava feito. No ano seguinte, tanto Bastin como outro ex-namorado de Freddie, o comissário de bordo John Murphy, estariam mortos. Freddie viu o perigo pintado em cores vivas.

Prenter foi despedido de seu papel de semiempresário na primavera de 1985. Os dois continuaram amigos por algum tempo, até o final de 1986, quando Freddie rompeu definitivamente com ele. Foi no dia 4 de maio de 1987 que a primeira de uma série de matérias de Prenter começou a ser publicada sob a manchete "All the Queen's Men" (Todos os Homens do Queen), no jornal *The Sun*, trazendo a público o estilo de vida gay de Freddie, regado a álcool e drogas, e revelando, com fotos, a identidade de vários de seus amantes masculinos.

• • •

O livro de memórias publicado por Jim Hutton em 1994, *Mercury and Me*, e as muitas entrevistas que concedeu depois da morte de Freddie exageraram a relação entre os dois, muito mais do que uma sátira seria capaz de fazer. O próprio Jim reconheceu isso em parte, quando conversei com ele para os livros que eu mesma escrevi sobre Freddie. Ele jogou toda a culpa em cima do *ghost-writer*, o respeitado jornalista Tim Wapshott. Não há nenhum indício de que Wapshott tenha inventado coisa alguma.

Em 1996, nove anos após a última vez que nos vimos pessoalmente, Jim me recebeu na casa construída com o dinheiro do Freddie, em Bennekerry, County Carlow, na Irlanda. Ele me deu total atenção, cozinhou para mim e me recebeu bem. Conversar com ele era agradável. Jim confessou que parte do conteúdo de suas memórias, que viraram um best-seller, foram, na melhor das hipóteses, um exagero, e, na pior, "reimaginadas" — ou seja, inverídicas. O relato muito detalhado da sequência de eventos que marcou o último dia de Freddie, por exemplo, que mais tarde seria repetida no livro de memórias de Peter Freestone, publicado em 1998, se formou a partir de uma série de lembranças extremamente fantasiosas, em que a liberdade criativa desempenhou um enorme papel.

Como ele mesmo me contou, e como descrevi em *Love of My Life*, "eu não estava lá. O fato é que eu queria ter estado. Talvez eu tenha sentido uma necessidade de marcar o meu nome, demonstrar minha importância na vida do Freddie ao estar presente no momento exato em que ele fez a passagem. Porque eu não estava longe dali. Eu estava na casa, mas não no quarto em que ele morreu. Foi simbólico e talvez seja mais um exemplo de como eu precisava mais dele do que o contrário. Talvez eu tenha forçado as minhas necessidades em cima dele. A questão dos anéis e tal, chamar o outro de 'marido', todos aqueles 'eu te amo'. Freddie foi o primeiro a se declarar, se você quer saber, e é claro que eu agarrei a oportunidade, porque aquilo era tudo o que eu queria. Ser só dele, sabe? Eu demorei muito para perceber que, quando Freddie falava 'eu te amo', não era uma declaração, era um *pedido*. Estava precisando de amor e afeto para si mesmo, e não me dizendo que eu era tudo para ele e que não imaginava sua vida sem mim.

"Eu não me importo de admitir que às vezes eu me comportava como um garotinho mimado. Porque acho que já refleti muito e percebi que, lá no fundo, para Freddie, nós vivíamos meio que uma encenação."

Se Freddie contou ao namorado alguma coisa negativa sobre o pai, especula B., Jim deve ter interpretado errado o que ele quis dizer.

"O que Jim fala sobre esse assunto não passa de imaginação", afirma ela. "Freddie provavelmente contou a Jim que era muito rebelde e que ele mesmo se fazia muitas perguntas. Mas, em 1986, quando ele e Jim estavam juntos, Freddie já era bastante reservado. Ele também tinha um relacionamento muito bom, pacífico e bem resolvido com o pai. Eles conversavam muito, sobre tudo."

Nos diários, Freddie escreveu sobre Jim sem meias-palavras. Hutton, segundo Freddie, não passava de um parceiro sexual, mantido quase como um garoto de programa particular. O concubinato masculino — *concubinus* — já havia sido reconhecido legal e socialmente no Império Romano. Versado no assunto, Freddie via esse arranjo como a solução perfeita para sua nova situação. Jim era mantido para atender as necessidades físicas de seu mestre, numa época em que Freddie não podia mais "circular" pela vida. Ter múltiplos parceiros não era mais uma possibilidade depois que a aids se tornou uma sentença de morte. O lamentável em todo esse esquema é que esse papel nunca foi explicado a ele de forma explícita. Freddie o havia categorizado e compartimentalizado para o que ele "servia". Ele devia saber que Jim consideraria essa posição inaceitável e que, se fosse um pouco mais esclarecido, teria saído de cena. Sua presença entre os funcionários de Freddie era apenas para agradar o chefe, e não Jim. Freddie brincava com ele, depois o rejeitava e às vezes até o tratava com desprezo. É mais um triste aspecto da fama. A estrela é tão central que seus acólitos têm que dançar no ritmo dela. A figura central consegue justificar essa situação, argumentando que aquelas pessoas são pagas para isso, têm um teto sobre a cabeça e o privilégio de ser parte da vida de um superstar com todas as despesas pagas.

"Mas será que Jim também era realmente honesto com Freddie?", questiona B. "Jim o rejeitou no primeiro encontro. Ele não sabia quem Freddie era. Ele conta que Freddie o perseguia e tentou, por vários meses, descobrir onde ele estava. Mas, quando sacou que o cara que estava a fim dele era o grande Freddie Mercury, aí foi ele que mudou seus hábitos, os clubes e os bares que frequentava, e não Freddie. Na vez seguinte que se encontraram, Jim aceitou uma bebida do pretendente e depois saiu com ele. Para começo de conversa, Freddie usou Jim para deixar Winnie Kirchberger com ciúmes. Alguns dos amigos do Jim eram pessoas próximas de conhecidos do Freddie antes de os dois se conhecerem."

Mesmo que já fossem oficialmente um par, sempre houve sinais claros de que a relação entre Freddie e Jim não era nada de mais. Depois do *Live Aid*, em julho de 1985, por exemplo — a primeira vez que Jim esteve em um show de rock —, Freddie foi curtir as férias em Ibiza com Winnie Kirchberger e Barbara Valentin. Jim não foi convidado.

"E quando Freddie deu a Winnie o anel", relata B., "ele despertou todo o ciúme do Jim. Porque, a essa altura, Jim já estava morando em Garden Lodge com Peter Freestone, que tomava conta do lugar e supervisionava a última parte da reforma e da decoração. Em todo esse tempo, Freddie se dividia entre Phillimore Gardens com Mary, Stafford Terrace e Munique, com Winnie e Barbara".

No começo do envolvimento com Freddie, Jim se comportava bem. Não demonstrava nenhuma antipatia por Mary. Freddie e Jim começaram seu relacionamento sexual em meados de 1985, enquanto Freddie continuava envolvido com Winnie. Foi somente depois que o caso deles terminou, entre março e abril de 1986 — quando, nos últimos dias de ensaio para a turnê *Magic*, Freddie tirou o anel de Winnie do dedo —, que a relação entre Jim e Freddie começou para valer.

"Quando Jim quis fazer uma surpresa para Freddie em Paris durante a turnê *Magic* e apareceu sem avisar", conta B., "sem querer ele provocou um enorme acesso de fúria no Freddie".

Dar as cartas não era função do Jim. Não era ele quem estava no comando. Como ele se atrevia a fazer uma coisa daquelas? Do ponto de vista do Freddie, *só ele* podia tomar esse tipo de decisão e fazer esse tipo de aparição. Ele ficou totalmente furioso com Jim por ter tido essa iniciativa. E a raiva não passou por vários meses.

Depois que a turnê *Magic* se encerrou em agosto de 1986, Freddie se estabeleceu em Garden Lodge, mas continuava a se servir do "apartamento da farra", levando parceiros a Stafford Terrace para passar a noite. No entanto, ele já sabia que os dias de transas irresponsáveis estavam contados. Foi nessa hora que Jim entrou. Mas ele interpretou mal os acontecimentos. Quem poderia culpá-lo por pensar que Freddie havia parado de transar com todo mundo porque tinha se apaixonado por ele? Na cabeça do Jim, ele agora era a única escolha de Freddie e, por conta disso, a forma com ele se comportava e tratava Mary começou a mudar.

"Freddie escreveu que estava tentando uma reconciliação com David Minns naquela época", revela B.

Dado o histórico que havia entre os dois, Minns certamente teria sido a primeira opção como parceiro regular.

"Jim então deu a Freddie o anel de presente pelo aniversário de quarenta anos. Como sabemos, Freddie não retribuiu na mesma moeda. Pior que isso, Jim teve que brigar com Freddie para impedi-lo de tirar o anel do dedo", conta a filha. "Pouco depois, eles partiram na 'viagem de um milhão de libras' para o Japão, que Jim mais tarde iria descrever como a 'lua de mel' dos dois. Mas, para Freddie, não era nada disso. Para ele, tratava-se apenas de uma viagem de compras e férias em um país que ele adorava."

Foi em 4 de janeiro de 1987, no aniversário de trinta e oito anos de Jim, que Freddie o presentou com o infame bracelete Cartier de ouro puro e que Jim, profundamente ofendido, pegou o talão de cheques do Freddie e foi sozinho até a Cartier para comprar um anel para si. Isso marcou o esfriamento e o declínio da relação dos dois, que acabaria de vez em 1989. Apesar de Jim ter continuado a morar em Garden Lodge até a morte de Freddie, já não havia mais nada entre eles.

"No começo, Freddie ficou feliz com o fato de Jim querer manter sua independência financeira, a ponto de pagar um aluguel simbólico para morar em Garden Lodge", comenta B. "'Finalmente', pensou Freddie, 'um homem que não está aqui só pelos presentes'. Mas, quando Jim recusou aquele lindo bracelete porque o que ele queria era um anel, Freddie se tocou que ele não era nada melhor do que os outros. Era apaixonado pelo dinheiro e pela fama do parceiro, e não pela pessoa em si. Dali em diante, Freddie se recusou a deixar que Jim pagasse aluguel, não só para manter o controle sobre ele, mas para mostrar que ele não lhe devia nada."

Meses depois, Jim largou seu emprego de barbeiro no hotel Savoy, de Londres. Foi Freddie que determinou que esse "esquema" não era prático. Ele convenceu Jim de que seria melhor se ele continuasse trabalhando como jardineiro da casa.

"O trabalho dele", conta B., "era passar o ancinho e tirar as folhas mortas, cortar a grama e arrancar as ervas daninhas. Ele trabalhava seis dias por semana, das nove da manhã às seis da tarde. Freddie perdia a paciência se o trabalho não fosse bem-feito e se o jardim não estivesse impecável. Ele detestava dar a impressão de que os empregados estavam sendo pagos para não fazer nada. E sempre encontrava outra coisa para Jim fazer quando o jardim não precisasse de muita atenção".

Nessa época, registra Freddie, Jim era agradável e bem-comportado na companhia da Mary. Isso o deixou contente. E foi esse o motivo por trás do comentário que ele fez a David Wigg em Ibiza, no verão de 1987:

"Estou muito feliz com o meu relacionamento agora e, honestamente, eu não poderia pedir nada melhor. É um tipo de conforto que eu tenho. Não preciso mais me esforçar tanto. Não preciso me provar mais. Tenho um relacionamento no qual sou compreendido. Finalmente encontrei o lugar que procurei a vida inteira."

"Freddie não estava falando só do relacionamento que ele tinha com o Jim", comenta B. "Finalmente, ele tinha o melhor dos dois mundos: de um lado, o amor recíproco, eterno e incondicional que ele tinha com Mary e, do outro, um homem para satisfazer seu apetite sexual, que aceitava seu amor e sua parceria doméstica com uma mulher; um homem para satisfazer suas necessidades físicas, que sabia que estava ali só para transar e que simpatizava com a ideia de evitar os refletores e manter distância das câmeras."

Nesse caso, então, era um simples arranjo do tipo "amizade colorida". Mas as coisas raramente são tão simples. Um dos parceiros vai acabar jogando os brinquedos para fora do bercinho e começar a exigir um compromisso mais sério.

"A relação acabou desmoronando e se transformando na habitual série de brigas, desavenças, ciúmes, infidelidades, abusos e violência", revela B. "Em 1989, Freddie acabou com tudo e pediu para Jim sair de casa. Mas Jim sabia do estado de saúde do Freddie. O que o impediria de ir até os jornais? Então, ele mudou de ideia. Senão, pensou, Jim seria o próximo a traí-lo. Infelizmente, ele não estava errado! Jim passou para um quartinho em Garden Lodge, e não à ampla suíte de hóspedes que ele diz ter utilizado. E lá ele ficou, até o fim."

• • •

Por muito tempo, Freddie teve o hábito de, nos jantares formais, ter Mary Austin sentada à sua esquerda e o namorado da vez à direita.

"Mas, de 1989 até o fim da relação entre Freddie e Jim", conta B., "você vai perceber nas fotos que Mary está sempre sentada à direita, enquanto Jim vai ficando cada vez mais distante. No aniversário de quarenta e quatro anos do Freddie, em 1990, Jim está totalmente perdido entre o empresário do Queen, Jim Beach (também conhecido como 'Miami') e Gordon Atkinson, fiel médico do Freddie desde a metade da década de 1970. Os dois estavam numa conversa séria entre eles, e Jim Hutton ficou de fora, excluído".

Freddie escreveu, sem deixar margem para dúvida, que sua relação com Jim era apenas uma ilusão que ele mesmo havia criado.

"Depois de ter se sentido magoado por Jim, como aconteceu em janeiro de 1987", revela B., "Freddie nunca mais foi carinhoso com ele, assim como deixou de ser carinhoso com seus namorados anteriores depois que eles o magoaram e o traíram. A única exceção foi Joe, porque nunca magoou Freddie sendo infiel, dissimulado ou ganancioso.

"Talvez Jim realmente amasse Freddie e quisesse ser importante para ele, como dizia e como escreveu em seu livro. Mas a verdade é que Jim não passou de um fantoche nas mãos dele.

"Com o passar do tempo", diz ela, "Jim se deu conta de qual era sua real função em Garden Lodge. Essa constatação o deixou profundamente magoado. Ele não conseguia aceitar a ideia de que Freddie só amava Mary. Então ele cometeu um erro fatal ao alimentar ressentimento e animosidade contra ela. Isso angustiou e magoou Freddie. Jim se sairia melhor se aceitasse que Freddie não o amava e não o desejava da maneira como ele queria, e que isso jamais aconteceria. Devia ter aproveitado a situação do jeito que ela se apresentava".

Freddie infectou Jim com o HIV? Freddie achava que não, mas não tirou nenhuma conclusão definitiva sobre isso. Vários ex-amantes de Jim ou morreram de aids, ou foram diagnosticados com a doença já se manifestando, ou testaram positivo para HIV antes do diagnóstico do Freddie.

"Nós nunca conversamos sobre isso", revela B. "E, na época em que foi informado de que Jim era soropositivo, ele já tinha me dado os cadernos. Depois que Freddie morreu, algumas pessoas o acusaram de ter espalhado o HIV e o chamaram de criminoso. Alguns o chamam assim até hoje. É claro que ele se arriscou. É claro que ele foi extremamente promíscuo. Mas isso foi numa época em que o mundo não sabia nada sobre essa nova doença. Quando começaram a aparecer os detalhes, surgiram várias teorias díspares. No terceiro trimestre de 1984, quando Freddie soube que Tony Bastin estava com aids, ele começou a mudar seu comportamento. Na época do início do namoro com Jim — mas só depois do primeiro Rock in Rio, em janeiro de 1985, porque lá a farra foi grande —, já tinha parado de ser promíscuo. Ele então passou a se limitar a fazer sexo seguro com os mesmos parceiros em Munique e em Londres. Quando descobriu que era soropositivo, ele e Jim pararam de fazer sexo com penetração. Mas Jim continuou tendo inúmeras relações sexuais em paralelo. Considerando que, em 1987, surgiu um novo tipo de tratamento e, com isso, uma nova esperança, é estranho que Jim não tenha feito um teste naquele ano. Ou talvez tenha feito, e o resultado tenha dado negativo. Depois ele fez um, já que tivera inúmeras transas casuais, após ter parado de fazer sexo com Freddie. Esse deu positivo. Jim viveu dezoito anos a mais que o artista e nele a aids nunca se manifestou plenamente. Por isso, é muito provável que Jim tenha se infectado durante uma de suas transas de uma noite só, depois do Freddie."

• • •

Depois que o Monstro desapareceu, a grandiosidade do *Live Aid* mudou tudo.

"Pelo menos deu ao Queen uma chance de não se desfazer. Mas as coisas entre eles continuavam tensas. A maior parte do tempo, eles trabalhavam em duplas, em dois estúdios diferentes: geralmente Freddie e John em Munique, enquanto Brian e Roger trabalhavam em Montreux. Por motivos pessoais, a turnê *Magic* não foi a calmaria que muitos imaginam. No final da turnê, a banda decidiu que estava na hora de dar um tempo. E Freddie agarrou a oportunidade para trabalhar em seu segundo disco solo."

CAPÍTULO 9

ALIMENTO DO AMOR

Uma das primeiras músicas que Freddie escreveu logo depois de chegar à Inglaterra em 1964 foi "Green". A letra refletia sua liberdade recém-conquistada. Ele iria adaptar e terminar essa música com sua antiga banda Ibex, que depois viria a se tornar a Wreckage. Uma gravação caseira de um ensaio de 1969 em seu apartamento pode ser encontrada no YouTube. A gravação também seria incluída no box *Freddie Mercury Collection*, lançado em 2000.

"A ideia de que 'não tem nada que você possa fazer para me deter', 'não vá me parar agora' / 'ninguém vai me parar agora, não adianta nem tentar'* já existia em 'Green'", aponta B. "Ela também vai aparecer dez anos mais tarde em 'Don't Stop Me Now', no álbum de 1978 do Queen, *Jazz* [lançada como single em janeiro de 1979] e, de novo, em 'It's a Beautiful Day'" — composta por Freddie em 1980 e lançada postumamente em 1995, no álbum *Made in Heaven*.

Segundo Brian May, "havia a sensação de que a letra [de 'Don't Stop Me Now'] representava alguma coisa que estava acontecendo ao Freddie, algo que nos parecia ameaçador. Nós estávamos muito preocupados com ele àquela altura".

"No começo, não simpatizei muito", diria Brian mais tarde para a revista *Guitar Player* e ao jornal *Daily Express*, em abril de 2021. "Eu não me sentia tão à vontade com o que Freddie andava cantando naquela época. Achava um pouco irresponsável, tendo em vista os perigos da aids e coisas assim."

* No original em inglês, "there's nothing you can do to stop me, don't stop me now / no one's gonna stop me now, it's hopeless to even try". (N. do T.)

"Será que Brian já sabia da aids em 1978, muito antes de o HIV ter sido identificado pelos cientistas?", pergunta a filha de Freddie.

Fora isso, ela tem dificuldade em compreender essas insinuações. "É como aquelas pessoas que dizem que Freddie sabia que ia morrer só porque, em 'Bohemian Rhapsody', ele fala em não querer morrer e deseja nunca ter nascido", pondera. "Freddie compôs 'Don't Stop Me Now' no primeiro semestre de 1978. Na época, ele desfrutava de um relacionamento pacífico e amoroso com o namorado americano Joe Fannelli. Depois de dois anos tumultuados (1976-1977) com David Minns, ele o havia expulsado de sua vida. No início do segundo semestre de 1977, quando, claro, ele já era pai, contou para a noiva Mary Austin a vida que vinha experimentando em Nova York. Posteriormente, ele e Mary redefiniram a relação deles. Freddie conheceu Joe no fim de 1977 e o levou numa viagem para a Europa. E, embora já conhecesse a noite gay de Nova York, ainda estava longe de sua futura fase sem limites, com múltiplos parceiros e uso desenfreado de drogas. Ele ainda não estava arriscando a vida. Isso começou em 1980, e não em 1978. Ele sucumbiu aos excessos depois de ter terminado com Joe, e o auge desta fase foi entre 1983 e 1985. Assim, da mesma maneira como 'Green' antes dela, 'Don't Stop Me Now' foi um hino à liberdade e ao alívio que Freddie sentiu por ter se livrado de David Minns. Como sabemos, ele descobriria novos horizontes em suas experiências pessoais e sexuais, mas ainda estava muito longe do estilo de vida irresponsável que levaria entre 1980 e 1985."

Em Londres, Freddie curtia uma liberdade que nem ele era capaz de imaginar.

"Ele tinha os Badalados Anos Sessenta bem diante dos olhos, e não apenas nas revistas que folheava", conta B. "Ele ficava entusiasmado com a diversidade de pessoas e de artistas, as muitas modas e os comportamentos inspiradores. Havia novos prazeres a serem descobertos bem ao seu alcance, como a música ao vivo, os bares e as garotas. Freddie adorava as mulheres. Curtia a companhia, a presença, o corpo delas, o perfume, a maneira sedutora com que misturavam força com feminilidade. Ele amava e queria ter mulheres em sua vida, tocá-las, paquerá-las e se sentir à vontade no meio delas. O sentimento que as mulheres despertavam nele nunca o abandonaria."

Freddie começou a sair, a frequentar boates com os amigos e a mergulhar no universo da música ao vivo pela primeira vez na vida.

"A criatividade dele transbordava quando ficava lá, vendo os outros artistas se apresentarem", conta a filha. "Muitas vezes ele queria voltar logo para casa e escrever a música que tinha em mente. Ele voltava tarde, se sentava e tocava tudo o que ouvira antes. Em seguida, passava a noite compondo e trabalhando nas próprias canções. Colocava tudo no papel, como se fosse um quebra-cabeça. Era impressionante como a bagunça dele era organizada, ele mesmo dizia. Ou como sua organização era bagunçada. Anos mais tarde, se não conseguisse se lembrar, ao acordar na manhã seguinte, de uma canção que houvesse escrito na véspera, ele a descartava, alegando que não devia ser lá muito boa mesmo... Se fosse, não teria se esquecido. 'Bohemian Rhapsody', uma das que não foram descartadas, esteve entre as primeiras canções que ele escreveu logo depois de chegar à Inglaterra."

Por muitos considerada como o "segundo hino nacional" do Reino Unido, a música que logo se tornaria a marca registrada do Queen provavelmente destrona "McArthur Park", "American Pie" e "I Am the Walrus" no quesito canções que pareciam fadadas ao ostracismo. A duração de seis minutos (inadequada para as emissoras de rádio), a letra enigmática, os gêneros musicais conflitantes e a falta de um refrão repetitivo deveriam tê-la amaldiçoado desde o dia do lançamento, em 1975. Mas, por incrível que pareça, ela transcendeu o tempo e o gosto das pessoas para se manter no topo das paradas de sucessos britânicas por nove semanas, conquistou altas posições no mundo inteiro e voltou ao número um no Reino Unido por mais cinco semanas quando Freddie morreu, em 1991. No momento da redação deste livro, a música continuava a ser o terceiro single mais vendido de todos os tempos no Reino Unido, atrás apenas de "Candle in the Wind"/"Something About the Way You Look Tonight", a roupagem de 1997 que Elton John deu a sua homenagem à deusa do cinema Marilyn Monroe, gravada em 1974, agora em tributo à falecida Diana, princesa de Gales; e "Do They Know

It's Christmas?", o disco beneficente do Band Aid de 1984, que acordou o mundo para a fome na Etiópia e levaria ao evento internacional do *Live Aid*, no ano seguinte.

Mas "Bohemian Rhapsody" é sobre o que exatamente? Cinquenta anos depois do lançamento, as teorias continuam vindo de todos os lados. Freddie resistiu a todos os entrevistadores e nunca deu uma explicação, nem mesmo para os outros integrantes da banda. O máximo que ele se permitia dizer é que seu significado estava ligado a relacionamentos. Havia muito tempo que os outros membros do Queen desistiram de tentar interpretá-la, mas eles tendem a concordar que a letra faz referências disfarçadas à problemática vida pessoal de Freddie.

"Ele era uma pessoa muito complexa. Era alegre e irreverente por fora, mas escondia inseguranças e problemas que atormentavam sua vida desde a infância", declarou Brian May à revista *Record Collector*, em julho de 1993. "Freddie nunca explicava as próprias letras, mas acho que colocou muita coisa de si naquela música."

Brian também disse que os integrantes do Queen concordavam que a essência da letra de uma música era uma questão apenas do compositor. Eles estavam confortáveis em permitir que Freddie ocultasse e protegesse o significado delas. O próprio Freddie sempre foi vago em relação a esta em particular. "É uma dessas músicas que envolvem um tipo de fantasia", dizia ele. "Acho que as pessoas deveriam apenas ouvi-la, pensar sobre ela e então tirar as próprias conclusões sobre o que ela lhes diz. (...) 'Bohemian Rhapsody' não surgiu do nada. Eu fiz uma certa pesquisa, mesmo ela sendo debochada, uma ópera de gozação. Por que não?"

O compositor Tim Rice, amigo próximo e colaborador de Freddie — juntos eles escreveram canções para o disco *Barcelona*, de Freddie com Montserrat Caballé —, concordou com o colega que a música seria "sobre relacionamentos". Tim me contou que ele estava convencido de que nas entrelinhas havia uma confissão da homossexualidade do compositor. "Para mim é bem óbvio que era a música do Freddie querendo sair do armário", comentou. "Eu conversei com Roger Taylor sobre isso. Ela tem uma mensagem muito clara. Esse é o Freddie confessando que é gay. No verso 'Mama, just killed a man' (Mamãe, acabei de matar um homem), ele tinha matado o antigo Freddie, sua antiga imagem. 'Put a gun against his head, pulled my trigger, now he's dead' (Encostei um revólver na cabeça dele, apertei o gatilho e ele morreu). Foi *ele* que morreu, o homem hétero que era. Ele destruiu o homem que estava tentando ser e agora é este, tentando viver com o novo Freddie. 'I see a little silhouette of a man' (Eu vejo a pequena silhueta de um homem). É *ele* de novo, ainda atormentado pelo que fez e por quem é."

Toda vez que ouvia a música, continuou Tim, ele pensava no cantor tentando se livrar de um Freddie para abraçar o outro. "Se eu acho que ele conseguiu? Acho que estava no processo de conseguir, e até indo muito bem. Freddie era um letrista excepcional, e 'Bohemian Rhapsody' é uma das grandes músicas do século XX."

Jim, o ex-amante de Freddie, me contou depois da morte do cantor que minha teoria estava certa. "Freddie nunca admitiria isso publicamente, porque tinha que manter a fachada hétero, por causa da família dele. Mas nós conversamos sobre isso várias vezes. Era uma espécie de confissão de Freddie. Sobre como a vida dele poderia ter sido diferente. Sobre como ele teria sido mais feliz se pudesse ser ele mesmo. O mundo ouviu uma obra-prima da imaginação. Era uma música tão complexa, com tantas camadas, mas a mensagem era simples. 'Bohemian Rhapsody' era o verdadeiro Freddie."

No entanto, a própria explicação do Freddie, revelada num dos primeiros cadernos que ele escreveu, invalida todas as outras teorias. Da maneira como ele descreveu, a obra-prima do Queen não tinha nada a ver com sexo, muito menos com sair do armário. Nem qualquer ligação com o aparente fim de seu relacionamento com Mary Austin.

"Freddie e Mary 'terminaram' no fim de 1977", lembra a filha, o que é confirmado pelos diários de Freddie. "Não em 1976, muito menos em 1975, como se fala tantas vezes. Eles continuaram a morar juntos até o fim de 1978. Para ser bem clara, Freddie e Mary apenas fingiram, para o mundo exterior, que tinham encerrado o relacionamento, para que ela não fosse ridicularizada ou sofresse algum tipo de constrangimento por conta da promiscuidade gay do Freddie. Mas eles nunca terminaram a relação. Ao contrário, continuaram comprometidos e dedicados um ao outro até Freddie morrer. 'Bohemian Rhapsody' foi gravada em meados de 1975, mas Freddie a havia escrito muito antes de sequer ter conhecido os músicos que formariam o Queen."

Os primeiros elementos da música, ela diz, foram escritos dez anos antes da gravação.

"Como eu disse, essa foi uma das primeiras músicas que ele compôs quando desembarcou na Inglaterra. Como na época ele ainda não tinha um piano, compôs tudo na cabeça."

Ele concluiria a música no piano Yamaha Baby Grand que, no leilão de 2023, seria arrematado por 1,7 milhão de libras, na venda em massa dos objetos pertencentes a Mary Austin, a legatária dos bens. A letra manuscrita da música arrecadaria mais 1,38 milhão de libras. Mais tarde, Jim Hutton alegaria que havia ganhado de presente de Freddie e que ele foi impedido de tirá-la de Garden Lodge. B. contesta essa afirmação, argumentando que isso seria o contrário do que Freddie achava que um presente deveria ser.

"Para Freddie, um presente era algo que deveria ser pensado e exigia um toque pessoal. É preciso agregar valor demonstrando que tempo ou dinheiro foram gastos para adquiri-lo. A letra fora escrita muitos anos antes, e não com Jim em mente. Para Freddie, esse não seria um presente valioso para Jim. Nem sei se Freddie chegou a mostrar a letra original para ele. Isso pode parecer estranho para o restante do mundo, mas, para Freddie, escrever músicas era o seu trabalho, seu ganha-pão. Depois que ele terminava, estava feito. Carro, diamantes, apartamento, barras de ouro, joias, tecidos finos, belas obras de arte… Essas eram as coisas que Freddie dava de presente, não umas folhas de papel onde ele tivesse rabiscado umas músicas. Isso nunca. E, se numa remota possibilidade, ele *tivesse* dado a partitura, teria personalizado de alguma forma, por exemplo, acrescentando uma dedicatória 'Para Jim' e uma rubrica, e mais alguma coisa como 'Com amor', de modo que Jim soubesse que aquele era um presente pessoal para ele."

Freddie desenvolveu a estrutura de "Bohemian Rhapsody" quando ainda era aluno do Ealing College: "Ele explicou que juntou três músicas para criá-la", conta B. "A música é sobre um jovem que se viu obrigado a fugir de Zanzibar e que chegou à Inglaterra com um tom de pele, um sotaque e uma aparência diferentes dos da maioria das pessoas que ele via à sua volta. Seus primeiros dias num país estrangeiro não foram fáceis. Ele foi provocado, ridicularizado, humilhado e sofreu ataques raciais. Para poder se impor sobre os provocadores, endureceu o espírito e começou a representar o papel do 'persa espalhafatoso'. Ele incorporou o figurino e assumiu uma postura desafiadora. Aos poucos, mas de forma definitiva, o Freddie Bulsara se recolheu para dentro de sua concha e o Freddie Mercury surgiu. Esse, de acordo com o que ele mesmo escreveu, foi o impulso e o verdadeiro significado de 'Bohemian Rhapsody'. 'Bohemian' porque, na época em que a estava compondo, ele levava um estilo de vida boêmio e errante. E 'Rhapsody' porque, na antiga Grécia, uma rapsódia era uma série de poemas que se estendiam por todo um leque de humores contrastantes, e isso era algo que deixava Freddie fascinado."

As rapsódias da Grécia antiga, ou poemas épicos falados, eram cantados por *rhapsōidos*, ou rapsodos profissionais. O verbo *rhapsōidein* significa "costurar e juntar canções". Esses "costureiros" entrelaçavam passagens comuns decoradas com seus próprios improvisos, dependendo do local da apresentação e do tipo de público que o menestrel tinha função de entreter. Essas andanças entre um lugar e outro, e a customização das apresentações com histórias, mitos e piadas locais, dão a ideia de que essa forma de arte foi um tipo bem antigo de pantomima, cujas origens, por sua vez, remontam à Roma antiga. Sabe-se que as rapsódias competiam por prêmios em festivais religiosos. Esses menestréis itinerantes mais tarde seriam recrutados para recitar principalmente a *Ilíada* e a *Odisseia*, de Homero, nas versões originais. A "colcha de retalhos" de Freddie, chamada "Bohemian Rhapsody", com seus seis minutos de duração com partes bem distintas — introdução, balada ao piano com solo vocal, solo de guitarra aparentemente improvisado, parte operística, interlúdio de rock pesado e uma balada final que retoma a parte inicial — e completa ausência de um refrão, não é nada a não ser um reflexo das antigas rapsódias gregas. É maravilhoso que, finalmente, venhamos a conhecer a origem da música, assim como saber que a obra-prima de Freddie foi, em parte, inspirada pelos artistas e pelas formas de arte das antigas civilizações. É intrigante que essa rica história nunca tenha sido explicada. Mas quem poderá culpá-lo por ter enterrado a angústia e os sentimentos de inadequação que o levaram a compor a música? Por ter enterrado ali sua mágoa e optado em se erguer acima dela?

"Love of My Life", também do disco *A Night at the Opera*, de 1975, começou como uma música muito diferente, explica B. Quando Freddie começou a trabalhar nela, como relata nos diários, ele a dividiu em duas canções. Uma que tinha só a melodia, e a outra, consistindo mais ou menos só da letra. A melodia e uma parte da letra acabaram se juntando e se transformando em "Love of My Life". O que sobrou viraria "You Take My Breath Away", do disco *A Day at the Races*. Ele usou uma escala pentatônica japonesa para compor a melodia. Anos mais tarde, esse mesmo fenômeno voltaria a se repetir com o esboço de uma música escrita pelo Roger, "A Kind of Vision", que, semanas mais tarde, seria dividida em "It's a Kind of Magic" e "One Vision".

Ao contrário do que as pessoas pensam, "Love of My Life" e "You Take My Breath Away" não foram escritas para o namorado de Freddie, David Minns.

"Na época em que Freddie escreveu o esboço das duas músicas", afirma B., "ele e David Minns nem se conheciam. Ambas foram escritas para Mary, mas não da maneira como as pessoas costumam entendê-las. Nas duas canções, Freddie expressa como ele ficaria perdido se Mary algum dia o abandonasse. Como a melodia foi composta antes da letra, as conjugações e os tempos dos verbos foram adaptados ao ritmo, à melodia e ao fraseado da música. Os compositores conhecem bem esse processo. A melodia e o fraseado determinam a sonoridade da letra. A propósito, a única faixa que Freddie escreveu para David Minns foi 'Don't Try Suicide' (Não Tente o Suicídio), para *The Game*, o oitavo álbum de estúdio da banda, que saiu em 1980, aquele que tem 'Crazy Little Thing Called Love' e 'Another One Bites the Dust'".

• • •

"Eu poderia lhe dar um estudo completo, música a música, de todas as composições do Freddie, mas isso levaria anos", conta B. "Como você pode imaginar, ele tinha muito a dizer em cada criação, por mais simples que ela fosse. Para dar apenas um quadro geral, Freddie adorava música gospel e a maioria das canções religiosas. Desde muito cedo, ficava fascinado com o canto polifônico nas comemorações zoroastrianas. Elas serviram de influência para 'Jesus' (*Queen*), 'The Golden Boy' (*Barcelona*) e 'All God's People' — escrita em 1987, mas gravada somente muitos anos mais tarde, no disco *Innuendo*. Ele admirava imensamente a Aretha Franklin. Seu disco ao vivo, *Amazing Grace*, de 1972, provavelmente era o favorito absoluto do Freddie. A música 'Somebody to Love' foi fortemente influenciada por Aretha e pela música gospel.

"Muitas das músicas dele foram inspiradas pelas canções parses e zoroastrianas em matéria de conteúdo melódico, ritmo, fraseado e harmonia", continua B. "Ele dizia que muitas letras e melodias se baseavam nos Gathas, os dezessete hinos avestas que teriam sido escritos pelo profeta Zoroastro e que formam o núcleo do Yasna, a liturgia zoroastriana."

Com isso, tanto a Índia como Zanzibar inspiraram as músicas de Freddie, muito mais do que se sabia.

Ela cita "Love of My Life", do álbum *A Night at the Opera*, de 1975. O Queen passou um mês inteiro, no início do verão daquele ano, ensaiando no celeiro de uma fazenda em Surrey, que mais tarde viraria o estúdio Ridge Farm. Em julho, eles saíram de lá e partiram para o oeste, para uma casa alugada em Kington, Herefordshire, antes de se transferir para o Rockfield Studios, em Monmouthshire, no sudeste do País de Gales. Foi lá, entre agosto e setembro, que gravaram essa faixa.

"Mustapha", que é a primeira faixa do disco de 1978, *Jazz,* era desdenhada pelo próprio Freddie como algo "totalmente sem nexo. Não tem letra ali, a não ser em alguns lugares.

"Pode até ser", lembra B., "mas Freddie passou parte da infância dele em Zanzibar, onde quase todos os cidadãos locais são muçulmanos".

A presença do islamismo no litoral suaíli, que também inclui partes de Moçambique, Tanzânia, Quênia e das ilhas Comores, na costa sudeste da África, remonta ao ano 1000 a.C. Os indícios arqueológicos mais antigos da presença da religião naquela parte do mundo é a mesquita de Kizimkazi, em Zanzibar. Suas inscrições cúficas datam do século XII. Hoje em dia, 99% da população de Zanzibar é muçulmana.

"Totalmente sem nexo?", questiona B. "Talvez, mas ele passou oito anos na Índia, um país com mais de quatrocentas línguas nativas e uma rica diversidade de crenças e práticas religiosas. Os Gathas do zoroastrismo foram compostos num dos idiomas do grupo ariano das línguas iranianas. A língua dos Gathas, que só é falada numa pequena região do império persa, desapareceu lentamente com o colapso do império e permaneceu esquecida por cerca de dois mil anos. Nesse período, não era possível compreender uma única frase daquele idioma. Mas os sacerdotes zoroastrianos haviam decorado os Gathas e o repassaram pela tradição oral de uma geração para a outra. Será que tudo seria mesmo uma tolice completa? Ah, sim, talvez fosse... para *a maioria* das pessoas. Para Freddie, fazia todo o sentido. As palavras 'totalmente sem nexo' refletem os muitos sons das múltiplas línguas nas quais ele se banhou durante sua infância na Índia e em Zanzibar."

Os personagens Mustapha e Ibrahim, que aparecem com destaque na música e cujos nomes são repetidos várias vezes na letra, não são ninguém menos que os melhores amigos de infância de Freddie. Junto com o quarto amigo do grupo, Ahmed, um dia eles foram unha e carne. As praias e as ruas empoeiradas da Cidade de Pedra de Zanzibar eram o playground da turma. Sabemos que Freddie lamentou a separação forçada dos amigos que amava e o abrupto encerramento de sua infância pelo resto da vida.

"Zanzibar significava uma época de preciosa inocência à qual ele não podia mais voltar", lembra B. "Segundo Freddie, era uma vida bonita e aconchegante. Ahmed, Ibrahim, Farrokh e Mustapha passavam todo o tempo livre que tinham na companhia uns dos outros. Um dos meninos tinha um carrinho rudimentar com que eles brincavam constantemente, se revezando na hora de empurrar e de andar. Também andavam de bicicleta pelas ruas. Se a música 'Bicycle Race' foi inspirada pela Tour de France (quando a etapa entre Morzine e Lausanne passou por Montreux, em 19 de julho de 1978) e as belas *hostesses* na largada e no pódio da corrida, os sininhos nessa faixa são uma referência direta à sua infância. Havia pouquíssimos carros na Cidade de Pedra naquela época. Foi por isso que Freddie e seus amigos puderam andar de bicicleta tão livremente pelas ruas estreitas. Ele lembrava que costumavam tocar os sininhos das bicicletas o tempo todo, só de brincadeira, numa cacofonia permanente que era uma verdadeira música para os ouvidos deles e soava como uma sinfonia. A emoção daquele ruído permaneceu em seu coração. Foi naqueles dias mágicos e livres de qualquer responsabilidade que Freddie se ancorou na hora de compor 'Bicycle Race'."

Ela me chama a atenção por ter afirmado, equivocadamente, que "Don't Try So Hard", uma das faixas de *Innuendo*, o 14º álbum de estúdio do Queen e o último a ser lançado durante a vida de Freddie, tinha sido composta por John Deacon.

"O problema da internet é que uma pessoa escreve uma mentira num site de fãs e, dez minutos depois, essa mentira já circulou no mundo inteiro. Todo mundo aceita como verdade, sem se dar ao trabalho de checar a informação. Eles aceitam como 'fato', porque uma pequena desinformação foi repetida e repostada muitas vezes.

"'Don't Try So Hard', como foi confirmado durante a vida do falecido engenheiro e coprodutor do Queen, David Richards, é uma música *do Freddie*. Isso muda tudo na hora de entender sobre o que ela fala. Freddie a compôs pensando numa pessoa específica. É para uma pessoa claramente muito importante para ele. A música é uma mensagem final, para ficar gravada para sempre... Vou deixar você adivinhar para quem ela foi feita."

Ela foi feita para ninguém mais, ninguém menos que sua única filha, confirma B.

"A essa altura", diz ela, "Freddie já sabia que a felicidade não vem exclusivamente de amar e ser amado. Ela também é encontrada nas mínimas coisas, nos menores milagres. De alguma maneira, ele aprendeu a se sentir satisfeito com essas muitas pequenas coisas. Ele não precisava mais se realizar impressionando o mundo. Só o fato de ficar em casa, quieto, preservando a própria privacidade também podia ser considerado uma realização. 'Don't Try So Hard' (Não se Esforce Tanto) é a resposta antitética do Freddie a algumas das situações ditadas no poema 'If...', de Rudyard Kipling.

"Muita gente já falou muita coisa sobre 'Under Pressure'. Eu posso lhe dizer exatamente o que Freddie estava pensando quando a compôs. Ele contou que foi a música mais poderosa que já tinha feito: uma música de amor puro e de partir o coração que ele gostaria de cantar em todos os shows dali por diante, e que *realmente* cantou, menos no *Live Aid*. Eu também posso garantir que, apesar de uma desavença momentânea, meu pai sempre gostou muito do David Bowie."

Quando Freddie compôs "Crazy Little Thing Called Love" para o disco *The Game*, do Queen, ele fez a música inteira em uns cinco minutos.

"Freddie conta que Brian às vezes ficava cheio de dúvidas quando compunha uma música", revela B. "Com Freddie, era o contrário. Ele era um perfeccionista, mas sabia desde o início o que queria. Sempre tinha todo o formato da música na cabeça. Ele podia vê-la. E se essa visão não viesse rápido, ele descartava a música inteira, porque já sabia que não era boa o suficiente. Não valeria a pena trabalhar nela, pelo menos de acordo com os seus elevados padrões de exigência. Ele podia criar coisas fantásticas mesmo a partir das menores ideias — às vezes, músicas enormes como 'The March of the Black Queen', 'Bohemian Rhapsody', 'Somebody to Love' ou 'Innuendo'; e às vezes o que ele chamava de 'musiquinhas malucas', como 'Killer Queen', 'In the Lap of the Gods... Revisited', 'Delilah' ou a própria 'Crazy Little Thing...'. Freddie achava que o problema do Brian é que ele podia ter uma ideia de fato boa, mas acabava a destruindo, porque raramente tinha a estrutura da música inteira na cabeça antes de começar."

"Somebody to Love" (lançada em 1976, no disco *A Day at the Races*) foi escrita durante um período muito difícil.

"Ele tinha conhecido seu namorado David Minns no início de julho de 1975", conta B. "No começo de 1976, eles transaram pela primeira vez e logo engataram um relacionamento. Mas surgiu um conflito, porque não viam a relação da mesma maneira. Minns queria que Freddie largasse Mary, enquanto meu pai só queria amar e ser amado — e as coisas pioraram quando Freddie voltou da turnê. Foi nesse contexto que ele passou um tempo com a minha mãe, o que levou à minha concepção. Ele também começou a escrever os diários e compôs e gravou 'Somebody to Love'. Na verdade, a música era um triste eco de 'Everybody Needs Somebody to Love', de Solomon Burke. Ela resumia o ideal do Freddie de ter amores bissexuais, e o tipo de vida que ele estaria condenado a buscar enquanto viveu.

"Quando John Deacon começou a compor 'Another One Bites the Dust'", ela conta, "Freddie disse que John estava querendo fazer uma coisa totalmente diferente de tudo o que o Queen já havia feito. Ele sempre gostou da sonoridade disco do funk-rock. Freddie ouviu a música entusiasmado e o ajudou a desenvolver a ideia. Meu pai conta que, no início, Roger não gostou. E dizem que Brian detestou. Mas, como sempre, Freddie *decidiu* que queria gravar, e eles gravaram e pronto. Um sucesso enorme. O single mais vendido da banda".

Freddie compôs "It's a Hard Life" para o disco *The Works*, de 1984, sobre seu amante americano "Vince, o barman", e não sobre o namorado alemão e dono de restaurante Winnie Kirchberger, como muito se falou.

"Ele ainda não tinha começado o relacionamento com Winnie, que morava em Munique", conta B. "Ele começou a escrever a música no final de setembro de 1983, quando ainda estava em Los Angeles. Ele amava o vídeo de 'It's a Hard Life', porque retratava muito bem uma parte da vida dele naquela época, uma mistura explosiva de exuberância com tristeza. Em sua própria definição, era ao mesmo tempo uma vida divertida e triste. O teatro, o palco e as apresentações formavam uma ilusão resplandecente. Mas, no momento em que as luzes se apagavam, ele estava totalmente sozinho."

Viver ao máximo, a busca pela felicidade e a universalidade do amor são temas recorrentes na vida e nas letras do Freddie.

"O mote dele era 'Quem sabe como será o amanhã?'", conta a filha. "Por isso, decidiu fazer o que quisesse, na hora que quisesse. Outro ensinamento dele: fazer as coisas por mim, e não por serem o que outros querem que eu faça. A noção de liberdade já existia nas primeiras músicas que ele compôs."

• • •

Mesmo sendo uma das faixas que viraram sinônimo de Freddie Mercury, não foi ele quem escreveu "The Great Pretender" (O Grande Farsante). Essa música tinha sido escrita e composta pelo empresário e produtor do grupo The Platters, Buck Ram. A gravação dos Platters foi lançada em 1955. O cover de Freddie só seria lançado mais de trinta anos depois, em fevereiro de 1987. Sua versão chegou ao topo das paradas de sucesso americanas e ao quinto lugar no Reino Unido. O clipe memorável mostra Freddie passando por várias versões visuais de si mesmo, com o baterista Roger Taylor e seu amigo e ator Peter Starker de coadjuvantes, fazendo backing vocals.

"Muita gente entende de maneira equivocada a versão que ele fez para 'The Great Pretender'", afirma B. "É claro que a música é sobre um homem que passa a vida atuando e fingindo. Mas a pergunta que tem de ser feita em relação ao Freddie é: a que *ele* se referia quando cantava essa música? *De que fingimento* estava falando?

"O Grande Farsante da interpretação de Freddie remontava ao tempo de internato dele, na Índia. Em parte, ele era o palhaço triste da ópera de Ruggero Leoncavallo, *Pagliacci*, uma figura animada e cheia de vida que o tocava profundamente e com a qual ele se identificava; e, em parte, um homem que sentia atração física por outros homens. Freddie precisava se sentir dominado na vida sexual, até queria se apaixonar por outro homem, mas sempre acabava muito magoado, a ponto de se ver obrigado a transar mecanicamente com eles, sem qualquer traço de amor ou sensualidade. Ou seja, apenas fazendo o que tinha de ser feito. Ele fingia ser feliz daquela maneira, mas estava muito longe disso. A figura do Grande Farsante era um clone do machão gay, o personagem que, naquela época, ele já vinha representando no palco havia muitos anos. E, no fim das contas, esse personagem acabou por engolir o Freddie original, a ponto de se tornar sua própria imagem: a identidade que ele reservava para as boates gays, na companhia de certos amigos, e também a imagem que passava para a mídia nas entrevistas e coletivas de imprensa. Esse era o novo disfarce do Freddie, com o qual ele podia se esconder. E combinava perfeitamente com ele. Basta ler alguns comentários que fazia sobre esse assunto:

"'Todos esses visuais e imagens que projetei ao longo dos anos são uma espécie de farsa, porque, sinceramente, não havia como eu ser verdadeiro em cena.'

"'Eu entrava nos figurinos e me colocava em situações diferentes, personagens diferentes.'

"'Eu vivi fingindo esse tempo todo, fazendo todas essas coisas.'

"'É uma espécie de farsa, e com isso eu quero dizer que, por baixo de tudo, continuo sendo músico. E aí eu pensei em levar tudo a outro patamar, em que toda essa roupagem, tudo o que as pessoas levavam tão a sério... bem, eu não dava a mínima. Eu só pensava 'meu Deus!', as pessoas viam coisas demais naquilo, e eu só achava que era uma maneira legal de viver essa minha determinada fase. Até que foi bem legal. Atores *representam* alguém, eles não *viram* as pessoas que representam. Aí eles terminam o trabalho e vão fazer outra coisa." [Parte de uma entrevista de Freddie concedida a David Wigg em fevereiro de 1987. Trechos publicados no *Daily Express.*]'"

O Grande Farsante, explica B., não é o homem profunda e emocionalmente apaixonado por Mary Austin; o homem que dependia do amor inquebrantável que eles compartilhavam. "E também não é o homem que mostrava à sua amada todas as suas cicatrizes, suas muitas falhas e fraquezas", continua. "Não é o pai dedicado que passava os dias em casa de macacão e barba por fazer, tocando piano, jogando xadrez ou outros jogos de tabuleiro com sua filhinha, que contava histórias incríveis a ela, que a ensinava a soltar pipa, que passava horas ouvindo tudo o que ela tinha a dizer e que nunca, mas nunca mesmo, se aborrecia com ela."

• • •

"Freddie disse que 'We Are the Champions', do disco *News of the World*, foi a canção mais arrogante e egocêntrica que ele compôs na vida. Foi sua maneira de dizer que todos nós somos campeões de um jeito ou de outro. É uma música de esperança diante da adversidade e sobre a humanidade como um todo."

Suas músicas sempre foram um tanto obscuras e difíceis de entender, reflete a filha.

"As letras que ele escrevia não eram tão claras. Muitas podem ter diversos significados, tornando difícil para os fãs imaginar o que as inspirou. As únicas músicas que não têm duplo sentido ou alguma insinuação são 'The Fairy Feller's Master Stroke' e 'A Winter's Tale' — ambas meramente descritivas. Era raro suas canções serem interpretadas do jeito certo, sobretudo porque ele dava pouquíssimas explicações, e só quando tinha vontade. Sempre tem um pouco dele e de seus sentimentos. Mas, em muitos casos, a canção era inspirada por diversas coisas, com um tema central que se dividia em diferentes formas. Ele costumava dizer que, se tivesse que reescrever uma música composta vários anos antes, ela ficaria completamente diferente de como era na versão original. Mas as músicas também mudavam entre a composição original e a hora da gravação. Elas se desenvolviam de acordo com o humor dele, com o que estivesse acontecendo em sua vida pessoal, e assim por diante. Ele também dizia que as faixas em um álbum não são o fim do processo criativo, mas o nascimento de algo que vai continuar crescendo no palco, que muda com o tempo e de acordo com as emoções."

• • •

B. revela que, no dia a dia, Freddie não tinha nada de roqueiro.

"Quando ele se sentava ao piano para tocar por diversão, não tocava rock. Das canções que ele compôs, minhas favoritas, não em matéria de letra, mas de atmosfera musical, são 'Bring Back that Leroy Brown' [de *Sheer Heart Attack*], 'Lazing on a Sunday Afternoon' [*A Night at the Opera*], 'Seaside Rendez-Vous' [*A Night at the Opera*], 'The Millionaire Waltz' [*A Day at the Races*], 'Good Old-Fashioned Lover Boy' [idem], 'My Melancholy Blues' [*News of the World*], 'Crazy Little Thing Called Love' [*The Game*], 'Man On the Prowl' [*The Works*] e 'Keep Passing the

Open Windows' [idem]. O Freddie dessas músicas é o mais parecido com o que ele era quando estávamos juntos."

De vez em quando, pai e filha faziam duetos com as músicas do Queen.

"Nós tínhamos nossa própria versão especial de 'Let Me Entertain You' [de *Jazz*]. A primeira música do Queen que eu cantei na vida foi 'In the Lap of the Gods... Revisited' [*Sheer Heart Attack*]. Naquela época, eu só cantava o 'whoa whoa lalala...'. É uma coisa que até hoje vem naturalmente para mim, a qualquer hora, em qualquer lugar. É um pequeno trecho que eu guardo na cabeça e me segue por toda a parte. Sempre que eu ouço essa, penso que as pessoas deviam parar de procurar uma 'saída do armário' em tantas músicas de Freddie! Num documentário recente que passou na ITV, Adam Lambert [o último vocalista do Queen] disse que achava que 'In the Lap of the Gods... Revisited' falava sobre Freddie *pensando* em sair do armário! Bem, eu posso garantir que não é nada disso. Mas nada disso mesmo!

"Como sabemos, as relações entre os integrantes da banda e os irmãos Sheffield, do Trident Studios, eram bastante complicadas. A banda, especialmente Freddie, vivia num conflito aberto com eles. Durante a turnê do *Queen II*, Brian teve problemas de saúde e alguns shows precisaram ser cancelados. O Trident pressionou. Queriam uma música de sucesso e pediram que a banda reduzisse os custos e reembolsasse o estúdio. O caminho era longo, e o contrato, desvantajoso para a banda. Freddie fala sobre isso em 'Flick of the Wrist'. O disco de estreia do Queen e o single 'Keep Yourself Alive' não fizeram sucesso. Mesmo se o *Queen II* e a música 'Seven Seas of Rhye' fossem mais bem-sucedidos, ainda assim não seria o suficiente. Eles estavam cheios de dívidas com o Trident. O Queen chegou muito perto de terminar e seus integrantes talvez tivessem que voltar para os trabalhos banais, mas nem isso poderiam fazer, pois tinham que pagar as dívidas. Freddie e a banda queriam fazer grandes canções. Já os Sheffields falavam principalmente de dinheiro. 'In the Lap of the Gods... Revisited' é toda sobre essa crise."

Ela admite que as canções do Freddie que ela mais gosta não são exatamente "canções".

"Eu gosto do que ele gravava nas fitas, os *esboços* das músicas. Isso é o que me agrada mais. São minhas gravações favoritas porque me fazem viajar no tempo, para a época em que eu ficava no quarto com meu pai, brincando com alguma coisa ou lendo um livro enquanto ele trabalhava ao piano. Às vezes, nessas fitas, quando Freddie está tocando, dá para ouvir a filha de quatro anos pedindo que a ajude com alguma coisa, ou toque algumas notas de uma música ou outra: 'The Carnival of the Animals', 'Peter and the Wolf', 'Entrance of the Gladiators', 'Sabre Dance', 'The William Tell Overture', 'Peer Gynt', 'In a Persian Market', 'The Rite of Spring'... Outras vezes, nós dois podemos ser ouvidos cantando uma coisa ou outra juntos. Às vezes era um jogo, com Freddie cantando que eu tinha que fazer isso ou aquilo — tirar um cochilo, dançar para ele, cantar com ele, continuar com os meus deveres — e eu respondendo 'Não, não e *NÃO*!' com todos os tons de voz diferentes que eu conseguisse. Ou então ele cantando que eu era isso ou aquilo e eu respondendo 'Ai, *isso eu já sei*, pai!'. Nas fitas posteriores, é possível ouvir nossas conversas e discussões enquanto ele tocava algo baixinho e eu ficava sentada a seu lado na banqueta do piano. São fitas muito emocionantes e extremamente preciosas para mim."

Ela conta que gosta muito de "La Japonaise" (do disco *Barcelona*). Das músicas gravadas, as que mais a comovem são "Goin' Back" (de 1973, gravada com o nome Larry Lurex; mais tarde, o single seria lançado como parte do box *The Solo Collection* no ano 2000 e iria aparecer no CD *Lover of Life, Singer of Songs*, em 2006. Uma amostra da música também aparece no final de "Mother Love", do disco *Made in Heaven*, de 1995) e "These Are the Days of Our Lives" (*Innuendo*).

"Eu realmente não consigo ouvir 'The Show Must Go On' ou 'Mother Love', que foi a última música que ele gravou na vida", confessa.

Quando, na primavera de 1987, um exame constatou que ele havia testado positivo para o HIV, ela explica, Freddie compôs 'How Can I Go On' como uma válvula de escape para a tristeza profunda que sentiu.

"Quatro anos depois, coescreveu a letra de 'Mother Love' com Brian, até o verso que diz que seu coração está muito pesado e que toda a esperança se foi. O restante da música foi escrito só pelo Brian. Dá para ouvir, pelo ritmo da letra, que o compositor não é o mesmo. Não era à toa que Freddie não queria voltar para o estúdio e terminar. A letra acrescentada pelo Brian é de cortar o coração. Freddie estava tentando lidar com seu destino, se atirando no trabalho para se sentir vivo, e então essa música mudou tudo. Foi como se a morte tivesse sido subitamente atirada em sua cara. Ele gravou a música, assim como 'The Show Must Go On', porque se sentia desesperado para cantar. Seu trabalho o ajudava a lidar com a aids e o avanço da doença, de modo que é uma trágica ironia que 'Mother Love' tenha acabado com o estado de espírito dele. Quando ele fechou a porta do estúdio naquele dia, sabia que não ia mais voltar."

O álbum solo de Freddie, *Mr. Bad Guy*, e seu disco em parceria com Montserrat Caballé, *Barcelona*, são, sem dúvida, seus trabalhos mais autobiográficos.

"Ambos foram escritos em momentos particularmente significativos da vida dele", conta a filha. "O primeiro foi dos Anos Sombrios até o momento em que o Monstro desapareceu; e o segundo, quando não havia mais dúvidas de que era soropositivo."

• • •

Um comentário sobre a voz do Freddie. Como ele tinha total consciência de que seus dentes eram proeminentes, sempre lhe perguntavam por que ele não procurava um tratamento ortodôntico para corrigir.

"Freddie nunca quis corrigir os dentes porque sabia o papel vital que eles exercem na ressonância, na projeção da voz e nas harmonias", revela a filha. "Ele temia que uma cirurgia corretiva pudesse mudar a sonoridade de sua voz. Mesmo que fosse algo mínimo, imperceptível para a maioria dos ouvintes, isso já faria diferença para sua audição bastante refinada. E ele simplesmente não queria correr esse risco."

• • •

Freddie era incrivelmente orgulhoso de seus muitos discos de ouro, diz a filha.

"Mas, para ele, isso era apenas o ponto de partida para um desafio totalmente novo. Era por isso que ele não os exibia em lugar nenhum, a não ser em seu 'escritório'. Na Stafford Terrace, eles não ficavam na sala, mas no porão, o aposento que servia de escritório e sala de estar. Em Phillimore Gardens, eles ficavam guardados num armário. E, em Garden Lodge, ficavam fora das vistas dos curiosos e só podiam ser apreciados por quem era convidado a entrar em seu quarto."

Sempre que Freddie apresentava o que considerava um show ruim, ficava furioso.

"Ele sabia o quanto as pessoas trabalhavam duro para comprar os ingressos e achava que elas mereciam o melhor dele", conta a filha. "E ele sempre teve a lucidez de reconhecer que, um dia, teria de encerrar a carreira. Achava que chegaria o momento em que seria velho demais para continuar como artista de rock. Ele nunca quis se transformar numa sombra ridícula do que fora antes."

Para os dois últimos discos do Queen, Freddie foi prolífico, compondo mais do que em qualquer outra época.

"Ele estava mais criativo do que nunca, e também mais perfeccionista. Para o disco *Miracle*, compôs em parceria muitas músicas que entraram no álbum, e muitas outras que acabaram sendo descartadas. Ele foi coautor, junto com John, de 'My Baby Does Me', uma música sobre Mary, a única pessoa no mundo que ele nasceu para amar por toda a vida. Também com John, ele compôs a canção 'The Miracle'. Essa é tão cheia de esperança que chega a ser incrível. Na ocasião, Freddie ainda tinha esperança de que logo haveria um tratamento para combater o HIV e a aids. Ele acreditava de verdade que um milagre poderia acontecer. Como dizia, se é possível conceber um bebê humano num tubo de ensaio, seria perfeitamente possível descobrir uma cura para a doença. Tendo aceitado o diagnóstico soropositivo, mas não a ideia de que estivesse morrendo — essa aceitação só viria depois de muito tempo —, ele passou a ficar cada vez mais contemplativo na vida diária."

Também houve muita discussão a respeito da música "Face it Alone" (Encare Sozinho).

"Muita gente considerou que a música tinha a ver com a doença, mas não", diz a filha. "Freddie continuou sendo uma pessoa positiva, mesmo nos últimos dois discos. A intenção nunca foi fazer uma música triste. Mas, como não achava a música boa o suficiente, ele a descartou logo no início — trinta anos antes do lançamento, que acabaria ocorrendo em 2022, quando Brian e Roger a desenterraram e deram nova vida a ela. Uma 'pérola'? Certamente não para Freddie!"

Ao que parece, a gravação do disco *Innuendo* foi bem mais difícil.

"Àquela altura, Freddie estava muito fraco. Mas ele queria trabalhar porque isso o ajudava a seguir em frente. E ele continuou sendo perfeccionista até o fim. Alguns dizem que foi seu Canto do Cisne. Para mim, foi o contrário. Ali ele demonstrou seu desejo desesperado de viver."

• • •

Musicalmente, cada integrante da banda lidou com a notícia da morte iminente de Freddie de maneira diferente.

"Assim que Brian soube, as músicas que passou a escrever para o Queen viraram lamentos. 'The Show Must Go On' foi a única que ele escreveu para o *Innuendo* em particular. 'Headlong' e 'I Can't Live Without You' não tinham sido compostas para o Queen originalmente, e sim para o disco solo dele. Mais tarde, ele compôs com Freddie apenas 'Mother Love' para o álbum *Made in Heaven*. 'Too Much Love Will Kill You' foi escrita antes de ele saber que Freddie estava doente. Roger compôs 'These Are the Days of Our Lives', sobre seus filhos e sobre Freddie como indivíduo, não como showman. Ele continuou otimista, mesmo sabendo que era algo difícil de se fazer, porque era o que o seu velho amigo Freddie queria. Quanto ao John, ele simplesmente não conseguiu compor mais nada. Tinha escrito 'My Life Has Been Saved' antes de saber do diagnóstico de Freddie."

O clipe da música "These Are the Days of Our Lives", gravado num estúdio de Londres em maio de 1991, apenas seis meses antes de sua morte, foi a última vez que Freddie trabalhou diante de uma câmera. No vídeo, ele usa um colete com imagens de seus queridos gatos. Na tomada final, ele olha de frente para a câmera enquanto sussurra as palavras "eu ainda amo vocês".

"Foi com 'I'm Going Slightly Mad' que ele completou o ciclo, com a festa e as fotos utilizadas no encarte do primeiro álbum, porque achava que aquele seria seu último clipe", conta B., "antes de partir para 'o outro mundo'. Durante uma das primeiras festas da banda, os quatro usaram o mesmo tipo de roupa que aparece no clipe. Algumas fotos dessa época apareceram no encarte do disco de estreia. As ilustrações para o LP e os compactos foram inspirados por *Un Autre Monde* ('Um outro mundo'), de Grandville. Não foi nada por acaso.[1] Ele achou que não conseguiria gravar o clipe de 'These Are the Days of Our Lives', mas superou as expectativas".

A capacidade de Freddie para compor músicas não o abandonou depois de ele ter testado positivo para HIV.

"Até certo ponto, ele estava mais prolífico do que nunca. Sua música era alimentada por amor, esperança, beleza e alegria. Mas aí veio o momento em que a doença começou a levar a melhor. Nos meses finais, sua criatividade o abandonou. Na verdade, foi a própria vida que alimentou sua música, sempre fora sua fonte de inspiração. Quando não havia mais nada na vida dele a não ser sofrimento e resistência, a música também desapareceu. Foi no verão de 1991. Depois disso, ele ainda conseguia se alegrar em alguns momentos, e até ser engraçado, mas a música que havia dentro dele tinha ido embora. Naquele mês de julho, Freddie fez sua última anotação no diário. Nem isso foi por acaso."

• • •

"Eu não me lembro de quando o meu pai começou a me fazer ouvir ópera e música clássica", reflete B. "Acho que não houve um momento específico. Isso sempre fez parte da minha vida. Ele dava discos o tempo todo. Ele me ensinou a ouvir as diversas sonoridades, como *arpeggio*, *ostinato*, *decrescendo*, *cadenza*, *con delicatezza*, *con dolcezza*, *pianissimo*, *sforzando*, *glissando*, *ritenuto*, *legato* e *pizzicato*. E nós não ouvíamos só as grandes óperas ou os *bel cantos*, mas também compositores menos conhecidos, como Albert Ketèlbey, que nasceu em Birmingham, um egresso brilhante do Trinity College of Music, de Londres, que ficaria famoso por suas músicas leves de orquestra para o cinema mudo e no final da década de 1920 se tornaria o primeiro compositor da Inglaterra a ficar milionário; e o compositor armênio-soviético Aram Khachaturian, que, como Ketèlbey, criou arranjos magníficos e cenas exóticas, assim como músicas para balé muito famosas, como a 'Sabre Dance' para o *Gayane*. Freddie amava e apreciava tantos compositores que eu mal poderia enumerar todos: Mahler, Stravinsky, Tchaikovsky, Balakirev, Scriabin, Satie, Debussy, Schönberg, Bartók. Ele adorava os arranjos complexos, a mistura de diversas influências. Infelizmente, ele também me mostrou Mozart e Chopin e me obrigou a tocá-los no piano inúmeras vezes, até não aguentar mais. Eu odiava. Como eu tinha sido apresentada a um vasto repertório musical pelo meu pai, ser forçada a tocar aquelas valsas e estudos entediantes era uma verdadeira tortura. Mas ele não estava nem aí para os meus protestos. Sempre se fazia de surdo para as minhas manhas e reclamações. Acabamos chegando a um acordo no qual eu poderia tocar o que quisesse depois de ter completado meus estudos obrigatórios. Ele era tão inflexível nisso quanto era em relação aos deveres de casa e aos meus outros compromissos. Por outro lado, podia ser muito liberal e permissivo em relação às coisas que eu adorava, mas pelas quais ele mesmo não se interessava. Por exemplo, nunca gostou de esquiar na neve, enquanto eu adorava. As alturas lhe davam tontura, mas ele me deixava ir escalar nas montanhas."

Freddie sabia que não havia lugar no mundo com uma ressonância comparável à que ecoava nas montanhas. Sempre que procurava alcançar aquelas reverberações sublimes, ele tinha a certeza de que em nenhum outro lugar conseguiria chegar mais próximo de Deus.

CAPÍTULO 10

DANÇANDO COM MEU PAI

"Freddie sempre cumpria o que prometia", confirma a filha, ecoando as palavras do pai.

"Se ele não se casou com Mary numa cerimônia civil e formal, foi para poupá-la da humilhação de fazê-la parecer a mulher enganada e alvo de chacota, cujo marido levava uma vida homossexual às suas costas. Repito, mais uma vez, que Freddie era muito ciente dos riscos à reputação dela. Ao revelar numa entrevista dada em Paris para o Tim Lott, do *Daily Mail*, em maio de 1978, que Mary e ele haviam se separado, sua intenção era protegê-la. Não era verdade, mas a culpa nesse caso não foi do jornalista. Ele não tinha como saber. Freddie fez isso para despistar os curiosos. Eles nunca terminaram. Livres dessa pressão — ninguém perguntava mais sobre Mary ou o relacionamento deles —, eles podiam continuar como sempre e viver sua vida reservada como bem entendessem. Não havia mais o risco de a imprensa estar sempre querendo expor o escândalo do marido infiel dando em cima de outro homem."

Segundo a filha, ele não queria que Mary sofresse o mesmo tipo de tratamento a que a esposa de Elton John, Renate Blauel, foi submetida durante e depois de sua rápida união (o casal se casou no Dia de São Valentim em 1984 e se divorciou quatro anos depois). Nem queria que Mary tivesse que aguentar as fofocas que mais tarde surgiriam em torno do casamento de Roger Taylor com Dominique Beyrand, mãe de dois de seus filhos.

"Talvez Freddie e Mary não fossem casados no papel", ela diz. "Mas, segundo suas próprias palavras, ele nunca se considerou nada menos que seu marido. Quando estava com ela, sempre se comportava como o marido perfeito."

Ao contrário de tudo que se escreveu e se afirmou, Garden Lodge não era nem a residência exclusiva de Freddie, nem seu domínio particular. Embora, legalmente, pertencesse a Freddie, como documentado, o acordo entre eles é de que pertencia a ele e a Mary em partes iguais. Isso sempre foi algo certo entre os dois e o motivo pelo qual 100% da casa ficou para a Mary quando ele morreu. Como senhora e dona da casa, "ela podia e de fato se opunha a Freddie em relação a maneira como as coisas eram feitas, se achasse que seu jeito era melhor", conta B. "Mesmo que meu pai não concordasse, ele sempre cedia. Estava acostumado a ouvi-la dizer 'Não!' ou 'Chega!' sempre que ele passava dos limites ou ficava insuportável. Ele confiava nela, confiava em seu bom senso. Às vezes, os dois discutiam bastante, geralmente sobre uma questão administrativa, afinal Freddie tinha pavio curto e se frustrava com facilidade. Mas Mary sempre batia o pé quando achava necessário. E ele adorava isso — era uma das muitas coisas que ele amava nela —, porque isso mantinha seus pés no chão. Mas também porque ele sempre sabia que ela estava certa."

Ninguém mais tinha permissão de contrariá-lo. Se tomassem a iniciativa de fazer algo por conta própria, ignorando a vontade de Freddie, se o contradissessem, ou se alguma vez se opusessem a algo, seus funcionários em Garden Lodge sabiam que seriam demitidos.

"Os empregados tinham que acatar as decisões da Mary e obedecer às suas ordens", explica B. "Normalmente, eles não gostavam, porque, pelo que entendiam, Mary tinha o mesmo status deles. Ninguém sabia a verdade sobre a relação dos dois. Se algum deles se comportasse de maneira inapropriada em relação a ela, Freddie tinha um acesso de fúria e de raiva. Para ele, ignorar as vontades de Mary era o mesmo que agir contra ele. Era um comportamento totalmente inaceitável. Se sabiam da posição da Mary, não aceitavam."

• • •

"Meu pai nunca passou um Natal comigo", diz a filha, não pela primeira vez, demonstrando que claramente nunca se conformou com isso.

"Nossos Natais sempre foram passados nas casas dos meus avós — ou dos pais da minha mãe, ou dos pais do meu padrasto. As tradições eram seguidas à risca. Meu padrasto nunca abriu mão disso. Mais tarde, ele confessou para mim que tinha se arrependido profundamente, porque sabia que havia me negado uma coisa importante. Admitiu que poderia e deveria ter dado uma desculpa qualquer para os meus avós, que iam querer saber onde eu estava. Mas a essa altura, evidentemente, era tarde demais. Eu fiquei com raiva dele por algum tempo, mas, honestamente, era mais rebeldia do que qualquer outra coisa. Porque, dada a inflexibilidade do meu pai sobre essa questão do Natal, Freddie compensava isso me enchendo de presentes memoráveis, do início de dezembro até janeiro. Nós também comemorávamos o Natal mais de uma vez. Passávamos dias lendo lindas histórias tradicionais de Natal, o que despertou em mim uma paixão genuína por livros antigos, com suas magníficas ilustrações e iluminuras. Eu nunca gostei das edições modernas, com personagens de desenho que pareciam deformados. Tínhamos jantares, íamos a shows e outras apresentações ao vivo; passávamos noites mágicas cantando e ouvindo canções de Natal, como os discos do tenor de cabaré francês Tino Rossi e do Frank Sinatra; e, quase todo dia, chegava uma encomenda. O calendário do advento de Freddie era único, com suas próprias regras. Os Natais com o meu pai eram momentos mais mágicos e felizes do que todos os outros momentos mágicos e felizes que eu passava com ele."

Ela conta que Freddie dava três festas de Natal todo ano: uma em Garden Lodge, com sua equipe pessoal e alguns amigos; outra em Phillimore Gardens, com Mary e amigos mais próximos; e outra na casa dos pais.

"Mary ia sempre", conta B. "Em todas. Presentes eram superimportantes para ele, especialmente os que ele dava a ela. É claro que sempre eram muitos. Em Garden Lodge, na frente de todos, ele lhe daria um presente 'profissional', em geral uma coisa que fosse útil para ela. Depois, atrás das portas fechadas de Phillimore Gardens, daria os verdadeiros presentes particulares, com amor."

Os aniversários tinham rigorosamente a mesma importância do Natal. Sobre o próprio aniversário, Freddie escreveu em detalhes nos diários como ele sempre dava quatro festas. Havia uma "grandiosa", com centenas de convidados; outra para sua equipe pessoal e alguns amigos; uma reservada em Phillimore Gardens, onde Mary era a coanfitriã; e a mais fechada de todas, um jantar só para Mary e os pais dele.

"O ano de 1987 foi o último em que ele deu a festa grandiosa, para centenas de convidados", conta B. "E o ano de 1990, o último em que ele ofereceu uma festa para sua equipe e amigos pessoais."

Poucas pessoas sabem o quanto Freddie era um cara generoso, nem o quanto ele doava para caridade, porque ele não gostava de alardear nem de fazer discursos.

"Ele doava com muita discrição. Fazia isso por meio de seus advogados pessoais ou suas empresas, para se manter no anonimato", conta a filha. "Para o próprio círculo e também para a família, os amigos, conhecidos, conhecidos de conhecidos, e muitos outros. Ele apoiava com entusiasmo as instituições oficiais de caridade, adorava poder fazer isso.

"Sempre que alguém dava *a ele* um presente de verdade, um que viesse do fundo do coração, ele ficava surpreso. Mary era quem melhor fazia isso. Sempre lhe dava presentes bem pensados, coisas raras e inesperadas que tivera o trabalho de encontrar. Ela nunca escolhia um presente a esmo, achando que qualquer coisa serviria — como fazia tanta gente que tinha a impressão de que ele já tinha tudo que o dinheiro poderia comprar, ou que ele mesmo poderia comprar o que bem entendesse. Os presentes da Mary eram sempre especiais e adequados, e era certo que ele ficaria emocionado.

"Costumam dizer que Freddie era um completo esbanjador, que não tinha ideia sobre o preço de nada e que não sabia o valor do dinheiro. Isso não é bem verdade. Ele realmente gastava muito, sem se preocupar com o preço, comprando tanto para si mesmo quanto para os outros, porque tinha dinheiro para isso. Mas sempre viveu dentro de suas possibilidades. E investia cuidadosamente, pensando no futuro e colocando seu dinheiro em casas, apartamentos e obras de arte. O restante, ele gastava.

"Ele nunca imaginou que um filme sobre ele poderia render tanto dinheiro. Quando alguém sugeria que fizesse um filme sobre a sua vida, ele sempre dava uma gargalhada e descartava o assunto. Era muito grato às pessoas que compravam discos e mais discos do Queen e lhe permitiam ter seu incrível padrão de vida. Ele sabia o quanto era privilegiado, porque tinha noção do custo de vida, do valor do salário mínimo e de quanto um trabalhador médio levava para casa. Ele nunca se esqueceu dos anos de vacas magras, em que vivia com pouquíssimo dinheiro no bolso, nem de como a família chegou à Inglaterra e das muitas dificuldades por que passaram. Ele conhecia muita gente que tinha empregos e estilos de vida comuns e nunca hesitou em ajudá-los quando precisaram. A generosidade dele vinha à tona todos os dias. Por exemplo, uma das coisas que ele mais gostava de fazer era comprar várias unidades de um mesmo produto, que podia ser uma roupa, uma caneta, um isqueiro, um vaso ou até uma joia, como aquele famoso bracelete de ouro da Cartier. Ele comprava, digamos, dez unidades. Ficava com uma e dava as outras nove para os amigos.

"Meu pai sabia mimar as pessoas mais próximas e queridas muito bem, e é claro que me mimou mais do que todo mundo. Depois que ele me deu umas miniaturas de gato, eu comecei a colecioná-las. Com a ajuda dele, é óbvio, porque ele não era capaz de fazer nada do jeito das pessoas comuns. Ele tinha que arranjar todo tipo de figura de gato, desde brinquedos de pelúcia até bijuterias, mas também estátuas de bronze imponentes, gatos frágeis de porcelana e até de cristal Baccarat. A mesma coisa aconteceu quando comecei a colecionar tartarugas, ursos pandas e elefantes. Graças a Deus, nunca passou pela cabeça dele trazer um elefante vivo para casa!"

• • •

A primeira vez que a filha viu o pai se apresentar ao vivo num palco foi em Zurique, em 1982, durante a turnê *Hot Space*. Eles se apresentaram em duas noites, nos dias 16 e 17 de abril, no Hallenstadion.

"Embora fosse um ginásio de tamanho médio", ela conta, "para mim parecia grande e imponente. Com cinco anos de idade, eu não tinha ideia do que estava acontecendo. Estava acostumada a ver o meu pai cantar e tocar piano, então é claro que eu sabia que ele era músico. Mas, na minha cabeça de menina, eu esperava ver o piano no meio do palco, e o piano de Freddie ficava na lateral. E onde estava o maestro da orquestra, os cantores com aqueles grandes figurinos usados no teatro, as roupas formais, todos fazendo gestos dramáticos? Havia muitos refletores piscando e o público fazia um barulhão. Eu esperava ver o meu pai entrar no palco muito sério, de smoking e gravata-borboleta e se curvar para a plateia. Em vez disso, ele gesticulava e andava de um lado para o outro do palco, gritando palavrões!".

• • •

Uma das afirmações que mais aborrecem B. é dizer que Freddie não costumava ler; que o único livro que ele devorou de cabo a rabo era *The Spartacus International Gay Guide*, um antigo guia anual (agora não mais publicado) que oferecia, em várias línguas, informações sobre hotéis, bares, restaurantes, praias e saunas nas maiores cidades do mundo em que a comunidade gay era bem-vinda. Depois de acusações de que o material ajudava a promover a pedofilia, o guia deixou de ser publicado.

"Peter Freestone observou que não se lembrava de nenhum outro livro que Freddie tenha lido", conta B. "Talvez ele nunca tenha visto Freddie ler nada. Mas o fato é que meu pai era um homem extremamente inteligente e culto; apaixonado por história, arte, literatura inglesa, história da realeza francesa — mais especificamente sobre Luís XIV, o Rei Sol, Luís XV e, é claro, Luís XVI (o último rei antes da Revolução Francesa e a consequente queda da monarquia) e sua mulher, Maria Antonieta. Monarquista, ele se sentia ao mesmo tempo fascinado, empolgado e horrorizado com a ideia de os súditos serem capazes de decapitar o próprio rei. A Índia dos marajás, mitologia e história da arte e, evidentemente, qualquer coisa relacionada ao Japão — todos esses eram temas que o instigavam. Ele tinha um vasto conhecimento da história da Pérsia e da Mesopotâmia, dos antigos impérios grego e romano, do Egito dos faraós, de Gengis Khan, Alexandre, o Grande, Marco Polo e assim por diante. Ele adorava *As mil e uma noites* e o *Livro dos reis* persa.

Tinha um profundo conhecimento dos Gathas, da Bíblia Sagrada e do Sri Guru Granth Sahib, a sagrada escritura religiosa dos *sikhs*. Era apaixonado pela obra de Rudyard Kipling, Hermann Hesse, Robert Browning, D.H. Lawrence, William Blake, T. E. Lawrence, Friedrich Nietzsche, Albert Camus e Johann Wolfgang von Goethe — todos autores que ele lia vorazmente. Ele apreciava a literatura de gêneros variados, porém o tema e o conteúdo precisavam instigá-lo, senão ele descartava o livro antes de terminar, alegando que era uma perda de tempo. Além de ter um ouvido magnífico, tinha uma excelente memória fotográfica. As pessoas que o viam com um livro na mão costumavam pensar que ele estava simplesmente passando os olhos pelas páginas, sem ler coisa alguma, mas o fato é que ele estava fazendo uma leitura dinâmica, absorvendo o texto numa rapidez impressionante."

O vasto conhecimento do Freddie, ela diz, "era onipresente em suas letras e músicas repletas de infinitas metáforas, simbolismos, referências, formas, estruturas, ritmos, melodias e conteúdo harmônico".

Em outras palavras, tudo tinha vindo de algum lugar.

• • •

Frequentemente, a conversa ia parar na questão da privacidade, um dos assuntos mais caros a Freddie. Ele queria se assegurar de que sua filha entendesse o significado e o valor disso. Por ter revelado demais sobre si mesmo e sua vida numa etapa muito inicial do jogo da fama, a privacidade era de suma importância para ele. Por ter se exposto demais com muita facilidade — e ter pagado um preço alto para descobrir que não havia volta —, ele passou a ser muito zeloso em relação às pessoas com quem compartilhava seu eu interior.

"Quando lhe perguntavam sobre privacidade, ele respondia 'Eu detesto falar com gente que não conheço direito, por isso elas nunca sabem como eu sou de verdade', como afirmou a Lisa Robinson, do programa Radio 1990, da USA Network, em março de 1984. 'São pouquíssimas as pessoas que conhecem o meu outro lado.' Ele também disse [de acordo com o livro de Brooks e Lupton, de 2006]: 'Minha vida particular é reservada; às vezes uma coisa ou outra escapa, e talvez eu fale umas frases chocantes, mas nada além disso.' A Simon Bates, da BBC Radio 1, ele disse em abril de 1985: 'Eu não quero que todo mundo saiba o que realmente eu sinto por dentro, porque essa é a minha vida privada, e acho que tem muito pouca gente (...) que realmente conhece meu lado mais reservado.' Freddie declarava abertamente em entrevistas que havia transado com mulheres e homens e confessou ser muito promíscuo. Dessa forma, ele não falava de seus parceiros masculinos ou de sua vida sexual quando o assunto era o seu 'verdadeiro eu', dizia apenas que queria preservar sua privacidade.

"Peter Freestone já admitiu que Freddie nunca conversava com ele (e que nunca o viu conversar com ninguém) sobre sua infância, sua fé, sua religião, seus sentimentos e várias outras coisas que eram importantes para ele", diz a filha. "Freddie nunca falava desses assuntos com os amigos do dia a dia — eles diziam respeito ao Freddie Bulsara, e não ao Freddie Mercury. Ele compartimentalizava a vida o máximo que podia, e era muito bom em guardar segredos. A vida inteira, a única pessoa que sabia de absolutamente tudo sobre ele, inclusive seus segredos não revelados, era Mary. Em hipótese alguma isso era da conta de seus amigos ou empregados, independentemente do que tenham falado ou do que viessem a falar no futuro."

• • •

Criticada por todos os lados, desrespeitada pelos empregados de Freddie e alvo da chacota de várias facções de fãs, a pobre Mary não tinha para onde fugir, não importa para que lado virasse. Sua única opção era continuar em silêncio e cuidar da própria vida. Para Freddie, a lealdade dela falava por si só. Quando ela retomou seu lugar de direito, à sua direita, foi como sua alma gêmea.

"Com Mary", explica B., "Freddie se sentia compreendido e aceito. Ele se sentia seguro. Bastava um olhar para saber o que o outro estava pensando ou sentindo. Em público, por todos os motivos citados, eles deixaram uma espécie de dúvida pairando no ar, para manter aparências.

Chegavam juntos a eventos e aparições públicas, mas aí ela assumia sua posição habitual, de frente para ele. Desse modo, não ficava no campo de visão dos fotógrafos, mas perto o suficiente de Freddie, de maneira que pudesse se virar facilmente, fazer contato visual com ele e sussurrar algum comentário. E ele se sentia bem desde que pudesse vê-la. Nos olhos dela, ele encontrava o apoio, o incentivo, a paciência e o conforto de que precisava".

Ele não deixa dúvida sobre isso em seus diários: Mary foi seu único e verdadeiro amor.

"Só ela era capaz de consolar seu coração ferido. Ele mesmo diz isso muitas e muitas vezes, e volta constantemente ao assunto. Juntos, eles evitavam as picuinhas diárias e brigas bobas que tanto afligem os casais, e viviam uma harmonia conjugal maravilhosa, que elevava a vida dos dois. Ele podia ter todos os homens que quisesse, enquanto ela suportava a situação e fazia vista grossa, o que deve ter sido muito difícil. Mas, por outro lado, ela sabia, sem nenhuma sombra de dúvida, que era a única de verdade no coração de Freddie, e que o amor por ela era a coisa mais importante para ele. Era com ela que ele dividia os pensamentos que não revelava a mais ninguém, suas feridas mais traumáticas e profundas, seus medos e seus segredos. Em contrapartida, ele também conhecia os dela. Com Mary, Freddie não precisava bancar o superstar. Não precisava fingir ou esconder nada. Todas as suas dores e emoções, seus sonhos e suas alegrias — eles sentiam juntos. Como casal, os dois passaram por tudo, e ela era tudo para ele: sua confidente e confessora, seu anjo da guarda, sua âncora e seu porto seguro, seu refúgio, seu conforto, sua rocha. Em troca, ele era tudo isso para ela. Eles se adoravam e estavam conectados. Viam algo um no outro o que ninguém mais conseguia enxergar. Para eles, era tudo muito simples: tinham um ao outro e sempre poderiam contar com o parceiro. Demonstravam vulnerabilidade sem medo nem constrangimento, sem restrições, sem se preocupar com o que o outro iria pensar. Eles se amavam, cuidavam e confiavam um no outro, e sabiam que um nunca iria machucar o outro de propósito. Isso não era nem discutido. Não havia necessidade de palavras. Eles simplesmente sabiam, e isso era o bastante."

"Certos segmentos da imprensa sempre quiseram retratá-lo como gay", conta B. "Mas, em meados dos anos 1980, ele cansou desse jogo. Já estava farto de posar como homossexual e não tinha mais medo de fazer exatamente o que queria ou de ser quem era de verdade. Ele amava Mary e tinha transado com homens. Não queria mais se esconder e viver uma imagem falsa de si mesmo.

"Repito, mais uma vez, que era o Freddie Mercury, o exuberante astro do rock, e não o Freddie Bulsara, que amava e adorava a exuberante atriz alemã Barbara Valentin. O verdadeiro Freddie, o homem reservado, o músico, o cantor e compositor, amava Mary Austin. Você entende a diferença? Porque é isso o que nós temos que entender, porque essa é a chave para quem ele era. Ele escrevia que o amor era sua maior criação, mas que tragicamente ficou inacabada. Queria continuar a construir seu amor eterno e incondicional por Mary, com base na adoração que um tinha pelo outro, e construir a própria família, em um lar feliz e seguro — algo que lhe fez muita falta na infância — e, ao mesmo tempo, viver uma relação bonita com outro homem, sem os abusos e a violência que costumavam macular seus casos com eles. Seu ideal era o tipo de relação que teve com Joe Fannelli. Freddie sonhava em ter o melhor dos dois mundos. Só então ele se veria num estado de serenidade e amor perfeito. Mas, tragicamente, esse sonho nunca foi realizado."

CAPÍTULO 11

MONTSERRAT

Já é amplamente reconhecido, pois ele mesmo fala sobre isso há mais de trinta anos, que o leal assistente Peter Freestone foi quem apresentou Freddie à ópera. Mas Freddie nos surpreende. Escreve que, embora o internato tenha instilado nele um amor eterno pela música sacra, foi sua tia Sheroo Khory — aquela que morava em Bombaim e com quem passava as férias — que deu início à sua paixão pela ópera e pela música clássica. É possível notar influências operísticas em suas primeiras composições, muito antes do Peter ter ido trabalhar para o Queen.

"É só escutar as estruturas e as progressões complexas e intrincadas", diz a filha, "e o conteúdo harmônico e melódico de 'My Fairy King' [no disco de estreia da banda, de 1973] e em 'The March of the Black Queen' [no *Queen II*, de 1974]. Esta última também foi inspirada pela *Flauta Mágica*, de Mozart, uma das maiores óperas de todos os tempos e uma das favoritas de Freddie. O tema mais amplo desse conto de fadas de luz e escuridão é a luta para encontrar o próprio caminho no mundo. Freddie escreve sobre essa dualidade entre Zoroastro [Zaratustra] e a Rainha da Noite [a Rainha Negra]. Ele gostava de se divertir cantando a ária da ópera interpretada pela rainha. '*Der Hölle Rache kocht in meinem Herzen*' [A vingança do inferno ferve no meu coração], uma das mais famosas da história da ópera e considerada uma das árias mais difíceis de se cantar nesse gênero. Meu pai vivia se desafiando a alcançar aquele impossível e agudíssimo fá sustenido".

Freddie buscou inspiração em *Flauta Mágica* para sua criação mais célebre.

"Podemos ver essa influência no primeiro movimento de 'Bohemian Rhapsody'", explica B. "Tudo que se tem a fazer é analisar o texto do libretista Emanuel Schikaneder, escrito em alemão. Frases como 'Isso é realidade?' ou 'Será que é só imaginação?' viraram 'Is this the real life?' (Será que isso é a vida real?) e 'Is this just fantasy?' (Será que é só fantasia?). Se Freddie não tivesse adquirido um conhecimento tão amplo de ópera e música clássica ao longo de várias décadas, as músicas mais famosas que ele compôs teriam sido totalmente diferentes."

No livro que ele mesmo escreveu, e no documentário de Rudi Dolezal, *Freddie Mercury: The Untold History* (lançado de maneira independente em dezembro de 2000 e indicado ao Grammy), Peter Freestone fala que, até 1983, Freddie era um "novato" em matéria de ópera. Ele conta que, quando foram juntos a uma apresentação de *Un Ballo in Maschera* ("Um Baile de Máscaras") na Royal Opera House, de Londres, foi a primeira vez que Freddie se viu diante do brilho de Montserrat Caballé no palco, ao vivo. Ele comenta que Freddie não fazia ideia de quem era a cantora.

"Ele não a conhecia de nome, nem sabia nada sobre ela", disse Peter na entrevista a Dolezal. Mas a verdade é que Freddie, há muito tempo, conhecia e apreciava a lenda e a voz incrível de "La Superba".

Entre 1967 e 1981, conforme documentado por suas próprias mãos nos diários, Freddie compareceu a inúmeros eventos de ópera e balé em Londres, Paris e Nova York.

"Ele até me levou à minha primeira ópera, na primavera de 1980", conta a filha, "quando eu tinha três anos de idade".

O que parece ser absurdamente precoce, até eu me lembrar de que comecei a levar minha filha mais velha para ver *O Quebra-Nozes* em Covent Garden quando ela tinha mais ou menos a mesma idade. Os aficionados por ópera que viram Freddie naquela noite devem ter achado que a menininha a seu lado fosse uma sobrinha ou afilhada.

"Ele me levava a concertos de música clássica, óperas, balés e recitais", ela diz. "Eu sempre usava um belo vestido longo e sapatos de couro envernizado."

Em janeiro de 1981, Freddie recebeu um convite especial da Royal Opera House para ver e ouvir Montserrat Caballé se apresentar ao lado de Luciano Pavarotti em *Un Ballo in Maschera*, de Giuseppe Verdi, sob a regência do aclamado maestro e violinista holandês Bernard Haitnik.[1]

"Estava marcado para alguns dias antes de Freddie partir para o Japão e se apresentar numa rápida turnê do álbum *Flash Gordon*, entre 12 e 18 de fevereiro", explica B. "Ele vinha recebendo convites para grandes óperas desde 1979. Porém, infelizmente, geralmente estava fora do país quando essas oportunidades surgiam, por isso tinha sempre que dizer que lamentava não poder comparecer. Nesse dia ele pôde comparecer ao evento, em 3 de fevereiro... de 1981, e *não* de 1983, como muito se disse por aí. O concerto também foi transmitido pela BBC e Freddie tinha uma gravação dele."

Como sabia que Peter Freestone gostava de ópera, Freddie o convidou para acompanhá-lo.

"Meu pai não precisava ser convencido para trabalhar com a grande Montserrat Caballé", diz B. "Cantar com ela era um sonho que ele vinha acalentando havia muito tempo. O timing foi adequado, e por isso aconteceu. Freddie conta que estava nervoso, com medo e em pânico diante dessa perspectiva, mas também muito empolgado, emocionado e comprometido em seu desejo de cantar com ela. Era uma honra tão grande que ele concordou com todas as exigências, o que foi uma novidade em termos profissionais. *Ele* tendo que se adaptar a *ela*. Imagina só! Não era assim que Freddie fazia as coisas, mas ele cedeu à *grande dame*."

Essa colaboração surgiu exclusivamente pelo esforço do Freddie.

• • •

Freddie viu Montserrat Caballé se apresentar naquele ano em Nova York. Ao contrário do que alguns disseram, ele não compareceu a um concerto dela na cidade *no ano seguinte* — embora tenha comprado as entradas.

"Ele tinha planejado vê-la num recital em Nova York, em 1982", conta B. "Mas Montserrat cancelou as três apresentações que faria no Avery Fisher Hall com a Filarmônica de Nova York, nos dias 30 de setembro e 1º e 2 de outubro, por motivo de saúde. Ela sentiu enjoo durante a apresentação na Ópera de São Francisco e se viu obrigada a cancelar o restante da agenda. Freddie ficou muito chateado, porém teve a oportunidade de vê-la no palco em várias ocasiões, principalmente em Nova York, Londres e Paris. Montserrat estreara na capital francesa em 1966, na Salle Pleyel, interpretando cenas e árias de *bel canto*. Depois de Barcelona, a França era sua segunda residência musical. Ela se apresentava regularmente no sul da França e também esteve na Ópera de Paris, em 1981, no final de *Turandot*."

Freddie declarou que Montserrat era o amor musical de sua vida. O disco que eles gravaram juntos, *Barcelona*, foi o ápice de tudo que ele sempre quis conquistar, e o trabalho do qual sentia mais orgulho. Para ele, era o auge, a soma de todo o universo musical que ele adorava.

"Ele mandou uma mensagem através dos empresários e gravadoras das duas partes, dizendo que gostaria de trabalhar com ela", informa B. "Mas a comunicação travou em 1985, porque Montsy estava tratando de um tumor no cérebro, e passou três meses internada num hospital. Isso só seria revelado ao público alguns anos mais tarde."

Quando a turnê *Magic*, de 1986, chegou a Barcelona, Freddie comentou, durante uma entrevista à televisão espanhola, o quanto ele admirava a filha mais famosa da cidade. Logo em seguida, Montserrat foi convidada para gravar a música tema dos Jogos Olímpicos de 1992, a serem realizados na Espanha. O comitê indicou que preferia que a música não fosse uma ópera.

"Carlos, o irmão dela, que também era seu empresário, sugeriu que a Montsy trabalhasse com Freddie", revela B., "e entrou em contato com o empresário do Queen, Jim Beach. Não poderia ter sido em melhor hora. Freddie mal conseguiu se controlar. Foi marcada uma reunião para alguns meses mais tarde, naquele ano. Freddie, que já tinha começado a trabalhar em seu segundo disco solo com o produtor Mike Moran, preparou algumas ideias e compôs uma música intitulada 'Exercises in Free Love', com a Montserrat em mente. Ele até tentou imitar a voz dela na demo, especialmente seu lendário *pianissimo* e o fraseado".

Por várias razões, a reunião com Montserrat teve de ser adiada.

"Isso deu a Freddie mais tempo para desenvolver e registrar suas ideias", discorre B. "Eles acabaram se encontrando num almoço em março de 1987, no hotel Ritz de Barcelona. Antes de ficarem frente a frente pela primeira vez, Freddie conta que estava no mais alto grau de nervosismo, medo, terror e pânico. Mas, em poucos instantes, ela o deixou totalmente à vontade. Freddie ficou empolgado e elétrico na presença dela. Eles conversaram, riram, comeram, ouviram música e fizeram algumas improvisações. Nas palavras dele, ela era uma mulher extraordinária e divertida, uma das pessoas mais gentis que ele conheceu na vida. Ele pediu que ela escutasse 'The Fallen Priest', originalmente chamada de 'Rachmaninov's Revenge', uma peça para piano de Mike Moran, que depois passou a se chamar 'The Duet' e que, no fim, receberia letra de Tim Rice; e também 'How Can I Go On', 'Exercises in Free Love' e um esboço de 'Barcelona'."

Montserrat saiu daquele almoço por volta das quatro da tarde para participar de um ensaio de orquestra. Depois voltou quatro horas depois, e eles retomaram de onde tinham parado.

"Dias mais tarde, Montserrat chegou a Londres para um recital na Royal Opera House, e Freddie foi à apresentação. No bis, Montsy cantou 'Exercises in Free Love' e convidou Freddie a subir no palco e cumprimentar a plateia. Ao contrário do que disseram os boatos, tudo havia sido planejado. Freddie sabia que ela ia cantar essa música e estava preparado para subir ao palco. Depois, eles foram jantar em Garden Lodge e passaram o resto da noite cantando, rindo, improvisando e conversando sobre o que iria acontecer com o novo hino das Olimpíadas, 'Barcelona'. Naquela noite doida, no meio de tanta conversa e tantas gargalhadas, decidiram que gravariam um álbum inteiro juntos em vez de apenas um single. Só depois que Montserrat saiu de Garden Lodge, na manhã do dia seguinte, é que Freddie se deu conta da enormidade do que havia acabado de prometer. *Um álbum inteiro!* Embora não tivesse assinado nada, ele assumiu um compromisso verbal, e não dava mais para voltar atrás. A ideia o deixou apavorado, mas o show tinha que continuar. Na mesma hora, ele voltou a atenção para a tarefa. Queria fazer uma coisa especial com ela. Ou melhor, *para* ela. Eles gravaram várias sessões em maio de 1987, antes da apresentação ao vivo de 'Barcelona' em Ibiza, no fim do mês."

Nessas sessões iniciais, como *Barcelona* exigiria uma parceria de longo prazo com Montserrat — os Jogos Olímpicos na Espanha demorariam cinco anos para acontecer —, Freddie se sentiu na obrigação, por amor e em respeito a ela, de informar a Montserrat que era soropositivo e tinha desenvolvido o complexo relacionado à aids (ARC). Ela, por sua vez, confidenciou a ele sobre a doença de que vinha se tratando reservadamente havia vários anos. Aquela demonstração de confiança mútua estreitou ainda mais seu laço. A mortalidade, pensou Freddie, tinha os aproximado ainda mais. A intenção era criar algo mágico, só para os dois. Eles desenvolveram uma amizade forte. Cada um disse que amava muito o outro.

"Ele teve que se adaptar ao jeito dela de trabalhar", relata B., "o que era mais uma novidade para ele. Compor aquelas músicas era muito diferente do trabalho que ele sabia fazer. Freddie tinha que escrever partituras, o que nunca havia feito antes, para adaptar as ideias dele à voz dela. Até então, só tinha escrito músicas para sua própria voz. Devido à agenda lotada, tudo tinha que estar pronto para gravar no minuto exato em que ela chegasse. Como ele a adorava e a respeitava muito, hesitava sempre que precisava pedir para ela repetir, ou cantar um verso de determinada maneira. Como se orienta uma diva? Mas as sessões de gravação eram divertidas. Ele encontrava maneiras de comunicar o que queria, e ela fazia o mesmo. O trabalho dos dois juntos foi, sem sombra de dúvida, uma experiência emocionante. E Montserrat concordava, descrevendo aquele como 'o ano mais maravilhoso da minha vida'.

"Pelo fato de Montsy ser uma autêntica prima-dona, somado ao desinteresse do assistente Joe Fannelli pelas pessoas do mundo da ópera e à experiência prévia de Peter Freestone com a Royal Opera House e as manias, hábitos e costumes daquele universo, foi ele, e não Joe, que acompanhou Freddie sempre que ele ia ao estúdio para trabalhar com Montserrat", conta B.

O maior sonho do Freddie era gravar *Barcelona* com uma orquestra sinfônica completa. Mas, depois dos problemas vividos na gravação de

Mr. Bad Guy, ele sabia que isso era ambicioso demais. Teve que se contentar em gravar com sintetizadores, samplers e baterias eletrônicas.

"Ele era extremamente meticuloso", conta B., "às vezes até demais, além de ser incapaz de delegar qualquer tarefa que fosse quando se tratava de seu trabalho criativo.

"Se tivesse conseguido fazer as coisas do jeito dele e gravado *Barcelona* com uma orquestra completa, teria que controlar cada nota tocada por cada músico. No fundo, também sabia que isso seria um pesadelo logístico. Ele nunca teria terminado, e o disco jamais seria lançado num cronograma razoável. Jim Beach conseguiu fazer algo admirável quando regravou a parte instrumental do disco com uma orquestra sinfônica completa. Quando essa nova versão foi lançada, em setembro de 2012, ele concretizou um dos maiores sonhos de Freddie. Freddie teria adorado."[2]

A música "Barcelona" não é, como muita gente imagina, um hino de amor à cidade. Como a própria B. explica, "é sobre a amizade de Freddie com Montserrat. Ela queria uma música sobre a cidade em que nasceu. Em vez disso, ele compôs uma canção sobre seu sonho com ela, seus sentimentos por ela.[3] E fez o mesmo com 'Exercises in Free Love', pensando nela o tempo todo e pedindo que a cantora escrevesse a letra. A música acabou virando 'Ensueño', porque a letra se parecia muito com 'Barcelona'. Montserrat então pediu que Freddie cantasse com sua voz normal. E ele cantou, permitindo que ela o dirigisse. Provavelmente, essa foi a primeira vez em toda a sua carreira musical que isso aconteceu. As faixas 'How Can I Go On' e 'Guide Me Home' são as mais autobiográficas que ele escreveu, e as mais sinceras sobre como se sentia no momento em que as compôs. Embora a letra de 'How Can I Go On' seja pesada, a música em si não é nem triste, nem melancólica.

"Montserrat e Freddie eram parecidos em muita coisa", conta B. "Você afirmou que ela era o amor musical da vida dele, e foi exatamente isso. Sem sombra de dúvida. O fato de ela ter ido até o fim e gravado um disco inteiro com ele, mesmo não dispondo de muito tempo para assumir uma empreitada dessas, revela os sentimentos profundos que um nutria pelo outro. A conexão entre eles era única, diferente de tudo que

Freddie já tinha experimentado com qualquer outro músico na vida. O entendimento que havia entre eles não era apenas musical. Era também profundamente humano."[4]

• • •

Segundo Peter Freestone, o álbum *Barcelona* era um desejo pessoal de Freddie.

"Ele fez por puro prazer", explicou. "Nem se importava com o que iria acontecer com o álbum."

Freddie afirmava ter "uma visão muito clara do disco inteiro e do que queria realizar com ele", revela B., "e ele sabia exatamente aonde queria chegar. Seria o auge de toda a sua obra. Com esse álbum, ele queria mostrar ao mundo toda a complexidade e criatividade de que era capaz. Peter comentou que 'Freddie realmente curtiu essa colaboração porque eles chegaram ao resultado final sem confrontos, enquanto boa parte do trabalho do Queen, mesmo que sublime, era turvado pelas memórias de conflitos e disputas. Diante da possibilidade de alguma briga ou desarmonia, Freddie às vezes se recusava a entrar no estúdio.'

"Mas, na gravação de *Barcelona*, ele já sabia que estava com os dias contados. Não queria mais ficar brigando ou discutindo. Apenas compor canções maravilhosas e cantar com Montsy. E foi o que eles fizeram. Montserrat quase não participou da criação das músicas e, para Freddie, foi uma maneira totalmente diferente de trabalhar. Quando ela estava no estúdio, nada mais importava. As brigas e as desavenças sempre fizeram parte da criatividade do Queen, e a banda ganhava com isso. Mas, do álbum *The Miracle* em diante, as brigas internas acabaram, porque o emocional de Freddie mudou depois que ele contraiu o HIV. Mais do que nunca, agora ele era o pacificador da banda, refreando as tensões, aplacando os ânimos e evitando que os egos inflassem demais. Tudo que ele queria era paz e serenidade. E nem precisou falar isso com todas as letras: sem dizer uma única palavra, o ambiente e o clima dentro do estúdio mudaram. Quando Freddie contou para a banda que tinha aids em estágio avançado, todos se uniram ao seu redor.

Construíram um ambiente seguro em volta dele, o que o fez se sentir muito grato."

Além de Mary, a banda era a família do Freddie. Como disse Crystal Taylor, roadie do Roger, "eles sempre foram unidos, até o fim. Ainda que brigassem, Deus me livre se alguém de fora dissesse alguma coisa sobre a família. Como num casamento, eram algumas briguinhas durante o dia, mas uma noite maravilhosa de amor".

No entanto, Roger, John e Brian não foram os primeiros a serem informados do estado de saúde do Freddie. A primeira pessoa para quem o cantor revelou ser soropositivo foi Montserrat Caballé. Mas por que ela soube antes dos outros?

"Sim, com certeza ela foi a primeira a saber", confirma B. "Mary recebeu a notícia direto do clínico-geral do Freddie, e foi ela quem contou ao parceiro. Como ele e Montsy estavam trabalhando juntos naquela época, Freddie se sentiu na obrigação de informá-la pessoalmente. E foi o que fez. Pouco depois, ele compartilhou o diagnóstico com 'Miami', como chamava o empresário do Queen, Jim Beach. Em seguida contou a Joe Fannelli, seu amigo íntimo e assistente pessoal. Tempos depois, também falou para o Jim Hutton. E então à minha mãe e ao meu padrasto. Freddie deixou registrado nos diários que nunca contou a Peter Freestone."

• • •

Pelos diários, sabemos que Peter Freestone foi empregado exclusivo de Freddie de 1983 a 1984.

"As responsabilidades de Freestone eram cuidar da lavanderia de Freddie e manter tudo em ordem nos períodos em que a banda estava em Los Angeles ou em Munique. Lá, Peter se instalava num hotel, enquanto Freddie ficava com Winnie Kirchberger no apartamento dele, ou com a Barbara Valentin", conta B. "Em Londres, Peter nunca morou na Stafford Terrace e raramente ia a Phillimore Gardens, só para levar alguma coisa ou cumprir uma missão.

"Por isso, lamento informar que é muito angustiante ouvi-lo dizer que ele passava o tempo todo com Freddie nesse período. Do início de 1985 até o fim da turnê *Magic*, em Knebworth, Inglaterra, em 9 de agosto de 1986, quando Freddie fez seu último show com o Queen, Peter mal o viu. Era Joe Fannelli quem cuidava das coisas dele à época. A maior parte do tempo que Freddie passava em Munique, em Phillimore Gardens, em Stafford Terrace, ou em turnê nesse período, Peter era o zelador de Garden Lodge, que na ocasião ainda estava em reforma. Ele não esteve presente na maior parte das gravações de *Mr. Bad Guy*, nem nas filmagens dos clipes. *Pediram*, de fato, que ele trabalhasse no dia do *Live Aid*, no estádio de Wembley, e no Knebworth Park. E, durante a turnê *Magic*, Peter trabalhava no fã-clube, para a banda inteira. Então, é um grande equívoco afirmar que ele esteve com Freddie o tempo todo durante esses dezenove meses."

B. admite que Peter realmente *esteve* presente durante os encontros e as gravações com Montserrat Caballé.

"Porque ela era uma prima-dona e o Peter conhecia aquele mundo", reitera B. "Como eu já disse, ele conhecia os hábitos, os costumes e as excentricidades, e como lidar com uma estrela de primeira grandeza do mundo da ópera. A agenda sobrecarregada dela determinava que havia pouco tempo para passar com Freddie no estúdio. As sessões que ele teve para gravar com ela eram muito menores das que ele tinha com o Queen. Absolutamente tudo precisava estar pronto no minuto em que Montsy chegasse. Freddie chegava, os dois aqueciam a voz, gravavam a parte dela, e então a cantora saía e pegava o avião para casa. Era sempre dois dias aqui, três dias ali. Toda a mixagem e o restante era feito sem ela. Sempre que Montsy estava presente, Peter Freestone também estava."

Depois de *Barcelona*, era Joe Fannelli que participava das sessões de gravação das músicas e dos vídeos para os álbuns *The Miracle* e *Innuendo*.

"Lamento dizer que Freddie nem sempre tratava Peter com educação", admite B. "Era sempre 'Phoebe, faz isso!' e 'Phoebe, faz aquilo!', sem a gentileza de um 'por favor', ou 'você poderia...' ou um 'obrigado'. Freddie berrava com Peter com frequência. Ele mesmo admite isso.

Simplesmente detestava quando alguém ultrapassava os limites do profissionalismo e estava sempre pronto para colocá-lo em seu devido lugar. Com Freddie, você podia passar do limite uma vez, mas não duas... e muita gente pagou um preço alto para descobrir. Ele não era um chefe dos mais fáceis. Podia ser muito difícil e exigente, mas dava muito em troca. Ele e Mary sempre tinham tempo e empatia com seus empregados e com as pessoas que trabalhavam para o Queen. Perguntavam sobre a família, os filhos, como andava a saúde e a vida. Mas também é correto dizer que Freddie deixava claro que havia uma relação de subordinação e queria tudo e todo mundo no devido lugar."

Só alguém com coração de pedra não teria simpatia por um sujeito querido como Peter. Ali estava ele, sem lugar para morar, a não ser o quarto de empregada a ele oferecido por um patrão temperamental e que o desprezava, e sem ter um lugar realmente seu, onde pudesse receber a família e os amigos. Proibido de chamar qualquer pessoa a Garden Lodge ou aos apartamentos anexos, chamados Mews, era obrigado a manter sua vida social longe do lugar que considerava seu lar. Sua vida era baseada na agenda de Freddie, aceitava os termos e condições que ele impunha e concordava com suas decisões sem contestar. Além de obedecer às ordens da Mary, a patroa. Isso devia doer em sua alma — mas Peter aguentava tudo com dignidade.

Além de exigente, Freddie não gostava de discussão. Ele nunca gostou de ter que brigar pelo que queria ou precisava, e esperava reinar, sem ser obrigado a dar explicações. Perfeccionista, sempre impunha o mais alto padrão em seu trabalho, e tinha expectativas semelhantes em relação a todos os que trabalhavam para ele.

"Peter dizia que Freddie não sabia nem usar o micro-ondas, fazer uma xícara de chá ou arrumar a própria bagunça. É claro que ele sabia. Só não queria fazer isso! Em sua opinião, ele pagava um bom dinheiro às pessoas para realizarem essas tarefas, então por que *ele* teria que fazê-las?"

• • •

Segundo sua filha, Montserrat Caballé foi a única artista a quem Freddie confidenciou abertamente que tinha um filho. Será que o fato de Montserrat ser católica e muito religiosa teve alguma influência?

"Exatamente", concorda B., "mas foi uma combinação de diversas coisas que fez o meu pai confiar nela. Ela era uma católica devota, e ele também tinha muita fé; ele revelou que era soropositivo, e em troca ela lhe contou sobre os próprios problemas de saúde que vinha enfrentando havia vários anos. Ele era um pai tendo que lidar com uma doença para a qual não havia cura, e ela era uma mãe lidando com uma doença potencialmente fatal.

"Isso mostra o quanto ela era especial para ele, e o quanto ele a considerava", continua B. "Depois que ele morreu, ela me escreveu uma carta muito comovente. Não era uma mensagem de 'La Superba', nem de uma amiga do artista. Era a carta de uma mãe, de uma filha — que perdera a mãe alguns dias depois que Freddie completou quarenta e um anos, um aniversário que eles comemoraram com muita festa em setembro de 1987, em Ibiza —, para uma moça que chorava a morte do pai. Em nenhum momento da carta ela fala do artista Freddie, da música que fizeram juntos, ou do que mais eles poderiam ter conquistado. As homenagens ao artista ela prestou em público, pela imprensa. Para mim, numa carta simples e carinhosa, ela fala apenas do homem Freddie, e do pai Freddie. Esse tipo de gentileza e sensibilidade é muito raro."

CAPÍTULO 12

CONDENAÇÃO

Freddie não acreditava em política, confirma B.

"Ele não tinha paciência para partidos políticos. É claro que tinha as próprias ideias e teorias, mas não suportava políticos. Para ele, tudo se resumia a palavras bonitas e promessas valiosas nas campanhas eleitorais, que eram logo esquecidas assim que passava a eleição. Achava que os políticos se agarravam ao poder pensando nos próprios interesses, e não no bem do povo. Isso o deixava furioso. Ele considerava que a maioria era de mentirosos e trapaceiros, que não davam a mínima para o sofrimento das pessoas que os elegeram."

Por outro lado, B. diz que o pai adorava a família real britânica.

"Ele valorizava a tradição, a constância e o fato de a realeza estar acima da política. Eu tenho certeza de que teria ficado muito triste e decepcionado com o que aconteceu com a realeza nos últimos anos. Teria ficado arrasado com a morte da princesa Diana em 1997, com os escândalos envolvendo o príncipe Andrew, todo o bafafá em torno do príncipe Harry e Meghan, e com o falecimento de Sua Majestade, a Rainha, em 2022. Freddie tinha muito orgulho da nacionalidade britânica. Ele via na monarquia algo permanente, perene e reconfortante. Apreciava a maneira como garantia a unidade da nação, a forma como trazia alegria às pessoas e oferecia alívio num mundo cada vez mais estressante.

"As questões ecológicas ainda não eram um assunto tão relevante durante os anos 1980, de modo que Freddie não tinha interesse nisso. Ele usava tanto o Concorde como os jatinhos particulares, porque eram bem práticos. Pelos padrões atuais, sua pegada de carbono seria catastrófica. Mas as coisas eram muito diferentes naquela época. Dado o tipo de pessoa que era, tenho certeza de que, se tivesse vivido mais, ele teria mudado de hábitos."

Já foi dito que Freddie não sabia falar outras línguas.

"Eu me reservo o direito de discordar", diz a filha. "Ele era um poliglota natural. Além de falar sua língua-mãe, o guzerate, fluentemente com os pais, e também inglês, ele aprendeu a escrever e a falar bem cedo. Quando a família morava em Zanzibar, ele se acostumou a ouvir, todo dia, o kiUnguja, uma variante do suaíli, e também o árabe. Na Índia, ele descobriu o híndi. Era fascinado pela riqueza e pela singularidade das diversas línguas. Embora falasse um francês básico, tinha um sotaque maravilhoso e se divertia muito com a pronúncia francesa. Freddie passou longos períodos em Montreux, na Suíça francesa, desde 1978, quando a banda se reuniu na cidade para gravar o álbum *Jazz*. Também sabia umas palavras simples em alemão, assim como Winnie falava um inglês rudimentar. Mas eles não precisavam da Barbara como intérprete para se comunicar no dia a dia."

Para muitos pode ser uma surpresa saber que Freddie tinha um magnífico senso de humor. Ele era naturalmente engraçado, afirma B., "e estava sempre disposto a alegrar as pessoas. É como se precisasse fazer isso. Quer um exemplo? Aos quatro anos, eu estava aprendendo a andar de bicicleta e um dia, quando estava tentando mostrar a ele o quanto tinha progredido, derrapei numa pedra e caí. Meus joelhos ficaram esfolados e sangrando. Ele correu até mim, me pegou no colo, me abraçou e me consolou, secando minhas lágrimas. Aí me levou para dentro e fez o curativo ele mesmo, tendo o maior cuidado na hora de limpar o cascalho e a terra. Colocou um pouco de mercurocromo[1] no ferimento. Quando vi o vermelhão do remédio nos joelhos, fiquei apavorada e voltei a chorar. Meu pai olhou fundo nos meus olhos, pegou o vidro de antisséptico e com o líquido traçou uma linha em suas bochechas. Então sorriu para mim e eu sorri de volta. Meu padrasto depois comentou alguma coisa sobre aquelas linhas no rosto dele, e Freddie respondeu que não se importava, porque aquilo me fez rir. Aí ficou vários dias sem fazer a barba, para permitir que os pelos cobrissem um pouco as linhas.

"É disso que mais sinto falta: aquele brilho nos olhos. O sorriso largo que aparecia em seu rosto logo antes de inventar alguma palhaçada para te fazer rir. Dava para perceber que algo iria acontecer, e seria hilário. Para o meu pai, todo momento era uma celebração da vida. Ele era um homem em busca permanente pela felicidade."

• • •

Em 1983, quando alguma questão profissional fez Freddie atrasar seu retorno em um dia para a casa da família, sua filha, então com seis anos, ficou irritada e inconformada.

"É claro que fiquei muito contente quando ele chegou, mas também estava furiosa por ter demorado. Ele tentou contornar a situação dizendo, assim que chegou, que iria me levar para fazer umas comprinhas. Eu poderia pedir qualquer coisa naquele dia que ele me daria. Não tenho a menor dúvida disso. Nenhum pedido seria excessivo. Mas eu era uma menina de seis anos e estava emburrada. Respondi que não queria nada. Em vez de perder a paciência comigo, ele explicou, com o maior cuidado, as razões exatas pelas quais não pôde vir antes. Ficou um tempão me acalmando, repetindo o quanto ele sentia muito — e eu sabia que era verdade. Freddie disse que entendia por que eu estava chateada com ele e que era meu direito estar. Mas que eu tinha uma escolha. O dia ainda não estava inteiramente perdido, e nós poderíamos dar a volta por cima e fazer as coisas de outra maneira. Poderíamos rir, cantar, dançar, brincar e nos divertir. Poderíamos fazer umas bobeiras juntos, sentar, conversar e curtir o momento. No fim das contas, foi exatamente isso que fizemos. Ele cancelou alguns compromissos e pôde ficar em casa com a gente bem mais tempo do que havia planejado. E, claro, ele acabava sacando o cartão de crédito. Meu pai me mimava demais, o que era típico dele."

• • •

Criado como parse, uma religião cuja tradição por muitos séculos foi exclusivamente oral, Freddie foi abençoado com o dom da oratória.

Segundo a filha, ele era um magnífico contador de histórias e um ouvinte ainda melhor.

“Ele contava histórias e casos engraçados superbem. Tinha a rara habilidade de dar vida às histórias com imensa teatralidade, nos gestos e na voz. Era como se as encenasse bem na sua frente, de modo que praticamente dava para ver as cenas que ele descrevia. Ele transformava qualquer historinha de dormir corriqueira num épico fantástico e irresistível, que me estimulava e me deixava acordada a noite inteira, em vez de me acalmar e me fazer dormir! A terra da fantasia de Rhye e *O Shahnameh* eram de grande importância nas histórias que ele me contava, e era a maneira perfeita de passar para mim a cultura de seus ancestrais. Agora nós sabemos que os ‘sete mares’ a que ele se referia nas histórias e nas músicas não eram mares de verdade, mas sim o rio Oxus, na região do Irã e adjacências.”[2]

Sempre que algo incomodava a filha, Freddie percebia antes de todo mundo.

“A primeira vez que fiquei realmente incomodada com o que a imprensa falava do meu pai foi em 1987, quando eu tinha dez anos. Fizeram uma matéria grande sobre ele, seus parceiros e a aids. Naquele tempo, eu não sabia o que isso significava. Eu encontrei o jornal em casa, li e fiquei incrédula, mas não contei a ninguém. Na vez seguinte que estive com meu pai, ele percebeu na hora que alguma coisa estava errada. Ele me perguntou o que era. Eu contei que tinha encontrado e lido a matéria no jornal. Ele se sentou comigo e tivemos uma longa conversa. Como sempre, não importava qual fosse o assunto, ele foi aberto e honesto. Então me contou o que era a aids e que era contagiosa só em determinadas situações, além de falar do estigma que acompanhava a doença. Também me falou, de uma maneira adequada à minha idade, sobre a matéria, sua sexualidade, seus parceiros, sobre os jornais e como certa parte da imprensa não era confiável.

“No fim da conversa, acho que boa parte de minha infância tinha ficado para trás. Anos mais tarde, quando li os diários, descobri que ele tinha ficado realmente muito nervoso com aquela conversa, preocupado com os efeitos que as reportagens negativas tinham causado em mim, mais do que eu mesma tinha ficado na época, porque era só uma garotinha. Depois, já mais velha, sem ele por perto para me proteger de coisas assim como na minha infância, as coisas que eu lia tiveram um peso muito maior."

Mas ela ressalta que tem mais lembranças positivas do que negativas e que a orientação e a influência de Freddie continuam a guiá-la até hoje.

"Ele me ensinou a acreditar em mim mesma, a seguir minha intuição e meus sentimentos, e sempre ter a certeza de que, não importa o que eu estivesse sentindo lá no fundo, não podia estar errado. Ele sempre teve muita paciência comigo, nunca perdeu a calma. Sempre quis o melhor para mim, e sempre me apoiava, mesmo quando, digamos, não ficava muito entusiasmado com as minhas escolhas. Mesmo assim, ele me ajudava.

"Eu diria até que o Freddie era, de fato, a encarnação da bondade. Ele sempre me lembrava de que eu devia a mim mesma experimentar coisas novas, cometer meus próprios erros e até desobedecer — mas só um pouco, e não com muita frequência, porque a obediência precisava sempre vir em primeiro lugar. Essa era a única maneira de crescer, ele vivia dizendo. Só muito mais tarde percebi que ele estava se esforçando para me dar uma infância liberal, sem repressão e com um apoio que ele mesmo não recebeu quando criança. Ele prometia que eu sempre poderia contar com ele, e não descumpriu essa promessa, porque, de certa maneira, sempre esteve comigo. Seus diários sempre estiveram ao meu lado para me confortar e me oferecer as respostas que eu procurava. Era como se ele tivesse previsto, tantos anos atrás, do que eu precisaria em cada etapa da minha vida. Ele me guia pelos diários exatamente como se continuasse ao meu lado.

"Ele me ensinou o que é alegria e como encarar as dificuldades e garantiu que eu soubesse que é vital fazer tudo com paixão, desejo e respeito. Ele me dizia: 'Faça o que quiser. Todas as profissões são valiosas, se você tiver orgulho do que faz e der sempre o melhor de si.' Dizia que eu tinha uma obrigação comigo mesma. 'Você precisa dar *100% de si* todas as vezes, o tempo todo.' O que ele queria dizer era: se você deu tudo de si, mas, mesmo assim, alguém te superou, você continua a ser um sucesso, porque foi uma vitória sobre si mesma. Mas, se for a número um em sua área e não der seu melhor, isso é um fracasso. Você nunca deve competir com os outros, aconselhava. A única pessoa contra quem deve competir é si mesma."

Ao contrário da imagem pública, Freddie era muito mais conservador do que a maioria das pessoas imagina. Os horários das refeições e do jantar, por exemplo, eram extremamente importantes para ele, B. afirma.

"A arrumação da mesa de jantar era uma verdadeira operação militar, realizada com imenso cuidado e 'precisão milimétrica'. Ele chegava a usar uma régua para alinhar a prataria, os pratos e os copos com os que estavam logo em frente na mesa. Eu me divertia muito vendo ele fazer isso. Uma vez, quando eu tinha uns sete anos de idade, ele foi para a cozinha pegar alguma peça que estava faltando e eu fiz o tipo de brincadeira que é irresistível para uma criança. Não aguentei e desarrumei um pouco o trabalho dele, depois me escondi atrás do armário para ver sua reação. Foi muito engraçado. Ele ficou horrorizado e quase engasgou. Não consegui segurar o riso. Ele ouviu, percebeu na hora que eu era a responsável e foi me buscar atrás do armário. A cara dele era hilária, o rosto franzido de um modo estranho — sabe como é, uma expressão que ele fazia com as sobrancelhas que era uma mistura de espanto com desaprovação. Mas fiquei aliviada ao ver que a ternura infinita em seus olhos continuava lá: aquilo que me dizia que eu nunca precisava ter medo dele. Meu pai me perguntou todo formal se eu havia sabotado seu lindo trabalho. Aquilo me fez rir ainda mais. Então tive que ser atormentada por uma longa sessão de cócegas, que para mim era uma tortura, porque ele era muito bom nisso. Quando acabou, ele mandou que eu colocasse tudo no devido lugar — com a ajuda dele, é claro.

"Outra grande lição que meu pai me ensinou é que a vida está em toda parte. Nos seres humanos, nos animais, nas plantas, em tudo. Ele nunca seria capaz de tirar a vida de um ser. Por isso, em casa, nos dias quentes, ou quando viajávamos a lugares onde esse tipo de precaução era necessário, nós usávamos mosquiteiros e velas de capim-limão e passávamos citronela no corpo — um repelente que ele usava quando morava em Zanzibar e na Índia —, em vez de inseticidas químicos industrializados. Ele comia carne e peixe, mas dizia que é preciso fazer isso com a consciência e o respeito pela vida que foi sacrificada. O amor universal, dizia, é o objetivo mais elevado de nossas vidas, por isso devemos tratar todos os seres vivos com gentileza. Ele adorava os gatos e respeitava o comportamento e o estilo de vida dos felinos. Costumava ficar louco quando marcavam território em lugares impróprios, arranhando ou urinando. Mas sabia muito bem que esse é um comportamento normal, ainda mais quando muitos gatos moram na mesma casa. Não que fosse ele quem limpasse a sujeira. Essa era uma tarefa dos empregados. Para conforto dos gatinhos, as caixinhas de areia precisavam ser limpas e lavadas assim que um dos gatos a utilizasse. Ficava ainda mais louco quando eles arranhavam os móveis, o que faziam sempre, mesmo depois que meu pai comprou uma grande árvore de gato para eles. Mas, de novo, esse é um comportamento normal dos gatos e é claro que ele respeitava."

Freddie também adorava cisnes.

"Porque eles são o símbolo da fidelidade e do amor eterno. O amor entre um casal de cisnes é tão forte que, quando um dos dois desaparece, o parceiro pode literalmente morrer de tristeza. Essa ideia fazia total sentido para ele. Meu pai também amava cachorros, macacos, burros, carpas, pinguins e todos os outros animais. Era um reflexo de sua alma jovem. Todas as crianças tentam ser amigas dos animais. É como se sentissem uma conexão com eles que ainda não encontram nos outros seres humanos. Freddie sempre tentava entender e imitar as expressões dos animais.

"Quando um de seus bichinhos ficava doente, ele ficava louco. Fazia o que fosse preciso para tratá-lo e curá-lo. Imagine, então, como ficou arrasado quando Jim Hutton seguiu o conselho do vendedor de peixes e sacrificou uma carpa porque ela estava muito doente e o veterinário não tinha aparecido. Jim tomou essa decisão sozinho, sem perguntar a Freddie ou a Mary. Nenhum dos dois tinha dado autorização para matar o animal, e Freddie não teria poupado despesas se houvesse a mínima chance de salvar o peixinho. Mas Jim permitiu que ele fosse sacrificado, e Freddie ficou enfurecido. Não que ele discordasse que o sofrimento do animal devesse ser aliviado. Se não houvesse mesmo alternativa, ele teria se conformado. Mas preferia ter sido informado, para que pudesse se preparar para essa triste necessidade. O veterinário teria vindo e Freddie teria seguido o conselho dele com imensa tristeza. Mas, do jeito que aconteceu, ninguém sequer havia perguntado a opinião dele. Jim tomou uma decisão que não tinha o direito de tomar e Freddie se viu diante de um fato consumado. Se você soubesse o quanto era profundo o amor que ele sentia por gatos e peixes, o quanto se importava com o bem-estar deles e quanto respeitava todos os seres vivos, entenderia por que ele ficou uma fera com Jim. Pior: a decisão do Jim não resolveu nem o problema do laguinho, nem da qualidade da água. Portanto, na cabeça do Freddie, o pobre peixe tinha morrido a troco de nada."

Considerando tudo, Freddie era um bom pai, presente.

"Ele passava bastante tempo me ensinando a jogar xadrez, tocar piano e soltar pipa. Sempre carregava uma bolsa que tinha muitos compartimentos e bolsos na frente. Quando criança, aquela bolsa era uma verdadeira caverna do Aladim para mim. Havia um compartimento que eu nunca tive permissão de abrir. Eu nunca soube o que ele guardava ali. Mas todo o resto era o meu playground. Minhas mãozinhas descobriram muitas coisas interessantes para brincar naqueles bolsos. Ele também escondia presentes ali para eu encontrar.

"Eu nunca teria questionado isso na época, porque não é o tipo de coisa que as crianças se questionam, mas eu acredito que ser pai era algo totalmente natural para ele. Sua paciência, sua atenção e seu carinho, sua capacidade de ensinar pelo exemplo, de orientar, sua ternura e sua compreensão, sua gentileza e sua bondade, sua disposição de trazer alegria e felicidade, sua imensa capacidade de amar, abraçar, consolar e proteger, o dom que ele tinha de abrir meus olhos para as coisas que realmente importam... Quem mais poderia ter um pai tão mágico assim?"

Mas B. revela que ele também era muito pé no chão.

"Ele dava extrema importância para a escola e exigia que eu levasse a sério. Eu tinha certa liberdade, mas precisava fazer os deveres de casa antes de qualquer outra coisa. Tinha que tirar boas notas. Era uma das coisas de que ele simplesmente não abria mão."

Será que isso tinha a ver com o fato de Freddie ter sabotado seu enorme potencial acadêmico quando jovem, deixando os estudos de lado para se concentrar na música, sendo reprovado em todas as matérias e se afastando da educação pela qual seus pais haviam se sacrificado tanto? É possível. Se bem que, com tudo o que sabemos, não seria igualmente possível que ele tenha abandonado os estudos para fugir de um ambiente em que era violentado por um pedófilo? E que, se não tivesse feito isso, poderia ter sido aniquilado?

• • •

Freddie, o mundo todo sabia, tinha uma vida de luxo e opulência.

"Mas eu cresci no meio do luxo e da opulência. Ele, não", ressalta B. "Como sabemos, ele gostava de gastar dinheiro, de dar presentes sem se preocupar com o preço. Vou repetir: ele era muito bom em mimar os outros. Mas também me ensinou a trabalhar e a perseverar. Me ensinou o valor do trabalho e das coisas. Ele dizia que não existe almoço grátis e que nada de bom vem fácil; que você precisa ganhar o próprio sustento e que não há escolha a não ser trabalhar muito a fim de ter dinheiro para gastar como bem entender."

E ele ensinou bem à filha. Ela foi uma aluna aplicada na escola, fez faculdade, residência e se tornou uma médica muito requisitada.

"Eu queria ser arqueóloga", revela B. "Sou muito apaixonada por história, civilizações e artes, interesses que herdei do meu pai. Cheguei a estudar arqueologia, história da arte e história antiga. Quando tinha dezoito anos, meu namorado e o irmão dele morreram num acidente de carro. Outro passageiro ficou gravemente ferido e teve que passar por trinta meses de fisioterapia, reaprendendo a comer, a andar e a escrever. Como eu tinha perdido meu pai apenas três anos antes, fiquei arrasada. Essas duas tragédias me abalaram profundamente. E ter uma profissão que me permitiria ajudar os outros passou a ser a escolha mais óbvia para mim. Ao terminar os estudos, passei dois anos viajando pelo mundo. Queria ver com os próprios olhos todos aqueles lugares antigos e maravilhosos, repletos de história."

Ao retornar, ela se dedicou a sua especialidade na medicina. Será que B. chegou a pensar em virar artista, como tantos filhos de roqueiros fazem?

Jamais, ela enfatiza.

"Por que você acha que os filhos de artistas famosos nunca conseguem se igualar ou superar as realizações do pai ou da mãe? É porque tiveram a infância que o pai não teve. A maioria dos artistas desenvolve seu talento em meio à dificuldade. É como se fosse um desafio contra tudo o que eles passaram. Os filhos criados num ambiente saudável, amoroso e seguro não precisam preencher um vazio emocional. Quando viram adolescentes, só têm três possíveis caminhos a seguir. Alguns são tão afetados pela ligação com aquela figura grandiosa que acabam caindo no vício ou na depressão, ou então desenvolvem distúrbios ou fobias. Outros têm as portas abertas e recebem oportunidades com mais facilidade por serem filhos de quem são, mas é raro que consigam aproveitá-las ao máximo. Invariavelmente serão comparados aos pais, cujo talento não conseguem superar, e, diante da impossibilidade de serem desvinculados deles, estão fadados a nunca serem eles mesmos. A alternativa é dedicar tempo e esforço para descobrir aquilo que realmente amam, qual seu verdadeiro propósito, e ter coragem para tomar um caminho diferente.

"Essa terceira via foi aquela que o meu pai sempre me incentivou a seguir, me deu o apoio que me permitiu fazer isso. Ele dizia: 'Explore o máximo de possibilidades que puder. Faça as coisas com paixão. Faça aquilo em que acredita. Faça por você, e não porque os outros querem que você faça.' E ele estava certo.

"Como acontece com todas as pessoas, a infância do Freddie teve um impacto enorme em sua vida. E a dele foi uma infância horrorosa. Hoje sabemos que foi por isso que ele se dedicou a virar um astro do rock. É o motivo de ter sido um grande artista, e eu não. Sim, eu toco piano bem, mas não sou pianista, muito menos compositora. Não me arrependo disso. Amo demais a carreira que tenho. Profissionalmente, sempre procuro dar meu melhor. Mas, depois que tive filhos, o trabalho mais importante da minha vida é ser a melhor mãe possível."

Ela diz que deveria ser a primeira pessoa a tentar amenizar, diminuir e "higienizar" o estilo de vida promíscuo e altamente censurável do pai.

"Eu deveria ser a primeira pessoa a tentar apagar Mary da história dele. É normal que os filhos queiram que os pais fiquem juntos, não é? Comigo não era diferente. Mas, se eu tentasse retratá-lo de uma maneira que Freddie não era, estaria traindo a lealdade que tenho por ele. Meu pai me disse muitas vezes, e até declarou em entrevistas, que era um homem de extremos; que era feito de vários elementos, alguns conflitantes. Por que eu haveria de negar quem ele era de verdade?"

Ela diz que Freddie, como milhares de outros, foi uma vítima de seu tempo, e não de seu estilo de vida.

"Se fosse dez anos antes, ou dez anos depois, seu destino poderia ter sido totalmente diferente, mesmo que ele vivesse da mesma maneira. Dez anos antes, o HIV não era a ameaça que passou a ser no período entre 1977 e 1985, então talvez ele não tivesse sido contaminado. Dez anos depois, o mundo já tinha um conhecimento bem maior sobre a doença. Ele teria praticado sexo seguro desde o início. Eu sou a primeira pessoa a lamentar que ele não tenha interrompido sua vida promíscua bem antes, e a primeira a lamentar que não tenha descansado mais em seus últimos anos, para se poupar e talvez com isso aumentar sua expectativa de vida. Fui a primeira a sofrer quando ele interrompeu o tratamento, mesmo que seu sofrimento físico fosse algo que ninguém desejaria a qualquer ser vivo, porque cada hora e cada dia o deixaria mais perto de um tratamento mais eficaz, talvez até da cura.

"E eu deveria ser a primeira pessoa a desejar que ele estivesse aqui, conversando comigo por horas a fio e brincando com os meus filhos, seus netos. É fácil dar uma de moralista e querer criticar a vida que ele levava sem nem conhecê-lo bem. Até outros astros do rock, que deveriam 'ter consciência', já que tinham o mesmo estilo de vida, são hipócritas quando falam do Freddie. Por que os groupies *deles*, os vários parceiros sexuais *deles*, a cocaína e as bebedeiras *deles* são tão diferentes das do Freddie?

"No fim das contas, quero que você saiba que eu não me sinto prejudicada pelo meu pai ter sido quem foi. Não pelo estilo de vida dele, pelos excessos, por seus traumas, seu lado obscuro nem por qualquer outra coisa. Eu sabia quem ele era, e para mim isso basta. Nem me sinto prejudicada pelo meu próprio anonimato, muito pelo contrário. Vi meu pai compartimentalizar a própria vida, e fazer isso muito bem. Talvez seja por isso que consegui fazer o mesmo."

• • •

Deve ter partido o coração do Freddie, acredita B., pelo fato de ela morar com a mãe e o padrasto, e depois com os meios-irmãos, mas não com ele o tempo todo.

"Eu sei que isso fazia meu pai se sentir culpado e impotente. Não por causa do meu nascimento — ele insistia que nunca considerou seu caso com a minha mãe um erro —, mas porque não nasci em uma família perfeita e segura, do tipo que havia sonhado em criar para si mesmo. Como não havia nada que pudesse fazer para mudar essa situação, ele deu a volta por cima: fez tudo para que eu tivesse a melhor vida possível.

"Eu sei que ele me amava e gostava de mim exatamente do jeito que eu era. Sabia que podia me abrir e confiar nele sem reservas, e que sempre podia ser eu mesma. É verdade que eu fui mantida à distância do mundo do show business e protegida de fotógrafos e jornalistas, mas nunca me senti escondida. Nunca me senti a filha bastarda, 'a ilegítima'. Nunca me preocupei que alguém tivesse vergonha de mim. Para Freddie, era fora de cogitação submeter uma criança ao escrutínio público. Por isso ele fez tanto esforço para me proteger. Para ele, isso era normal. Ele era categórico ao dizer que a vida na estrada e nos bastidores de um show não era lugar para uma criança, menos ainda as muitas festas às quais o Queen era convidado.

"Ele adorava se apresentar, mas odiava sair em turnê. Eu o vi várias vezes no palco em 1984, quando tinha sete anos. Geralmente nos fins de semana, porque a turnê *The Works* aconteceu durante o ano letivo. Também vi a turnê *Magic*, de 1986, quando tinha nove. Mas a minha presença o deixava desconfortável."

Não porque achasse que alguém fosse ligar os pontos, perceber alguma semelhança física e descobrir que B. devia ser filha dele — embora também temesse isso.

"Ele não queria que sua vida pública afetasse a privacidade de seus entes queridos, nem que um de nós sofresse assédio da imprensa. Ele também tinha a convicção de que o ambiente do rock'n'roll era impróprio para crianças. Por isso, eu era escoltada até o show e depois voltava direto para o hotel. Lá esperava por ele pacientemente. Ele nunca me levaria à festa de lançamento de algum disco, como outros artistas fazem."

Novamente, não por medo de que ela fosse reconhecida, ou de que alguém pudesse descobrir o segredo, mas porque trabalho era trabalho, e aquele não era lugar de criança.

• • •

A filha de Freddie sabe o quanto tem sorte de guardar tantas fotos, gravações em áudio e vídeos caseiros, mesmo que seja estranho assisti-los, sendo hoje mais velha do que ele quando morreu.

"Ele tinha tão poucas fotos da própria infância que queria registrar todos os nossos momentos juntos. Na maioria das vezes, era o meu maravilhoso e magnânimo padrasto quem estava do outro lado da câmera, enquanto eu e Freddie posávamos e brincávamos. Como ele não podia evitar o escrutínio público e sua privacidade era constantemente invadida, Freddie amava de paixão essas gravações particulares, que tinha total segurança de que jamais viriam a público.

"Em casa, ele tinha um equipamento de gravação de múltiplos canais e outros em Phillimore Gardens, em Stafford Terrace e em Garden Lodge. Ele sempre gravava as coisas que improvisava. Se achasse que aquilo daria uma boa música, levava a fita a um estúdio profissional. Muitas ficaram na nossa casa e vão continuar ali, por dois motivos importantes: se ele não as levou para desenvolver num estúdio, era sinal de que não achava o material tão bom; e porque a única pessoa que poderia julgar, desenvolver e levar suas ideias até o fim era o próprio Freddie."

CAPÍTULO 13

SEM DOMÍNIO

Não nos cabe julgar com o olhar atual o comportamento dos anos 1980, insiste B. Nem devemos compará-lo com a moral sexual, a política e a sensibilidade social de hoje em dia. O ponto de vista de B. está em sintonia com o que Freddie tinha a dizer sobre o vírus HIV e a aids em seus diários, e com a experiência pessoal dele com a doença.

"Ninguém tem o direito de dizer que Freddie pagou pela vida que levou", ela diz. "Nem o direito de atacar sua sexualidade. Não era crime. Ele viveu a vida que queria, acreditando que seria feliz. Ele foi uma vítima de seu tempo, quando a doença ainda era muito recente e muitas vezes não era sequer identificada. Foi infectado antes da explosão da epidemia da aids, quando as teorias a respeito da doença eram conflitantes, não havia certezas e as informações variavam, e antes que um tratamento mais completo estivesse disponível. Algo assim não o teria curado da doença, mas o teria mantido vivo. Ele foi vítima de tudo isso, e não de seu estilo de vida ou sua sexualidade."

Quando o vírus da imunodeficiência humana (HIV, na sigla em inglês) foi identificado em 1983, Freddie já estava bem a par dos acontecimentos. Antes chamada de GRID — Gay-Related Immune Deficiency (Imunodeficiência Relacionada aos Gays) —, acreditava-se que só atingia determinados grupos. "Mas, como ele mesmo explicou", conta B., "não se sabia muito mais. Havia duas teorias contraditórias à época. Uma dizia que a síndrome se desenvolvia depois de um longo período de exposição a múltiplas infecções e vírus, de modo que a promiscuidade prolongada era considerada extremamente perigosa para a saúde. A outra teoria se concentrava num único vírus, e sugeria que até uma única relação sexual com uma pessoa contaminada poderia ser suficiente para se desenvolver a doença. Até 1984, uma parte da comunidade gay dos Estados Unidos dizia o seguinte: 'Nenhuma evidência dá suporte à teoria de que haja um novo vírus (ou mutação) específico, e essa teoria só persiste porque há boatos de que uma pequena percentagem das vítimas gays da aids alega ter tido poucos parceiros sexuais, e porque algumas pesquisas insistem na ideia de que o mesmo agente esteja causando a aids em quatro grupos muito distintos: homossexuais masculinos, haitianos, usuários de drogas injetáveis e hemofílicos.' Eles concluíram que não havia indícios que justificassem a procura por um novo vírus mutante, e que não havia qualquer evidência que fundamentasse a ideia de que um novo vírus fosse a causa da aids. Era amplamente sugerido que, se uma pessoa deixasse de ser promíscua, ela se recuperaria da imunossupressão. A internet ainda não fazia parte da vida das pessoas em geral. Informações não eram de fácil acesso. Quando estava em Nova York, Freddie sabia o que estava acontecendo, mas desconhecia a situação da epidemia em Los Angeles. No tempo que passou em Munique, havia pouquíssimos casos, de modo que lá ele devia se sentir relativamente seguro".

Porém, o conhecimento sobre a doença estava em seus primórdios. Os médicos ainda tinham muito a aprender. Freddie estava plenamente ciente de que as chances de ele *não* estar infectado eram quase zero, devido ao arriscado estilo de vida que levava.[1]

Por volta de outubro de 1984, quando soube que Tony Bastin, com quem teve um relacionamento entre o fim de 1979 e o verão de 1980 (bem menos que os "dois anos de relacionamento" tantas vezes noticiado), havia manifestado a doença, Freddie sabia que já devia estar infectado com o HIV.

"Ele tinha corrido inúmeros riscos. Transou muitas vezes sem proteção com um número significativo de parceiros. E ainda havia o fato de ser um homem passivo, que tem uma chance muito maior de ser contaminado do que o parceiro ativo."

A notícia sobre Bastin deixou Freddie aterrorizado.

"No começo", conta B., "ele ficou em negação. Atirou-se em comportamentos ainda mais excessivos e destrutivos, abusando do álcool e das drogas e fazendo sexo violento, sem limites e sem compromisso.

Foi a fase em que ele 'fez de tudo, com todo mundo', como falou para o amigo radialista Paul Gambaccini na boate Heaven, em Londres — a noite em que Paul percebeu que Freddie ia morrer. Em março de 1985, ele descobriu sua primeira lesão, logo acima da axila direita, ali onde começa o pelo. Alguns meses depois, uma segunda lesão, maior que a primeira, apareceu no braço direito. Nas imagens gravadas durante a icônica apresentação do Queen no *Live Aid*, em 13 de julho daquele ano, ele está com um amuleto com rebites de metal no alto do bíceps do braço direito, para esconder essa segunda lesão, que era maior".

A infecção pelo HIV estava entrando na fase ativa, diz a filha.

"Ele estava desenvolvendo os primeiros sintomas do complexo relacionado à aids. Antes do fim de 1985, ele acabou cedendo e concordou em fazer um teste, cujo resultado foi negativo. Infelizmente, revelou-se ser um falso negativo. Eu mesma ainda não entendo como uma coisa dessas pode ter acontecido. Mas uma coisa de que tenho certeza é que Freddie não escondeu a verdade nem mentiu. Se o primeiro teste tivesse sido positivo — que é o que deveria ter acontecido —, ele teria a mesma atitude responsável que teve em 1987, quando soube com certeza. Teria contado para Mary, Joe Fannelli e Jim Hutton imediatamente. Como tivera relações sexuais com os três, eles precisariam fazer testes também. Ele teria tomado todas as precauções necessárias e responsáveis que tomou de 1987 em diante.

"Acredito que o motivo de ele não ter feito outro teste quando o primeiro deu negativo, embora tivesse certeza de que fosse soropositivo, foi porque parte dele continuava a ter esperança de que aquele resultado fosse verdadeiro. Ele mantinha a esperança de que todas as doenças e infecções que andava contraindo se deviam ao excessivo e prolongado consumo de drogas muito fortes, principalmente cocaína, mas também álcool e *poppers*."

No primeiro trimestre de 1986, em Munique, Winnie Kirchberger recebeu a confirmação de que tinha o HIV. Ele informou de imediato a Freddie, encerrando o relacionamento entre eles. Pouco depois, Winnie enlouqueceu, pois o vírus havia atingido seu cérebro. Barbara Valentin me contou que ela o encontrou literalmente morrendo de fome, enquanto o gato comia a própria pelagem para sobreviver.

"Eu o levei para o hospital e paguei todas as contas", disse Barbara. "Mas já era tarde demais para salvá-lo."

• • •

O que realmente desestabilizou e destruiu Freddie, revela sua filha, foi ver seu sonho mais precioso desmoronar.

"Agora ele não seria mais capaz de ter a própria família, ver os filhos crescerem ou criar os laços de amor incondicional de que tanto precisava. Sim, eu já existia. Mas ele queria mais, queria viver com a esposa e os filhos o tempo todo, não apenas visitá-los. Em seu íntimo, ele era totalmente um homem de família. Ter seu pequeno clã e viver felizes para sempre era o único objetivo que lhe restava na vida. Enfim, depois de muitos anos, Freddie Bulsara havia retomado o poder de Freddie Mercury. Claro, ele estava plenamente ciente de que não poderia deter o curso dos acontecimentos. Não havia jeito de impedir o que estava prestes a lhe acontecer. Mas, ainda assim, e de uma maneira quase perversa, Freddie se recusou a desistir do sonho de criar uma família." Sua tragédia pessoal não era tanto o fato de que seu sonho de ter filhos com Mary havia sido destruído, mas sim o de que ele estava mergulhado em uma profunda negação. Continuava a acreditar que, de alguma maneira, poderia controlar o desfecho.

Em julho de 1986, Mary Austin, então com trinta e cinco anos, deu uma entrevista ao leal amigo do casal David Wigg, na qual contou que gostaria de ter um filho antes que fosse tarde demais. Ela sabia que, devido ao estado de saúde de Freddie, ele não podia ser o pai. Mais tarde, durante a entrevista com Freddie, David perguntou se *ele* queria ter um filho. Freddie deu uma resposta evasiva, dizendo que preferia adotar mais um gato.

"Ele disse isso porque já sabia que era soropositivo e que não poderia mais ter filhos biológicos", conta B. "Quer dizer, ele sabia, mas não oficialmente. Mas era como se soubesse, porque Tony Bastin já estava numa fase avançada da doença e eles tinham se relacionado seis anos antes. Freddie sabia que suas chances de não ter contraído o vírus eram quase nulas.

"David, é claro, não fazia ideia de que Freddie já tinha uma filha, portanto ele nunca perguntaria nada a meu respeito. Como acontece tantas vezes em entrevistas para a imprensa, o jornal alterou as falas de Mary e Freddie. Eles sensacionalizaram a entrevista, como o próprio David explicou, para gerar mais vendas. Freddie sempre ficava enfurecido com esse tipo de coisa."

Quando o pintor, decorador e designer de interiores Piers Cameron começou a trabalhar em Garden Lodge Mews, ele e Mary logo ficaram atraídos um pelo o outro, engataram um namoro e viraram um casal. Freddie aprovou a união, e eles tiveram o primeiro filho.

Mas, como B. revela, Cameron sempre sentia a sombra de Freddie pairando sobre ele. Ele saiu de Phillimore Gardens antes do nascimento do segundo filho com Mary, Jamie.

• • •

Depois de dar um tempo nas relações promíscuas alguns meses antes, Freddie então interrompeu de vez toda a atividade sexual com seu círculo de parceiros regulares e se limitou a praticar sexo seguro com Jim Hutton.

"Mas logo veio um momento em que sexo era a última coisa em que ele pensava, a última coisa que ele desejava", relata B. "A 'pegação' entre os dois não era mais o bastante para Jim, que continuava a frequentar boates e bares para transar com outros homens. Houve ocasiões em que ele só voltava a Garden Lodge ao amanhecer. Não só isso, mas, a essa altura, Freddie e Mary raramente passavam as noites juntos também. Freddie detestava pensar em Jim traindo-o e o deixando em casa sozinho, algo insuportável para ele. Passava a maioria das noites sozinho, esperando Jim voltar. Durante um tempo, aceitou a situação, mas depois se encheu. Também estava extremamente cansado por causa da progressão da doença. Tudo o que ele queria era calma, paz e tranquilidade, viver os dias que lhe restavam com segurança no conforto do próprio lar. Ele já estava farto da situação turbulenta com Jim. Depois de mais uma briga sobre o comportamento egoísta e descuidado dele, Freddie pôs um ponto-final na relação e passou a ficar sozinho todas as noites, sem esperar ninguém chegar em casa. Pela primeira vez na vida, preferiu ficar só do que mal acompanhado."

Em 1989, a doença se manifestava com força total e Freddie perdeu muito peso.

"Para aqueles que insistem em acreditar que ele já estava doente em 1987, seria bom lembrar que em 1983 uma pessoa com aids tinha uma expectativa de vida de apenas dezesseis meses", conta B. "Dez anos mais tarde, em 1993, a expectativa de vida havia subido para apenas vinte e dois meses. Se Freddie já estivesse doente em 1987, ele teria vivido cinquenta e cinco meses inteiros com a doença, o que era clinicamente impossível naquela época."

O AZT, ou zidovudina, era o principal tratamento para a fase terminal da doença.

"Mas trazia efeitos colaterais horríveis", revela B., como perda do apetite, náusea, vômitos, dores de cabeça e insônia. Naquela época, quando a aids se manifestava plenamente, a expectativa de vida da pessoa era reduzida a menos de dois anos, mas também poderia ser de poucos dias. Qualquer infecção mínima tinha a capacidade de se revelar fatal. Essa foi a razão pela qual, quando a doença se instalou por completo e a contagem de células CD4 do Freddie caiu ao nível mais crítico, seus médicos avisaram que ele talvez não conseguisse chegar ao Natal de 1989. Era comum que pacientes morressem por não aguentarem o tratamento brutal. E havia a força de vontade: a pessoa precisava tentar encontrar forças para viver. Muitos pacientes, incluindo o meu pai, decidiram interromper o tratamento no final, mesmo cientes de que uma infecção simples poderia matá-los em poucos dias.

"O HIV também começava a apresentar uma resistência contra os medicamentos existentes. Até 1995, apenas a monoterapia (uso de um único tipo de tratamento) estava disponível. Os testes clínicos para a terapia tripla (uma combinação de tratamentos) só começaram em 1992, o ano seguinte à morte do Freddie. Portanto, ele não teve chance de experimentar nada além."

• • •

Segundo B., a morte não assustava Freddie. "(...) ainda que ele só tenha verdadeiramente aceitado estar perdendo a vida nos meses finais", revela. "Ele continuava a seguir de perto os ensinamentos de Zaratustra. Ou seja: 'existem dois mundos, o físico e o Mundo dos Pensamentos, e os humanos vivem e se movem nos dois ao mesmo tempo. O mundo físico é efêmero e vulnerável, mas o espiritual é eterno. A vida não passa de uma longa preparação para o Mundo dos Pensamentos e continua no campo espiritual.'"

Freddie sabia e dizia que continuaria a compor e a cantar enquanto seu corpo e sua mente permitissem. Quanto a isso ele não tinha medo.

• • •

Mary não queria herdar Garden Lodge, e deixou isso claro para Freddie, sem recorrer a meias-palavras. O ninho da felicidade dos dois sempre fora o apartamento de Phillimore Gardens.

"E foi até os últimos meses da vida do Freddie", conta B. "Mas ele se agarrou ao seu sonho de fazer de Garden Lodge uma residência familiar, cheia de crianças e alegria. Mary já tinha um filho e daria à luz o segundo pouco depois da morte do companheiro. Ele insistia que a casa deveria ser usada para o fim que havia sido idealizada. Mary acabou aceitando."

Como a própria B. confirma, Garden Lodge era a casa do Freddie e da Mary. Nunca foi o reduto de solteiro dele, como a maioria dos fãs supõe. Apesar de outros homens terem morado lá, todos (inclusive Jim Hutton) eram funcionários do Freddie.

"Eram empregados mesmo", confirma B. "Era assim que ele os via. Sempre que os pais do Freddie visitavam, Mary estava lá com ele. Peter e Jim tinham que sair e passar o tempo em outro lugar. E sempre que

Freddie ia visitar os pais para almoçar ou tomar um chá, quase sempre levava Mary.

"O mundo profissional que Freddie habitava estava a anos-luz de distância da vida pacata de Bomi e Jer. Mas, quando Freddie os visitava, ele nunca era o Mercury. Era só Farrokh, um filho amoroso visitando o pai e a mãe. Eles entendiam o limite que Freddie traçava entre a vida particular do Farrokh/Freddie Bulsara e a vida profissional do Freddie Mercury. Já foi escrito, dito e até insinuado no filme *Bohemian Rhapsody* que Bomi desaprovava profundamente a vida do filho e que até considerava aquele estilo de vida um pecado mortal. Se isso fosse verdade, Bomi nunca teria ido a Garden Lodge para almoços ou jantares de família. Nunca teria recebido Freddie em casa, em Feltham, Middlesex. E, acima de tudo, nunca teria participado dos muitos eventos em homenagem ao Freddie depois que o filho morreu. Ele nunca deu a desculpa de que estava velho demais ou doente demais para comparecer, coisa que os organizadores e participantes teriam compreendido e aceitado. Não. Ele ia, fizesse chuva ou sol. Ele ia, porque tinha muito orgulho do filho.

"Freddie sempre ia passar o Natal com Mary e visitar seus pais", conta B. "Já o réveillon era para festejar com os amigos. Por alguns anos, ele teve o hábito de pegar o último Concorde saindo de Londres para passar a virada do ano em Nova York, Munique ou qualquer lugar que lhe desse na telha. Ele sempre pegava o último voo da noite."

Mary também desfrutava de uma longa e amorosa relação com Bomi e Jer.

"Durante as longas ausências do Freddie, ela sempre ligava e os visitava com frequência", afirma B. "Eles só se afastaram depois que o testamento do Freddie veio a público. Só então ficou claro que ele tinha deixado para Mary a maior parte de seu patrimônio. Foi muito triste, porque, devido ao ressentimento por conta do testamento, a relação entre Mary e os pais do Freddie desandou e nunca mais se recuperou."

• • •

"Eu não acredito que algumas pessoas não se lembrem da reação que tiveram quando Freddie contou a elas que tinha aids", reflete B. "Nem como uma história assim pode mudar tantas vezes. Tudo o que tenho a dizer é o seguinte: ninguém se esquece de uma notícia tão devastadora como essa. Eu nunca vou me esquecer do dia, na primavera de 1990, em que ele me disse, cara a cara, que estava muito doente. Nunca vou me esquecer de sua voz nem de seu rosto naquele momento. Ele estava com uma expressão estranha, que eu nunca tinha visto antes. Também nunca vou me esquecer do dia, quinze meses depois, em que ele me disse que estava morrendo. O clima, o céu, as cores e os sons da natureza, cada detalhe daquele dia ficou marcado na minha memória. Só muito mais tarde percebi que ele já estava me preparando aos poucos para esse desfecho. Foi alguns dias depois da segunda conversa que tivemos sobre os diários. Passaram-se três meses, e ele finalmente me confessou que estava com aids. E, quatro semanas mais tarde, ele se foi."

Como era de se esperar, Freddie passou os últimos anos em negação.

"Primeiro, negou para si mesmo o fato de que provavelmente era soropositivo. Quando já não havia mais dúvida sobre isso, tentou negar que estivesse doente. Quando já estava óbvio que estava doente, ele começou a negar que fosse morrer. Quando, enfim, aceitou que estava morrendo, queria, desesperadamente, viver. Quando sua vida já não era mais vida — como o chiado da agulha em um toca-discos quando o disco chega ao fim, era como ele descrevia —, foi só então que ele concordou em desistir.

"A aids é uma doença terrível. Ela transforma o ser humano num cadáver ambulante, consumindo os músculos e drenando toda a energia. Com apenas quarenta e cinco anos, meu pai já parecia um velhinho. A condição física dele só piorava, até chegar a um ponto em que ele não conseguia mais se olhar no espelho.

"Talvez o mais cruel seja a maneira como a doença vai tomando conta da vítima. No começo, é fácil se enganar e fingir que não tem nada de errado. Aí o vírus entra em ação e causa as primeiras infecções aqui e ali. A pessoa começa a perder peso e a sofrer de imensa fraqueza e fadiga. Meu pai só conseguia trabalhar poucas horas por dia antes de ser consumido pela exaustão. Ele se obrigava a tirar longos cochilos, acreditando que poderiam revigorá-lo. Mas, quanto mais descansava, mais extenuado ficava. O restante do dia era pontuado pela perda de apetite, náuseas, cólicas estomacais, câimbras, dores em toda parte, tinha insônia, dores de cabeça e todo tipo de desordens. Logo ficou praticamente impossível comer ou engolir. Era uma dificuldade ir ao banheiro. Levantar, sentar, deitar, tudo era doloroso. Todo esse processo aconteceu de forma muito rápida. Exercícios de musculação foram prescritos para impedir que os músculos se atrofiassem. Ele conseguia fazer caminhadas curtas, e gostava. Aí ficava contemplativo, o que não acontecia havia bastante tempo. Foi uma verdadeira revelação. Ele começou a achar que tudo que via — as montanhas, a natureza, o céu, até a luz — era lindo e magnífico.

"A contagem de células CD4, usadas para monitorar o HIV, vinha dando o ritmo de sua vida desde 1987. Os altos e baixos da contagem correspondiam aos dias de esperança e de amargo desespero dele; suas ótimas recuperações e quedas abissais. Chegou um momento em que meu pai não queria mais saber quanto estava pesando nem o último resultado da contagem de CD4. Ele continuou fazendo todos os testes que os médicos indicavam, até os mais brutais, mas não queria mais saber o resultado. A essa altura, já conhecia muito bem os diversos estágios da doença. No fim, sentiu que tudo piorava e percebeu que devia estar próximo da morte. Passou a ser então uma questão de semanas, não mais de meses. Ele enfim aceitou que não havia mais nada a ser feito."

Mas ainda havia coisas a planejar, muito a colocar em ordem.

"Ele também queria se preparar para os próximos Natais e aniversários das pessoas que amava. Que a última atividade que ele fez na vida e que lhe deu prazer tenha sido comprar presentes para nos agradar quando já não estivesse aqui é, para mim, de partir o coração. Recebi presentes deixados por ele durante vários anos depois de sua morte. Não só de Natal e aniversário, mas até para os meus exames de conclusão na universidade. Sabe, isso era a cara do Freddie. Mas não acredito que ele tenha imaginado o quanto seria doloroso recebê-los.

"Ele quis resolver suas últimas pendências. Não deixou nenhuma ponta solta. Quase até o fim, continuou comprando quadros para Mary, sempre atento para evitar que os impostos pesassem muito. Então, quando tudo já estava feito, e os analgésicos estavam sugando o pouco da força que ainda lhe restava, mas não a dor em si; e quando só conseguia respirar sob doses tão fortes que o sedavam por completo, ele enfim se viu pronto para morrer. Decidiu que estava na hora de parar com os remédios e dizer adeus — uma palavra que nunca conseguiu falar, mas que poderia pôr em prática —, simplesmente se entregar. Quando voltou da Suíça para Londres pela última vez, a decisão já havia sido tomada. Ao interromper o tratamento, ele sabia que sua condição física iria se deteriorar depressa e que os últimos dias seriam extremamente dolorosos."

• • •

Freddie não considerava o empresário do Queen seu amigo, revela a filha.

"Jim Beach foi advogado da banda, antes de se tornar o empresário do grupo e do próprio Freddie separadamente, e foi o testamenteiro dele. Mas não era advogado dele", afirma B. "Não controlava o dinheiro do Freddie nem como ele o gastava. Como testamenteiro, ele tinha responsabilidades. Se administrasse o *trust** de maneira inadequada, precisaria se explicar à Justiça. O papel dele sempre esteve ligado aos negócios. Freddie deixa claro que não via a relação deles como amizade. Beach simplesmente fazia o que Freddie mandava.

"Para ser bem clara", acrescenta a filha, "aqueles que se derem ao trabalho de procurar não vão encontrar nenhuma menção a mim no testamento do meu pai, porque não sou nem nunca fui beneficiária do *trust*.

* Figura jurídica de origem inglesa, o *trust* é uma entidade para a qual alguém passa seu patrimônio (todo ou parte) e é administrada profissionalmente por uma pessoa física ou jurídica independente, em favor dos beneficiários, seguindo regras previstas em contrato ou regulamento. É muito utilizado para diminuir a elevada carga tributária das heranças na Inglaterra. (N. do T.)

Eu recebi dinheiro suficiente por outros meios para viver de maneira confortável pelo restante da vida. Freddie teve quinze anos para preparar isso. Naquela época, bancos exclusivos na Suíça e suas contas numeradas facilitavam essas transações particulares com a mais absoluta discrição. Obras de arte, ouro, joias e títulos que davam ao portador a segurança de uma renda fixa foram outros meios pelos quais ele transferiu seu patrimônio. Embora meu pai tenha me deixado muito bem amparada, ninguém vai descobrir qualquer sinal meu em lugar nenhum. Ele não fez nenhuma estipulação 'oficial' para mim. Tudo isso para se certificar de que eu manteria minha privacidade.

"Até hoje", ela lamenta, "as pessoas continuam a confundir o HIV com a aids. A aids é a doença que se desenvolve a partir da infecção pelo HIV, quando as células CD4 caem a um nível muito baixo. Freddie recebeu a notícia de que era soropositivo em 1987, e a aids se manifestou plenamente em 1989. Como eu já disse, por estar trabalhando no álbum *Barcelona* com Montsy, a quem amava e respeitava, ele se sentiu na obrigação de contar a ela. Como não estava trabalhando com a banda naquele momento, não contou para Roger, John ou Brian. Só muito tempo depois é que Freddie deu a notícia a eles".

Apesar de ter havido muito apoio do público e manifestações de carinho em favor de Freddie naquele período, B. conta que ele também foi submetido a uma "avalanche de ódio. Pessoas que não o conheciam disseram que aquele era o castigo que merecia. Caçoavam, dizendo que toda a vida dele era uma devassidão sem fim. Teve gente o chamando de predador, pervertido, transgressor e até de criminoso. A onda de ódio e de agressões foi horrível. Esse tipo de coisa acontece até hoje. Freddie odiava as agressões verbais, mentiras e traições com cada gota de energia que ainda lhe restava.

"Apesar do fato de Freddie não o considerar um amigo próximo e pessoal, foi Jim Beach quem visitou Garden Lodge para pegar suas últimas instruções, preparar um comunicado e combinar quando ele deveria ser publicado", conta a filha. "Mesmo no final da gravidez, Mary passou boa parte do tempo com Freddie, revezando com o querido amigo dele Dave Clark. Joe Fannelli era responsável pelos analgésicos, e revezava com Joe e Peter Freestone para atender às necessidades pessoais de Freddie. O momento de publicar sua última declaração, quando ela deveria ser divulgada, foi uma decisão única e exclusivamente do Freddie."

> Em virtude das intensas especulações ocorridas na imprensa durante as últimas duas semanas, quero confirmar que testei positivo para HIV e que tenho aids. Entendi ser correto manter essa informação reservada para proteger a privacidade das pessoas à minha volta. No entanto, chegou o momento em que meus amigos e fãs no mundo inteiro devem saber a verdade, e espero que todos se unam a mim, aos meus médicos e a todos no mundo na luta contra essa terrível doença. Minha privacidade sempre me foi algo muito precioso, e sou conhecido por conceder poucas entrevistas. Por favor, peço que entendam que essa política se manterá.

Freddie morreu na própria cama, sob o próprio teto, com apenas o grande amigo Dave Clark ao seu lado. Mary não pôde estar presente devido à gravidez avançada. O estresse de ver o parceiro morrer poderia colocar a saúde do bebê e a dela em risco. Pouco depois, ela daria à luz seu segundo filho.

• • •

O dia em que Freddie morreu é muito difícil para B. rememorar.

"Tenho lembranças tão terríveis daquele dia. É fato notório que alguns membros da imprensa se comportaram de maneira abominável. Certo número de jornalistas e fotógrafos permaneceram em frente a Garden Lodge por séculos. Alguns se comportavam como verdadeiros urubus, esperando o momento da morte de Freddie para poderem devorá-lo. Essas pessoas impediram que ele vivesse com dignidade seus últimos dias, suas preciosas últimas horas. Para eles, Freddie não era mais um ser humano — era só uma manchete. Achei aquela crueldade diante do sofrimento de outro ser humano uma coisa terrível.

"Algumas das pessoas que escreveram, depois da morte dele, sobre seus últimos dias de vida tentaram justificar suas revelações e opiniões com a desculpa de que o próprio Freddie não estava presente para contar a verdade. 'E, como você sabe, ele teria dito a verdade nua e crua' protestam. Mas isso não dá a ninguém carta branca para agir com desrespeito ou privá-lo de sua dignidade. Sempre que um suposto amigo fala sobre o quanto ele era 'bem-dotado', ou revela detalhes de seus últimos momentos de vida, descrevendo como a natureza seguiu seu curso e que cueca ele usava, está roubando a dignidade do Freddie. O mundo não precisava saber dessas coisas.

"Eu sou muito grata ao meu pai pelos diários dele, por ter sido tão íntimo e tão sincero. Fico feliz por ele ter deixado esse registro completo de sua vida e por me permitir compartilhar uma pequena parte dele aqui com as muitas pessoas que se importam. Não fosse assim, o Freddie que eu conhecia tão bem e amava tão profundamente já teria, a essa altura, sido engolido por todo o ódio e todas as mentiras. Ele sempre fazia tudo da maneira correta, com muito amor, carinho e atenção. Certas pessoas se beneficiaram demais de terem passado pela vida dele. Meu pai não merece a maneira como foi tratado desde então.

"Sou grata pelas pequenas bênçãos. Uma delas é que Freddie ainda está aqui. Sinto sua presença em toda a parte. Há aromas, perfumes e trechos de música que me ligam a ele todos os dias, mesmo depois de tantos anos. É como se ele estivesse comigo, aqui, nesta sala. Mas nem sempre esse é o consolo que quero ou preciso."

Como disse o escritor japonês Haruki Murakami, "as lembranças nos aquecem por dentro, mas também podem nos destruir".[2]

• • •

A partir do momento em que Freddie teve certeza de que era soropositivo, Mary foi, como sempre, sua fortaleza.

"Ela aguentou tudo ao lado dele", conta B. "Como sempre, ela via tudo. Sabia de tudo. Freddie nunca precisou esconder absolutamente nada. Por mais impossível que pareça, a doença os aproximou ainda mais.

Mary sempre o aceitou por completo. Ela deu a ele, ao mesmo tempo, liberdade e estabilidade. Em troca, recebeu o mesmo do parceiro. Freddie nunca teria sacrificado a relação dos dois por qualquer outro relacionamento. Foi infiel a ela, sim, várias vezes, num contexto sexual, mas nunca a traiu em seu coração ou em seus pensamentos. Ele sabia muito bem que a vida que dividiam era algo que a maioria das pessoas nunca seria capaz de aceitar ou de compreender, e por isso nunca a tornaram pública. Por que deveriam? A relação era só deles e de mais ninguém."

CAPÍTULO 14

UMA PLUMA AO VENTO

Em 2005, catorze anos depois da morte de Freddie, Brian May foi sagrado Comandante da Mais Excelente Ordem do Império Britânico (CBE, na sigla em inglês), o terceiro nível na hierarquia do sistema honorífico britânico, por serviços prestados à indústria da música. Dezessete anos mais tarde, em 2022, Roger Taylor foi sagrado Oficial (OBE), o quarto dos cinco níveis hierárquicos.

"E John Deacon?", questiona B. "E Freddie? John deveria ter sido agraciado também, e Freddie poderia ter um reconhecimento póstumo. Afinal, todos os quatro contribuíram muito para a obra do Queen."

Em relação a John, tem mais uma coisa que ela deseja deixar claro e registrado:

"Foi Freddie quem incentivou John a compor — e também o ajudou. Houve músicas como 'Friends Will Be Friends', do disco *A Kind of Magic*, que eles escreveram juntos. Tem alguma música do John escrita em parceria com Roger, ou com Brian? Freddie — e aqui eu falo do Bulsara, e não do Mercury — e John eram muito amigos. Os dois tinham cicatrizes profundas e eram muito reservados. John via Freddie mais como um irmão mais velho do que como um pai, que é como às vezes descrevem Freddie em comparação. Várias vezes John quis sair da banda. Estava farto de ficar longe da família. Ele sentia muita falta da mulher e dos filhos e, quando começaram a surgir os problemas entre os membros do grupo, já não via mais motivo para continuar. Freddie gostava de John e se preocupava com o efeito que toda essa tensão exercia sobre ele. Meu pai sempre procurava as palavras certas para apaziguar a situação."

Em sua humilde opinião, mesmo reconhecendo que Brian e Roger merecem o crédito por terem mantido vivo o legado do Queen por todos esses anos, ela não vê os dois, sem Freddie e John, como o "Queen".

"Eles cantam e tocam as músicas do Queen, mas não há material novo."

Ela tem dificuldade em lidar com as infinitas remasterizações, remixagens e reformulações das músicas antigas.

"Porque Freddie jamais faria isso. Ele sempre procurava um novo projeto musical, em que outro conceito poderia ser introduzido, algo que alimentasse sua criatividade. Como já falei sobre essa nova versão do primeiro álbum do Queen, Freddie JAMAIS teria dito: 'Não estou satisfeito com o que fizemos há cinquenta e um anos. Vamos retrabalhar isso.' O que está feito está feito, agora vamos para o próximo — essa era a atitude dele. A fênix sempre renasce. Ela não se deixa consumir pelo arrependimento depois de cinquenta anos."

Ela não gosta da ideia de vender para os fãs algo que eles já têm.

"Quanto ao Queen + Adam Lambert, esse nome nunca foi legítimo. Sem Freddie e John, o certo seria 'Metade do Queen + Adam Lambert'. Na verdade, são o Roger e o Brian mais o Adam Lambert, não é mesmo? Sendo assim, essa formação não seria, na verdade, uma banda cover?"

• • •

B. também reflete sobre alguns comentários de Brian May quanto à imagem e à sexualidade de Freddie. Esse é um tema que claramente a deixa preocupada.

"Eu dividi o quarto com Fred nas primeiras duas turnês", declarou Brian May ao jornal *Daily Express* em 2006, republicado em 2008. "Conheci muitas namoradas dele e uma coisa eu posso garantir: ele não tinha namorados. Naquele tempo, era moda ser meio dândi, e acho que nós contribuímos um pouco para essa fama, de modo que as pessoas ficavam em dúvida se ele era gay ou não. Era um lugar bastante conveniente para se estar. Eu me lembro de alguém ter perguntado a Freddie, logo numa das primeiras entrevistas, se ele era gay e ele ter respondido: 'É claro que eu sou, meu amor. Sou tão gay quanto um narciso em flor.' Na verdade, era uma maneira fácil de se esquivar do assunto, e Freddie não era bobo. Eu sei que, por toda a sua vida, Freddie não achava que ser gay ou não fosse uma coisa importante. Ele amava a música, adorava o seu trabalho e não queria que nada atrapalhasse isso. Qualquer um que o retrate como pura e simplesmente gay está perdendo boa parte da história."

E, de novo, em novembro de 2021, num documentário da BBC chamado *The Final Act*, Brian disse o seguinte sobre o fato de o Freddie ter se declarado "tão gay quanto um narciso em flor" em uma "entrevista feita em 1978" para a revista *NME*: "Esse não era um homem que negava sua sexualidade."

"Para ser bem clara", afirma B., "aquela entrevista com Julie Webb aconteceu em março de 1974, antes do lançamento do *Queen II*. E essa entrevista mudou tudo. A banda teve muitos problemas com o disco de estreia, *Queen*, e o lançamento foi adiado por vários meses. Quando foi lançado, o *Queen II* já estava quase pronto, enquanto o terceiro disco, *Sheer Heart Attack*, estava sendo composto. O primeiro single, 'Keep Yourself Alive', não fez sucesso. 'Seven Seas of Rhye' ainda não tinha sido lançada, 'Killer Queen' estava longe de existir e 'Bohemian Rhapsody' então, nem se fala. Eles precisavam que o segundo disco fosse um sucesso, precisavam de exposição na mídia e precisavam gerar manchetes. Em 1974, a bissexualidade e a androginia estavam em alta no meio artístico. Por isso, de certa forma, Freddie não tinha nada a temer ao se abrir sobre sua orientação sexual e seu comportamento. Mas ele tinha acabado de pedir Mary em casamento. Quem deu aquela a resposta durante a entrevista à *NME* foi Freddie Mercury, e não Freddie Bulsara. Foi a persona de palco dele. Ele disse isso de uma maneira provocadora e irreverente, logo antes do lançamento de *Queen II* e numa época em que todos os quatro integrantes da banda usavam blusas de mulher. Em 1978, porém, Freddie e Mary já haviam redefinido a parceria que havia entre eles, Paul Prenter estava trabalhando para o Queen, e Freddie estava explorando outras facetas de sua sexualidade. O Brian deve ter acesso total aos arquivos do Queen. Teria sido fácil ele dar uma checada".

O mesmo, segundo ela, vale para a música "Don't Stop Me Now".

"Brian disse que essa música era Freddie expressando seu lado gay. Mas o que ele não fala é que Freddie não canta apenas sobre transformar alguém num homem supersônico, mas também sobre fazer a mesma coisa com uma mulher. Na verdade, a letra dessa música é bissexual, e não apenas gay. Quando alguém diz que Freddie era bissexual, essa pessoa é acusada de ser homofóbica, de negar o fato de ele ser gay."

• • •

Freddie fez sua última anotação nos diários em 31 de julho de 1991, três meses e vinte e quatro dias antes de morrer. Não só sua vista já estava bem debilitada, como sua força o abandonava rapidamente.

"Houve duas fases", conta B. "Uma antes de ele ter me contado que estava muito doente, e outra depois. Havia muitos meses que eu já sabia, dentro de mim, que alguma coisa estava errada. Quando você vê uma pessoa regularmente, não percebe as mudanças de imediato, só quando já estão evidentes. Mas, no fundo, eu sentia algo errado. Cerca de um ano antes, a aparência do meu pai começou a mudar. O processo tinha se acelerado nos últimos meses. Na época, eu estava passando por uma fase rebelde, por isso eu estava muito confusa. Não sabia o que estava acontecendo. Ninguém me falava nada, e eu não conseguia encontrar a coragem, as palavras certas ou o momento adequado para perguntar. Chegava a abrir a boca, mas não saía nada. Quando ele finalmente se sentou comigo e me contou o quanto estava doente, de certa forma foi um alívio. Pelo menos, eu finalmente sabia. Não precisava mais ficar me atormentando com perguntas não verbalizadas, para as quais não parecia haver uma resposta.

"Os dezesseis meses seguintes foram os mais intensos de todos, até o dia em que saímos de Londres, no começo de setembro de 1991, e nos mudamos, de novo, para outro país. Ele me disse que estava morrendo, quinze meses depois de ter me dito que estava doente.

"Alguns dias mais tarde, depois de uma conversa muito estranha, ele me deu os diários. Perguntou se eu queria falar sobre eles. Mas, após o momento devastador em que ele me avisou que estava morrendo, eu não queria falar sobre mais nada. Eu tinha catorze anos e meio.

Estávamos no verão. A última coisa que eu queria era ler ou conversar sobre o que o meu pai havia escrito."

Os três últimos meses foram indescritivelmente difíceis.

"Meu pai planejou tudo. Nós continuávamos nos falando todo dia por telefone, todo santo dia, mas não podíamos mais nos ver com a mesma frequência. Ele ficava em Londres ou em Montreux, e eu não estava em nenhum desses lugares. O tempo que restava para nós era apenas alguns fins de semana e as férias escolares. Fisicamente, ele tinha mudado tanto que, cada vez que eu o via, parecia outra pessoa."

Ela se arrepende de não ter lido os diários naquela época, quando ele ainda era vivo?

"Nem um pouco. Nem me arrependo de não termos falado deles. Teríamos conversado obsessivamente sobre tudo que ele havia escrito, e no final não teria feito diferença alguma. O que importa é que nós pudemos aproveitar o pouco tempo que tínhamos juntos — e foi o que fizemos.

"No dia que ele me disse que estava morrendo de aids fazia uma manhã estranhamente ensolarada. Estávamos em Montreux, no apartamento de cobertura que ele tinha em Territet, um bairro residencial, a vinte minutos a pé, caminhando pela beira do Lago Léman, do lugar onde hoje fica a famosa estátua do Freddie Mercury. A luz do sol estava muito bonita sobre a névoa que encobria o lago. O tempo, como costuma acontecer nas ocasiões solenes, pareceu suspenso. O que ele estava me contando não parecia real, mesmo que eu soubesse em meu coração que era verdade.

"Um tempo depois, naquele que seria o dia em que o vi pela última vez na vida, chovia muito e o céu estava escuro e ameaçador. Acredito que, provavelmente, ele soube naquele momento que não nos veríamos de novo... ou talvez um dia, se Deus quiser, no Céu. Na época, eu não tinha ideia de que seria a última vez. Ou tinha? Das duas uma, ou eu não fazia ideia, ou estava negação. Seja lá como for, eu não *queria* saber disso. Nem nunca quis me lembrar daquele dia. Menos de quatro semanas depois, ele estava morto.

"Nós continuamos a nos falar todos os dias por telefone, depois daquilo. Mas as conversas iam ficando cada vez mais curtas, porque ele ficava muito cansado e estava sofrendo bastante.

"Algumas pessoas falaram e escreveram que ele não se importava com o que aconteceria com ele depois da morte. Se fosse assim, não teria feito aquele comunicado que Jim Beach leu para a imprensa, nem haveria todo esse segredo em torno de onde está o seu túmulo. Posso lhe dizer que o meu pai se importava. E muito.

"A falta de privacidade foi a maior frustração que ele teve na vida. Por muitos anos, sentiu-se um prisioneiro da fama e de seu estilo de vida. Repito que tudo que ele mais queria era ter uma vida familiar normal. Tragicamente, só conseguiu viver afastado do 'Circo do Queen', como ele chamava, e do 'Zoológico Gay' de forma parcial. No fim da vida, ele se viu encurralado na própria casa, rodeado por todas as suas posses — como Tutancâmon, ele reclamava — e por pessoas, a maioria delas estranhas, fazendo vigília do lado de fora, esperando que ele morresse."

• • •

"Desde então, o mês de novembro é o mais triste do ano", conta B.

"Entrar nesse mês, para mim, é algo muito mais do que difícil, e não só o dia 24, que foi quando ele morreu. Mas foram tantas as 'últimas vezes' que na hora eu não conseguia perceber que seria a 'última vez'. A última foto que tiramos juntos. A última vez que andamos pela beira do lago. A última vez que nos vimos, a última vez que ele me abraçou, o último telefonema — que aconteceu numa sexta-feira — e seu último *à demain*. Só que não haveria amanhã. Ele não ligou no sábado, nem no domingo. Mas o telefone tocou naquele dia, trazendo a notícia de sua morte. Eu me lembro de quem me contou — não é uma coisa que se possa esquecer. São momentos inesquecíveis. Depois disso, minha vida ficou meio que enevoada. Em seguida, vieram as muitas homenagens, algumas das quais foram muito bonitas. Outras trouxeram palavras piores do que eu poderia ter imaginado.

"Evidentemente, eu não consigo ver os últimos vídeos: o último com o Queen, o último que gravamos em casa, com nós dois juntos. Nem consigo olhar para as últimas fotos. Ele havia mudado tanto fisicamente que nem se parecia mais com o meu pai. Em todos os outros aspectos, ele continuava a ser o meu pai. Era o mesmo pai amoroso, carinhoso e atencioso que eu conheci e que sempre adorei, desde que nasci."

Quando ela se obriga a se lembrar da última vez que se viram, diz que "a única coisa que não tinha mudado nele era a intensidade de seu olhar. Ainda que estivesse extremamente magro, com as enormes lesões de Kaposi na testa, na bochecha e no lábio inferior, e mesmo com o cansaço tenebroso, a força incrível de seu olhar não havia diminuído, pelo menos não na última vez que o vi. A doença ainda não havia tirado isso dele, o que trazia um alívio enorme para mim. Freddie sempre se comunicava muito com os olhos e com os gestos, tanto quanto com a voz. O olhar foi uma das últimas coisas que ainda lhe restaram. Mas não por muito tempo, porque nos últimos dias ele perderia também a visão".

Essa foi mais uma razão por ela ter ficado tão angustiada com o fato de que, no filme, os olhos do Freddie fossem da cor errada.

• • •

Mary telefonou para os pais de Freddie para comunicar que o filho deles havia falecido.

"Eles o tiraram de Garden Lodge e o transferiram para a funerária, mas não embalsamaram o corpo lá. Não pelo fato de ele ter morrido de uma doença contagiosa, como se afirmou tantas vezes, mas por conta dos rituais e costumes zoroastrianos, que deveriam ser observados no velório. Embora ninguém devesse tocar no corpo, que estava coberto de chagas, foi graças à compreensão dos diretores da funerária — um deles era parente de Peter Freestone — que o corpo de Freddie pôde ser preparado de acordo com os rituais de sua fé.

"Não era juridicamente legal tocar no corpo dele. Por isso, eu agradeço sincera e profundamente ao Peter Freestone por sua intervenção, para que o corpo do meu pai pudesse ser preparado segundo o ritual.

Eu sei que às vezes sou muito dura com Peter por tudo que ele fez e falou desde a morte do Freddie. Mas, nesse ponto, eu agradeço a ele profundamente."

A preparação do corpo era fundamental para que Freddie pudesse chegar ao Mundo dos Pensamentos. Na verdade, de acordo com a religião, todo caso de morte deve ser considerado, em princípio, contagioso. Por isso, há muitos ritos a serem seguidos por quem tocou no morto, pois, segundo a crença, isso os mantém livres da doença.

"Todas as roupas dele foram retiradas, deixando-o inteiramente nu. Se ele ainda estivesse usando o anel que Jim lhe deu, ele também deveria ser retirado e devolvido a Jim. O que Jim teria feito com ele? Não faço a menor ideia. Mas não há como ter certeza de que Freddie o estava usando na hora em que morreu. Qualquer outro item que estivesse na bolsa para cadáver na qual ele foi levado à funerária também teria de ser retirado. A alma precisa partir sozinha para o Mundo dos Pensamentos. O corpo foi lavado com água e colocado em cima de um lençol de algodão limpo e branco. Depois, foi amarrado em volta dele o kusti — o cordão que os parses usam na cintura, feito com setenta e dois fios representando os capítulos de uma parte do Zendavestá. A propósito, os fios do cordão são entrelaçados de modo a representar os capítulos do Iasna, os capítulos do Visperad, as vinte e quatro horas do dia, os doze meses do calendário e as festas religiosas. Ele foi vestido com uma roupa de algodão branca e limpa, e somente o rosto ficou descoberto. Durante todo esse ritual de preparação, foram proferidas preces, e então membros da família (apenas os zoroastrianos) tiveram permissão para vê-lo. Depois de três noites — uma para seus bons e maus pensamentos, uma para suas boas e más palavras e uma para suas boas e más ações —, ele foi cremado. Ao contrário do que disseram os supostamente entendidos, Freddie nunca rejeitou sua religião."

Foi dito muitas vezes que ele teve um velório zoroastriano apenas em consideração aos seus pais, Bomi e Jer.

"Isso é um equívoco total", informa B. "Foi uma escolha do Freddie — e só dele. É importante entender que, no zoroastrianismo, ninguém pode interferir na salvação de uma alma — apenas nós mesmos.

A pessoa, e mais ninguém, é a única responsável pelo próprio comportamento, pelos próprios pecados. Ninguém pode salvá-la ou absolvê-la, a não ser ela mesma. O fato de ele ser Freddie Mercury não lhe daria a absolvição ou um tratamento especial. Se não fosse um seguidor de Ahura Mazda, se tivesse rejeitado sua religião, se tivesse vivido em pecado mortal, se suas palavras, pensamentos, atos e ações não estivessem em harmonia com a fé zoroastriana, o velório não poderia ter seguido o rito daquela religião, e nenhum sacerdote teria aceitado realizar o ritual."

A cerimônia, presidida por dois sacerdotes zoroastrianos, aconteceu no West London Crematorium, em 27 de novembro de 1991. Dela participaram a família e cerca de trinta e cinco amigos próximos, incluindo Elton John e os companheiros do Queen. O caixão de Freddie foi carregado até a capela levando uma única rosa vermelha, ao som da interpretação de Aretha Franklin da canção gospel "Precious Lord Take My Hand". O velório se encerrou com a voz de Montserrat Caballé na gravação que Freddie mais gostava, o *bel canto* mais bonito e desafiador já escrito para uma soprano: *D'amor sull'ali rosee*, do quarto ato da ópera *Il Trovatore*, de Giuseppe Verdi. O corpo foi cremado no Cemitério Verde de Kensal. Mas a placa em sua homenagem, que leva seu nome de nascença, não marca o local onde as cinzas foram enterradas. Elas foram confiadas a Mary Austin, para que fossem enterradas num lugar reservado. Já visitei esse lugar e encontrei Mary lá. Conheço o local por ser amiga da família que era proprietária do terreno na época.

A filha não compareceu ao velório.

"Ele não queria que eu fosse", falou. "Ele tinha os seus motivos, e acredito que estivesse certo. Se fosse da sua vontade, eu teria ido. Qualquer um que queira me criticar por isso tem que se lembrar de duas coisas: primeiro que, como eu não tinha nem sequer quinze anos, ainda era uma criança; e, segundo, eu não precisava ir pessoalmente ao velório para dizer adeus. Porque meu pai e eu nunca dizíamos 'adeus' um para o outro. Não só pelo fato de ele não aguentar despedidas, mas porque nunca dizia essa palavra. Pelo menos, não para mim."

Nos dias que se seguiram à cremação no Cemitério Verde de Kensal, de acordo com a tradição parse, as roupas que ele vestia ao deixar seu lar pela última vez foram destruídas, assim como seus pertences pessoais.

"Esse conceito pode ser difícil para as pessoas entenderem", explica B. "Pertences considerados 'pessoais' são correspondências, documentos particulares, qualquer coisa que o falecido tenha escrito, feito ou desenhado, suas roupas e qualquer objeto de uso diário, como pente, lâmina de barbear e sabonete. Coisas assim. Objetos de decoração que o falecido tenha comprado, como enfeites, não são classificados como pertences pessoais, mas aquilo que é feito em casa, sim. Presentes que ele tenha dado, como desenhos da infância ou obras de arte que tenha doado quando adulto, também não entram nessa categoria. Nem os que ele recebeu. Tudo aquilo que você deixou num lugar que não seja sua própria casa é considerado um 'presente' aos que ficaram e não é mais considerado um objeto pessoal. Por exemplo, o álbum de Freddie que continha sua coleção de selos e que havia pertencido ao pai dele não era visto como um bem dele.

"A maioria dos pertences de Freddie que estavam com os pais e não haviam sido doados foram incinerados na época de sua morte. Como parses indianos, tanto Jer como Bomi eram devotos tradicionalistas. No entanto, eram mais progressistas em relação aos filhos. Isso porque Freddie e Kashmira cresceram na Inglaterra, onde o zoroastrismo segue um caminho um pouco diferente daqueles seguidos pelos parses da Índia.

"Como Mary não era zoroastriana, não se exigiu que ela destruísse nenhum objeto de Freddie que estivesse em sua posse. Quanto à Kashmira, como os presentes não caem na categoria de objetos pessoais, a irmã teve pouca coisa para incinerar", relata B.

"Não queimei os objetos do Freddie que eu tinha em casa. Perguntei a mim mesma se deveria. Muitas vezes. Mas Freddie me obrigou a fazer aquela promessa, a de não ler alguns dos cadernos antes de eu completar vinte e cinco anos. Meu padrasto me aconselhou que eu deveria esperar até então para decidir. Depois de dez anos, eu poderia ler os cadernos restantes e, aí sim, tomar uma decisão definitiva. Foi um bom conselho e fazia todo o sentido. Se eu tivesse optado por queimar as coisas do meu pai logo depois que ele morreu, quando eu ainda nem tinha quinze anos e não podia compreender as implicações do que eu estava fazendo, poderia ter me arrependido amargamente no futuro."

• • •

Freddie legou a Mary a casa de Garden Lodge e Mews, o terreno adjacente, com tudo o que havia dentro, seus objetos pessoais, 50% do restante do espólio e 50% de todos os seus rendimentos futuros.

"Ele jamais imaginaria que um dia o filme *Bohemian Rhapsody* fosse gerar tanto dinheiro", repete a filha, "nem que o catálogo de músicas do Queen fosse ser vendido por uma quantia tão alta. Quando o pai dele morreu, Jer ficou com a parte dele, ou seja, 12,5% do espólio. E quando ela morreu, Kash, a irmã do Freddie, recebeu a parte dela (12,5% que eram da Jer e os 12,5% do Bomi). Até a venda do catálogo do Queen, Mary tinha 50% das ações de Freddie e 12,5% da Queen Productions. Kash também".

• • •

Freddie Mercury não existe mais, afirma a filha.

"Sua imagem foi deturpada, encoberta e apagada. As palavras dele foram distorcidas e tiradas de contexto. Suas canções foram exploradas de formas que nada tinham a ver com o que ele pretendia. Há momentos em que tenho a impressão de que a vida inteira dele foi reescrita para servir aos interesses dos outros.

"Até a morte dele, eu nunca o tinha visto como uma 'celebridade' ou 'superastro'. Eu só fui entender o que era o Queen, o tamanho que eles tinham e toda a fama e adoração quando eu mesma comecei a ir aos shows de rock. Antes, não.

"Se as coisas tivessem sido diferentes, Farrokh Bulsara nunca teria tido que criar o Freddie Mercury. Se as coisas tivessem sido diferentes, e se ele tivesse vivido mais, já estaria aposentado há décadas do Circo do Queen e do show business. Teria parado de fazer turnês há muito tempo. Por anos, ele realmente gostou de estar no palco. Já sair em turnê e viver na estrada ele odiava mais do que qualquer outra coisa. Aos quarenta e cinco, cinquenta anos ou mais, ele iria querer reservar um tempo para explorar outras atividades que amava e pelas quais era fascinado. Ele tinha outras aspirações, além do Queen e do rock'n'roll. Em matéria de composição, era de longe o mais versátil da banda, e aquele que escrevia as canções mais ecléticas. Ele teria continuado a compor com os outros, e a gravar discos com o Queen. Teria dado até um show aqui outro ali, ocasionalmente. Mas, com toda a certeza, ele teria parado com as turnês. Ele mesmo dizia isso. Em parte, porque era o showman por excelência. Em toda e qualquer apresentação, dava o máximo de si. Costumava dizer que nunca poderia enganar os fãs com um show mais ou menos. Um show de rock exige do artista uma quantidade imensa de energia. Ele acreditava que havia uma hora em que o líder tinha que jogar a toalha e parar, antes de começar a parecer ridículo no palco."

E ela concorda com ele.

"Algumas bandas continuam se apresentando aos sessenta, setenta anos, às vezes até oitenta, mas todo mundo sabe que elas já perderam o brilho e a magia. Elas tentam disfarçar, geralmente de uma maneira mecânica, incrementando a performance com mais luzes e efeitos visuais mirabolantes. Mas nada disso muda o fato de que elas não são mais o que eram antes. Freddie tinha certeza de que nunca demonstraria no palco não ser mais quem ele um dia já havia sido. Ele resistia à própria ideia de alguém, algum dia, fazer essa comparação. Não queria ser visto como alguém que 'já era'. Por isso teria dado uma nova direção à sua música e à sua carreira. Teria dividido seu tempo entre a banda e outras formas de arte que desejava explorar, como a ópera, o balé, *la tentation* — um híbrido de ópera com balé no qual cantores e bailarinos desempenham os papéis principais — e os musicais. Ele se interessava por todos os campos em que a música, a dança, os figurinos, a iluminação, a concepção cênica, a coreografia e o teatro se uniam.

"Se as coisas tivessem sido diferentes, chegaria uma hora em que ele teria começado a impor limites para mim, a demarcar o caminho da minha adolescência, o que lhe permitiria cuidar de mim e me dar o espaço necessário para crescer e experimentar a vida sozinha. Mas é óbvio que eu teria rejeitado esses limites e nós teríamos tido as nossas brigas. E ele teria entendido essa minha necessidade e me dado muita margem de manobra, porque se lembrava claramente do passado com os pais dele, na adolescência. Ele tinha limites, regras e ideias muito rígidas. Podia ser durão, e sem dúvida era bastante protetor. Por exemplo, jamais permitiria que eu usasse determinadas roupas ou certo tipo de maquiagem. Seria firme na hora de me proibir de sair e tudo o que isso envolve, todas aquelas experiências que queremos ter na adolescência. Ele sabia muito bem a diferença entre apoiar a filha mesmo sem concordar com tudo e deixar que ela faça o que bem entender até ir longe demais. Pelo tipo de pai que era, acharia que eu estava indo longe demais para a minha idade e para o meu próprio bem, mesmo se não fosse exatamente assim. Teríamos discutido tudo em detalhes, como sempre fazíamos. Nossas longas discussões eram a base de nossa relação de pai e filha e a forma como ele entendia o papel de pai.

"Ainda assim, eu o teria amado e respeitado com todo o meu coração, é claro. Mas eu também saberia como tirá-lo do sério. Aos olhos dele, eu seria uma adolescente difícil e temperamental. Eu teria me rebelado. Teríamos nossas picuinhas, e eu contestaria suas palavras e argumentos, e meu pai seria provocado, irritado, desafiado e desobedecido. E ele, com todo seu amor e sua afeição paterna, seu carinho, sua atenção e paciência, sua capacidade de se conter, sua infinita gentileza, bondade, alegria e toda a imensa compreensão de que ele era capaz, por ser um pai amoroso e carinhoso... ele acabaria ganhando.

"Se as coisas tivessem sido diferentes, um dia ele teria me conduzido pela mão até o altar, no dia do meu casamento.

"Se as coisas tivessem sido diferentes, ele teria o mesmo amor, carinho, atenção, paciência, gentileza, alegria e compreensão com os netos, os filhos de sua única filha. Eles não precisariam ouvir as gravações das histórias de ninar que Freddie costumava contar para mim, as fitas das nossas conversas, nem ver os nossos vídeos caseiros para ouvir sua voz e saber como ele era. Meu pai estaria aqui, sentado entre eles, com os braços em volta deles, lendo e contando pessoalmente essas histórias para eles. Teria conversas de verdade com os netos, faria lindos desenhos, participaria de brincadeiras e faria todo tipo de atividade com eles.

"Mas as coisas são como são. E nós não podemos mudar o curso da vida.

"Ele foi uma das pessoas mais importantes da minha vida, senão *a* mais importante, até eu ter meus próprios filhos. Com certeza foi a figura masculina mais importante. Ele me ensinou tanto — e continua ensinando. A lição mais importante que aprendi com ele, e que continuo aprendendo, é como ser mãe. O pai que ele foi me ajuda a ser a mãe que eu sou.

"Em seus últimos anos, como ele já sabia que logo estaria partindo e como eu acharia a vida difícil sem ele — especialmente devido à minha pouca idade —, Freddie escreveu para mim o caderno mais especial de todos. Ele não estaria mais ao meu lado naquela fase tão vulnerável da vida em que ainda precisamos desesperadamente dos pais. Não estaria mais aqui para me dizer tudo aquilo que não teve a chance de me falar sobre ele mesmo, porque eu ainda não tinha idade suficiente para entender. Não estaria aqui para me guiar pelas intempéries e pela turbulência de sua fama, nem para me ajudar a separar o que era verdade do que era mentira. Ele tentou me avisar, porque sabia que, depois de sua morte, algumas feras seriam soltas. Ele queria ter a certeza de que, nesses momentos, eu jamais iria duvidar da verdade, nem me esquecer de quem ele era, nem do que de fato importava. Tudo aquilo que ele deu para mim, escreveu para mim, desenhou para mim ou fez para mim foi de pai para filha, para o ser mais importante em sua vida. Foi tudo, de forma pura e simples, de um pai para a sua menina, e nunca de um superastro do rock para o mundo.

"Agora eu sei que nunca deveria ter lido as matérias da imprensa, os artigos ou muitos dos inúmeros livros que foram publicados depois que ele morreu. Não deveria ter assistido aos documentários, nem ao filme *Bohemian Rhapsody*. Quase todas essas coisas me ofendem bastante, mas elas são principalmente uma agressão a Freddie, um insulto enorme contra ele. Sem esse presente incrível que foram seus cadernos, que me mostraram o lado verdadeiro da história, que impressão eu teria tido do meu pai e da vida dele?

"E, volto a repetir, ele contou a história toda, com os podres e tudo. Não escondeu absolutamente nada. Algumas pessoas podem ficar espantadas com isso. Vão achar que foi uma atitude inaceitável, talvez até deplorável. Vão subir em seus pedestais e bancar os moralistas, ou vão querer julgá-lo. Desaprovarão o fato de um pai ter feito revelações tão sórdidas para a própria filha, da mesma maneira como o julgaram pelo modo como ele escolheu viver. Que fique bem claro: não me sinto nem ofendida, nem contrariada, por nada do que ele me revelou. Essa era a verdade dele. Ele me contou sobre quem era e tudo que fizera. Para mim, foi a coisa mais linda que ele poderia ter feito.

"Eu aprendi que conhecer alguém pessoalmente e conhecer a pessoa de verdade são duas coisas totalmente diferentes. Gostaria de deixar registrado que muita, mas muita gente mesmo esteve com Freddie durante a vida dele, mas poucos chegaram a conhecê-lo de verdade.

"Freddie vivia cercado por muitas pessoas que não davam a mínima para tudo o que fez ele ser o homem que era. Que não davam a mínima para infância dele, suas raízes, sua cultura, sua família e sua fé. Que não tinham o menor interesse nas experiências traumáticas que ele enfrentou, nem no quanto elas o feriram e o prejudicaram: os anos em que esteve confinado num internato, o genocídio de Zanzibar, as sombras do passado que o impediam de dormir e os pesadelos recorrentes que fizeram dele um notívago durante anos — aliás, durante a maior parte da vida. Durante a vida inteira ele precisou de um lugar seguro para dormir, onde não se sentiria encurralado e aterrorizado pela escuridão. As muitas noites insones passadas no internato o levaram a sentir um medo da noite que nunca o abandonou. Ele nunca parou de pensar na última vez que viu seus melhores amigos em Zanzibar, aquela noite na praia, as gargalhadas, a música e depois o horror que se seguiu, e a agonia sem fim de nunca ter conseguido descobrir o que aconteceu com eles.

"Muitas das pessoas em volta dele não pareciam se importar com a essência do Freddie, sua alma, seu espírito, nem sobre o que ele pensava, sobre seu coração, sua paixão e seu fogo interior. Muitos diminuíram a linda história de amor que ele viveu com Mary. Não queriam perder tempo tentando compreender sua filosofia sobre o amor e o sexo, ou sua bissexualidade polígama. Desconsideravam sua relação com os pais e seus amigos de verdade. Não davam a mínima para sua música, sua arte e suas composições. Não prestaram atenção ao impacto de sua doença, nem como ele teve que encarar a destruição que ela causou em sua vida e na vida dos que lhe eram mais próximos e queridos. Nem consideraram como deve ter sido difícil para ele ter de enfrentar a própria morte com apenas quarenta e cinco anos de idade. E, depois que ele morreu, não se deram ao trabalho de honrar sua memória e publicar sua verdade, de uma vez por todas, ou corrigir os equívocos, os desacertos e as mentiras descaradas. Muito pelo contrário. Alguns deles ajudaram a perpetuar e enfeitar essas excrescências. Alguns o exploraram sem a menor piedade, mesmo após a morte. E alguns parecem continuar lucrando com isso.

"Poucas pessoas realmente se preocupam com a verdade. Ela não costuma dar lucro. Mas Freddie se preocupava. A verdade dele era quem ele era. Nunca teria sido o pai que foi, nem o artista brilhante, sem tudo o que a criança, o adolescente e o jovem adulto Freddie sofreu."

Ele era apenas humano, ela nos lembra. Tinha seus defeitos.

"Como resultado de tudo o que aconteceu com ele, o perdão não era seu ponto forte", ela admite. "Ele sabia a diferença entre perdoar e desculpar, e me ensinou isso muito cedo na vida. Quando achava que algo era imperdoável ou se sentia profundamente magoado e traído, às vezes era impossível para ele perdoar. Não acho que ele fosse particularmente ruim nisso. Sempre existe um ponto em que não há mais volta, e para Freddie esse ponto era bem distante. Mas, quando alguém passava desse limite, ele nem perdoava, nem esquecia. Uma vez tomada a decisão, era irrevogável. Ele simplesmente apagava a pessoa de sua vida."

Mas Freddie era um artista como nenhum outro. Alguém perfeitamente consciente de que um artista só pode existir aos olhos do público que gosta dele. Sem um palco, sem um público e sem reconhecimento, é possível que o artista Freddie nunca tivesse surgido.

"A exposição pública era uma coisa", diz B. "Infelizmente, por toda sua vida, o escrutínio de certos setores da imprensa foi dominante. Como ele fez tudo que era possível para me proteger dessa imprensa, isso não me afetou muito. Era ele quem carregava o peso de ser o Mercury. Ele fazia um esforço enorme para garantir que esse peso não tivesse o menor impacto, ou apenas um impacto mínimo, nas pessoas que amava. Imagino que cada centímetro do Mercury já tenha sido dissecado pela imprensa. Mas seu lado pessoal, íntimo e particular sempre permaneceu, em grande parte, desconhecido. Até hoje.

"De forma irônica, e profundamente trágica, foi a doença que o liberou do que há de pior na invasão de sua vida privada. Ela lhe deu a chance de se afastar dos holofotes. Permitiu que ele se livrasse do peso de ser o Mercury. Ele já não precisava estar diante do público enquanto sofria os ataques da imprensa. Não haveria mais turnês, nem mais estradas, coletivas de imprensa, eventos depois dos shows, tudo aquilo que ele começava a achar tão enfadonho. Ele encontrou refúgio no trabalho, em apenas compor e cantar. Tudo o que ele queria, no final, era continuar a criar enquanto ainda pudesse."

Pergunto o que ela gostaria que os milhões de fãs de Freddie tirassem dessas revelações, como a principal lembrança do artista que eles adoravam?

"Que o personagem chamado Mercury era apenas um papel", responde B. "Acho que todas as pessoas que passam pelo que ele passou acabam criando outra personalidade, simplesmente para se protegerem. Não é coincidência o fato de tantas pessoas disfuncionais ou que tenham sido destruídas virarem artistas. Basta investigar um pouco de suas histórias para descobrir, quase sem exceção, que elas sofreram um trauma em algum momento do passado. É provável que Freddie tenha levado sua outra personalidade para o palco, para fora do palco e muito além, mais alto e mais longe do que praticamente qualquer um. Afinal, ele era um homem de extremos. Mesmo assim, o elemento Mercury não era mais do que uma construção. Um simples personagem que Freddie criou e que ele usava para proteger seu eu interior.

"Para mim, ele nunca foi o Mercury. Comigo ele nunca foi o Mercury. Em casa, ele não era ninguém mais que meu pai. Os lenços, os roupões de banho, as toalhas e os pijamas que ele tinha na nossa casa, e que continuam comigo, não levavam as iniciais FM. Eram bordados com um simples F, ou com FB — B de Bulsara. Freddie era um pai como qualquer outro. Ou, pelo menos, como qualquer outro pai deveria ser."

É claro que ela também saiu prejudicada.

"E continuo sendo, graças às pessoas que traíram Freddie e parte da imprensa sensacionalista que o machucou e o expôs. Mas eu não me sinto prejudicada por quem *ele* foi. Nem pelos seus excessos, seus demônios, seu lado sombrio ou qualquer outra coisa. Não sou assombrada por Freddie Mercury, porque o homem que eu conheço e amo é o Freddie Bulsara. Nem me sinto prejudicada pelo anonimato. Muito pelo contrário. O nível de proteção a que fui submetida pode muito bem ter salvado a minha vida. Meus três pais tentaram fazer o melhor que puderam dentro daquele estranho triângulo, daquela equação esquisita, tudo para o *meu* bem. Eles *me* colocaram em primeiro lugar. Quantos parentes — filho, irmão, cônjuges — são prejudicados, às vezes até destruídos, pela ligação que possuem com alguém que é grande demais ou famoso demais, ou pela exposição pública dessa relação? Já sabemos o quanto Freddie foi prejudicado pelo que passou na infância e na adolescência. Sabemos que essa foi a razão, acima de todas as outras, para ele ter virado um astro do rock. E sabemos que ele foi consumido por tudo o que também faz parte desse jogo. Ele costumava dizer: 'Para cada degrau do sucesso que você sobe, é preciso abandonar alguma coisa que ama. Você vai perder amigos, talvez até a família. Esse é o preço a se pagar.'[1] Ele compartimentalizou a vida o máximo que pôde. Provavelmente, isso também me salvou."

As palavras de Freddie ecoam o que ele disse ao nosso amigo David Wigg durante uma entrevista antes da etapa britânica da turnê *The Works*, em 1984, mais tarde reproduzida no jornal *Daily Express*: "Eu não confio em ninguém, porque as pessoas já me decepcionaram muitas vezes. (...) Eu tenho muita dificuldade em me abrir com as pessoas, porque não consigo confiar nelas. Sou um desiludido. (...) Ter verdadeiros amigos nesse meio é muito difícil."

"O que eu estou fazendo agora", diz B., "que é construir uma família feliz, num lar amoroso, era a única coisa que Freddie queria. Eu posso ter essa experiência tão especial porque ele não pôde".

• • •

Sempre vai ter gente por aí achando que tudo isso é só uma farsa, ela conclui.

"Mas por que eu faria uma coisa dessas? Não faria sentido algum. Parte de mim até entende essa desconfiança em relação à verdadeira história do Freddie. Ao longo dos anos, vi muitas cartas que ele nunca escreveu, objetos que nunca foram dele e autógrafos que ele nunca assinou sendo vendidos em casas de leilão respeitáveis por quantias significativas. Hoje em dia, nos vemos rodeados de notícias falsas, vídeos falsos, fotos falsas, *deepfakes* e a chamada inteligência artificial. As redes sociais tomaram conta de tudo. Praticar bullying nas redes virou a regra. Que tipo de mundo e de sociedade nós criamos para os nossos filhos? Tudo isso me assusta.

"Fiquei muito sentida com muitas coisas que aconteceram nos últimos tempos. A morte da minha babá, o enorme leilão dos objetos de Mercury, a venda de Garden Lodge, a cessão dos direitos sobre o catálogo de músicas do Queen por um valor extraordinário — que permitirá todo tipo de exploração das músicas de Freddie daqui para a frente. Também passei por mudanças grandes na minha vida pessoal. Tudo isso num espaço de dois anos. Foi muita coisa para digerir, processar e aprender a lidar. É o fim de uma era. Um capítulo que se encerra. Mas, apesar de tudo, sou capaz de lidar com isso, porque foi só o Mercury quem foi embora para sempre. Meu pai, e só ele, continua comigo."

• • •

Aqueles que tentaram, mas não conseguiram, arrematar alguma coisa do leilão de seus objetos em 2023, a filha gostaria que vocês soubessem disso: "O leilão da Sotheby's vendeu objetos ligados ao Freddie Mercury músico, artista, figura pública, amante dos gatos, esteta e conhecedor de arte. Não foi um leilão dos objetos pessoais do Freddie Bulsara, o homem que se escondia atrás do Mercury. Entre os objetos colocados à venda estavam figurinos de palco e roupas usadas na divulgação dos discos ou em coletivas de imprensa. Mas lá vocês não vão encontrar os macacões que ele usava o dia inteiro em casa. Os lindos quimonos e os valiosos furisodes antigos que ele colecionava foram postos à venda — mas não os que ele usava em casa como roupões.[2] Imagens feitas nas turnês, ou nas sessões de gravação com o midiático Freddie, e os muitos personagens que ele exibia foram postos à venda — mas não as fotos que mostravam um homem reservado, tiradas quando ele não estava representando e passava o tempo livre com seus entes queridos. De modo que vocês não perderam muita coisa."

O leilão organizado por Mary Austin quase não a incomodou, ela diz agora, "porque os objetos que foram vendidos não me diziam muita coisa. Quase nada ali despertava lembranças do meu pai, do verdadeiro Freddie, conhecido de tão poucas pessoas. A venda mexeu com certas emoções, é claro, como acontece com tudo o que marca o fim de uma era. Não sou insensível. Fiquei mexida em pensar que, de alguma maneira, essa era uma porta que se fechava em relação a Freddie. Mas Mary tinha todo o direito de se libertar daquilo que ele tinha deixado para ela; tinha todo o direito de fazer exatamente o que quisesse com aquilo tudo. Eu a respeito por isso e não tenho nada contra ela. Pelo contrário. Como sempre falei a você, eu nunca vou aceitar, aprovar nem chancelar o menor ataque dirigido a Mary. Ela tem todo o meu apoio, de coração".

De qualquer modo, o verdadeiro Freddie nunca seria encontrado naqueles objetos. Tampouco estava escondido na casa onde morreu. Sua memória repousa em outro lugar. Quanto à insistência de Jim Hutton em dizer que Freddie foi enterrado sob uma cerejeira em Garden Lodge, a explicação é muito simples:

"Existe, de fato, uma cova sob uma árvore naquele jardim", confirma B. "Jim falava que era uma cerejeira, mas o fato é que era uma linda magnólia. Os gatos do meu pai foram enterrados lá."

• • •

"Vários de seus supostos amigos venderam presentes de Freddie apenas alguns meses após sua morte", afirma B., melancolicamente. "E não foi para doar o valor arrecadado para uma instituição de caridade, mas sim para benefício próprio. Outros venderam até objetos pessoais que supostamente teriam pertencido a Freddie. Muitos dos figurinos que ele usava no palco acabaram nos baús que o Queen usava nas turnês, que depois ficaram armazenados em algum depósito da banda. Especialmente os das turnês *Hot Space* e *The Works*. Na *Hot Space*, Freddie estava selvagem. Quando acabou, ele não trouxe os figurinos de volta a Stafford Terrace. Já no final da turnê *The Works*, em 1985, ele já estava planejando a mudança para Garden Lodge. Como Phillimore Gardens e Stafford Terrace já estavam quase sem espaço, os figurinos acabaram num dos depósitos do Queen. No fim da turnê *Magic*, em 1986, pelo mesmo motivo, os figurinos foram guardados num dos depósitos da banda. Freddie já estava de mudança, e um acerto que deveria ser temporário acabou virando permanente. Apenas a capa e a coroa foram levadas a Garden Lodge, depois de uma sessão de fotos com o roadie Peter Hince; e também o paletó amarelo e suas calças de palco, depois da gravação do clipe de 'The Miracle'.

"Muitos dos objetos que se alega terem pertencido a Freddie e que foram vendidos mundo afora... geralmente não possuem qualquer comprovação de origem, nem prova de que eram dele mesmo. E quanto às pessoas que compram e vendem as toalhas que, teoricamente, ele teria usado no palco e que ainda conteriam o seu 'suor', o que posso dizer?

"Como você bem pode imaginar, eu guardei tudo. Agora tenho o meu próprio 'museu', meu 'acervo' pessoal, montado com tudo que ele me deu ou comprou para mim. Também tem tudo que ele deixou nas casas que eu dividia com minha mãe, meu padrasto e meus irmãos na Inglaterra, na Suíça e na França: a lâmina e a espuma de barbear, o vidro de perfume, a escova de dentes. Ainda guardo as roupas e os sapatos dele, seus lenços, sua roupa de cama, canetas, blocos de anotação e partituras, seus livros e seu isqueiro. Todas as coleções que eu fiz com a ajuda dele também estão lá, e também todos os seus pertences pessoais, incluindo a cômoda do quarto, com tudo que havia dentro. Todas as coisas continuam lá, exatamente como ele as mantinha; o imenso sofá onde ele ficava de pernas cruzadas comigo no colo quando eu era criança, e onde nós costumávamos ler ou ver um filme ou desenho animado. As fitas de áudio e de vídeo, as caixas cheias de fotos, livros, os cartões e os bilhetinhos nas caixas laqueadas — está tudo lá, armazenado com o maior cuidado atrás de portas fechadas, para protegê-los da poeira e da luz. Eu ainda guardo o globo antigo e imponente que ele tinha. Tenho as telas que pintávamos juntos, com muitas cores vivas para fazer uma obra de arte abstrata — eu era muito pequena naquela época. E toda a casa ainda guarda seus vasos, candelabros e objetos de decoração. Seus valiosos quadros dos Grandes Mestres dividem as paredes com os desenhos ingênuos dos meus filhos.

"Meu lindo cavalinho de balanço e inúmeros outros brinquedos de criança também ficavam no quarto que transformei em museu. Hoje eles estão nos quartos das crianças e na sala de brinquedos. Os lindos jogos de tabuleiro, os jogos de xadrez e de damas, o jogo de palavras cruzadas, com suas pedras folheadas a ouro, o jogo de paciência com pedras preciosas autênticas, todos verdadeiras obras de arte, estão na nossa sala... assim como o piano de cauda Bösendorfer semiconcerto, orgulhosamente posicionado no meio da sala. Antes dele, eu tinha um Yamaha Baby Grand que ele havia me dado. Até que, um dia, depois de eu ter assistido a um concerto de piano e ter ficado impressionada com o som e timbre do Bösendorfer, comentei sobre ele com meu pai. Semanas depois, o piano foi entregue lá em casa! Eu poderia ter continuado a praticar as escalas no Yamaha, mas não: Freddie já havia decidido. O antigo piano foi doado a uma escola de música sem fins lucrativos, de modo que muitos colegas pianistas aprenderam a tocar piano no instrumento em que o próprio Freddie Mercury havia tocado, sem desconfiar de nada."

Ela diz que nunca nem um único item de suas posses será vendido.

"Enquanto eu estiver viva, isso nunca vai acontecer. Vou deixar tudo para os meus filhos. Eles vão decidir o que fazer depois que eu partir. Vai chegar o dia em que o Freddie Mercury e o Queen vão ficar no passado, se tornarão uma memória distante, ou nem sequer uma memória. Quando isso acontecer, talvez ninguém mais nessa Terra vá se lembrar de Freddie, a não ser seus descendentes. Ninguém pode controlar a maneira como seremos lembrados depois de partirmos."

• • •

B. conta que tem sentimentos conflitantes sobre Montreux.

"Não é um lugar onde eu consigo ficar muito tempo. É muito pacato e a cidade ainda é muito bonita. Um lugar onde meu pai e eu compartilhamos muitos momentos felizes, mas que também guarda as minhas memórias mais tristes. Eu raramente volto lá hoje em dia. Meu pai de fato adorava o lugar, mesmo em seus anos mais selvagens e perigosos. Talvez ele visse a cidade como um antídoto contra toda aquela loucura. Era pacífica demais para ele ficar lá por muito tempo, naquela época. Mas ele sempre gostava de estar lá. A tranquilidade e o anonimato que Montreux lhe proporcionava eram coisas que ele não conseguia encontrar em nenhum outro canto do mundo. Mas, de novo, as pessoas distorcem e interpretam mal suas palavras. Ele nunca disse — nem uma vez — que não gostava de lá. Chegou a admitir que não gostava do estúdio Mountain, onde eles faziam as gravações. O estúdio tinha uma configuração pequena que não lhe agradava, mas ele amava o som que aquele lugar conseguia captar. Por isso, continuou com o espaço. Mais tarde, é claro, a cidade se tornaria seu refúgio.

"Se ele ainda estivesse vivo, não acharia a Montreux de hoje tão pacata quanto no tempo dele. Pode parecer estranho, mas há muito tempo eu acredito que a época em que ele viveu foi o motivo de ele ter morrido tão jovem. Freddie viveu num período que foi perfeito para ele, quando as coisas e os lugares eram exatamente como ele precisava que fossem. A Montreux de hoje não serviria de nada para ele. Tivemos muita sorte de poder desfrutá-la do jeito que ela era. A liberdade e a privacidade que ela nos oferecia naquele tempo não é mais possível hoje."

Mas é correto dizer que a cidade voltou a ser o refúgio de Freddie no final de sua vida.

"À medida que a doença avançava, ele queria passar cada vez mais tempo em Montreux. A cada seis ou oito semanas, ele ia para lá, onde ficava por duas ou três semanas, distante de Londres e de todo o assédio da imprensa."

• • •

O mito continua vivo e ativo. Em 2022, *As It Began*, biografia do Queen escrita por Jacky Gunn e Jim Jenkins, ganhou uma edição revisada e atualizada com a colaboração de Brian e Roger. Mas B. alega que essa jamais poderia ser considerada a biografia oficial da banda, já que Freddie nunca deu uma entrevista para o livro.

"Antes de o filme estrear, vim protegendo meu coração e minha mente durante décadas contra os ataques sem fim e as mentiras que contavam sobre o meu pai. Mas o filme gerou tanta repercussão, e tanta gente fez fila para esfaqueá-lo pelas costas, que eu fui obrigada a sofrer tudo de novo. Tive que reaprender a me desligar de tudo. Tudo em nossa vida ocupa apenas o espaço que escolhemos dar. E, ao contrário do meu pai, eu não tinha a vantagem de contar com um alter ego.

"Das pessoas que fizeram parte da vida de Freddie, é de Mary de quem mais sinto pena. Por muitos anos, ela foi tratada de maneira cruel e teve suas falas distorcidas de forma absurda. Depois que Freddie morreu, ela não teve outra escolha a não ser se afastar de todo esse circo. Do musical *We Will Rock You*, do Queen + Paul Rodgers, do Queen + Adam Lambert, do filme e tudo o mais. Fico muito feliz de ela ter conseguido manter sua privacidade e levar uma vida muito diferente. Seria exatamente o que Freddie desejaria para ela."

E ela concorda que ele não teria se importado com o fato de Mary ter se casado com o empresário Nick Holford, sete anos depois da morte do Freddie.

"Ele teria ficado triste pelo casamento não ter durado muito. Ele não estava mais aqui para tomar conta dela pessoalmente. Tudo que ele sempre quis na vida foi que as pessoas fossem felizes, especialmente o amor de sua vida. Esse foi o principal motivo pelo qual não queria que a maioria de seus conhecidos o vissem doente. Não por rejeitar a compaixão dessas pessoas, mas por não querer que ficassem abaladas com seu estado. Para ele, a felicidade dos outros sempre foi mais importante do que a dele."

Mary sofreu imensas críticas por leiloar os objetos de Garden Lodge e depois colocar a própria casa à venda.

"Disseram que ela deveria ter convertido a casa num museu, uma espécie de Graceland,* um lugar que os fãs pudessem visitar e prestar homenagens. Ela não fez isso, porque não era o que Freddie queria para o lar que eles construíram juntos", conta B. "Ele dizia que, se quisesse ter uma pirâmide no jardim e tivesse dinheiro para isso, teria construído. E o fato é que ele *tinha* dinheiro para isso. Só não construiu uma pirâmide porque não quis. Tudo que ele queria para aquela casa é que fosse um lar feliz para a Mary, para ele e para os filhos que eles teriam; queria ver seus filhos sendo criados ali e poder passar confortavelmente seus últimos anos de vida lá. Ele nunca na vida iria querer um museu.

"Depois que ele faleceu, a casa continuou sendo uma residência particular... *da Mary*. Meu pai queria que ela morasse lá tranquilamente, longe das vistas dos curiosos. Os fãs poderiam visitar e ficar em silêncio por alguns minutos em frente à famosa porta verde. Poderiam acender uma vela e prestar suas homenagens. Sem problemas. Mas fãs e fotógrafos perseguindo Mary pela rua cada vez que ela saísse de casa? Intrusos escalando o muro para filmar e tirar fotos numa época em que os filhos dela ainda eram muito novos e brincavam no jardim? Como é que alguém pode considerar um comportamento desses aceitável? Portanto, é óbvio que ela não teve escolha e precisou reforçar a segurança. Instalou um sistema de câmeras de monitoramento e colocou uma tela de privacidade

---

* Antiga casa do cantor Elvis Presley, em Memphis, EUA, mantida até hoje como uma espécie de museu e local de homenagens. (N. do T.)

em cima do muro. Quem não faria isso nessas mesmas circunstâncias? Freddie detestaria a ideia, mas teria feito sem hesitar, por ela e pela família. As várias mensagens e pichações no muro da casa o teriam deixado louco. São feios e desrespeitosos. Bilhetes com mensagens na porta de casa, ele teria permitido. E também teria deixado claro que os fãs não tinham o direito de sujar o muro.

"Se Brian e Roger quiserem montar um museu do Freddie e do Queen — e eu não estou falando da pequena Studio Experience, no cassino de Montreux —, não há nada no mundo que poderá impedi-los. A maior parte do material de que eles precisariam para uma empreitada dessas já está armazenada nos próprios depósitos do Queen. Já têm tudo que precisam lá."

• • •

Nos últimos anos, surgiu uma nova febre entre os fãs de Freddie Mercury em Zanzibar.

"Turistas querem seguir os seus passos. Fazem tours pela cidade e visitam a casa onde ele cresceu. Só que não é bem assim. Não é mais possível fazer isso, simplesmente porque aquela casa não existe mais. A ilha mergulhou na extrema pobreza depois de 1964. Apenas aqueles que colaboraram com o novo governo ficaram a salvo. As casas daqueles que fugiram foram confiscadas pelo novo regime. Mas, como não havia dinheiro para mantê-las ou reformá-las, elas foram se transformando em ruínas. A linda casa onde o Freddie cresceu, com piso de taco, varandas de madeira e terraço na cobertura, teve a mesma sina que centenas de outras na Cidade de Pedra. A mesma coisa aconteceu com o templo do fogo dos zoroastrianos. Quando, depois de muito tempo, a ilha se abriu para o turismo, as cadeias hoteleiras adquiriram propriedades na região praticamente de graça. Não sobrou quase nada da Zanzibar da infância do Freddie.

"Quando os agentes de turismo começaram a anunciar os tours da vida de Freddie em Zanzibar, fiquei com raiva. Aquilo era pura exploração de pessoas ingênuas, que acreditavam que iam ver a Zanzibar que

Freddie conheceu. Mas o que eles ofereciam era muito diferente da realidade de Freddie lá. Ele pode até ter visto as tartarugas gigantes de Aldabra — embora elas sejam originárias das ilhas Seychelles, tem um pequeno grupo isolado delas na ilha Changuu, no canal de Zanzibar, doado pelo governador de Seychelles —, mas com certeza nunca nadou com os golfinhos."

Em outras palavras, é impossível fazer um tour pela Zanzibar dos tempos de Freddie, porque a Zanzibar que ele conheceu e amava não existe mais.

"Muita gente censurou Freddie durante toda a vida e continua a criticá-lo até hoje por ter se esquecido e dado as costas a sua cidade natal", ela observa. "Elas também o criticam por nunca ter voltado lá. Até seus familiares disseram isso. Ou elas se esquecem das circunstâncias, ou simplesmente não entendem nada de toda a situação. Até meados da década de 1980, Zanzibar era um verdadeiro inferno. A fome era generalizada. Praticamente não havia comunicação com o mundo exterior. Não havia liberdade em Zanzibar e a educação era totalmente precária. O nível de pobreza no final da década de 1980 era pior do que antes de 1964. Mesmo hoje em dia, para a maioria dos habitantes, Zanzibar continua sendo um lugar muito pobre. A renda per capita é de apenas cerca de mil euros por ano, e o salário médio mensal fica em torno de 140 euros, com muitas disparidades. Até meados de 1990, quando a ilha começou a se abrir, era extremamente difícil conseguir um visto de turista. E mais difícil ainda para os indianos, especialmente aqueles que, como o pai de Freddie, haviam trabalhado para o governo britânico. Bomi e sua família foram todos parar numa lista de indesejáveis. Também temos que nos lembrar de que, na época em que a ilha começou a receber turistas, Freddie já estava tão doente que não poderia mais fazer uma viagem como essa. É muito injusto criticá-lo por ele nunca ter voltado lá. A verdade é que ele simplesmente não pôde."

• • •

A pesquisa e a redação deste livro foram um processo longo e doloroso. Inúmeras vezes eu chorei até dormir. Pelo Freddie, que adorava sua única filha, mas não pôde vê-la crescer, não pôde conduzi-la ao altar no dia do casamento, nem conhecer os netos nos quais sua memória vive; um homem cuja vida foi reescrita sem seu consentimento, como muitas vezes observei, transformada em uma caricatura grotesca do rock'n'roll; cuja natureza nunca foi verdadeiramente compreendida. Chorei por sua linda filha, que perdeu o pai, e pela vida privilegiada, mas comprometida, que ela teve. Guardar esse segredo, ainda que ela insista que nunca viu isso como um fardo, teve um preço.

"Eu sou uma esponja emocional", ela diz, "mas ele também era. Eu às vezes o via chorar, e não era de alegria. Também houve momentos em que nós dois nos sentamos e choramos juntos".

Agora que ela pode vir a público e compartilhar a verdade como ele a viveu e registrou, restaurando a dignidade do pai, silenciando os especuladores e aqueles que há muito tempo vinham inventando mentiras, eu torço para que ela se sinta libertada e encontre a paz. E agora, como alguém que atravessa a Piccadilly Circus carregando um aquário com peixinhos dourados, eu lhe devolvo sua privacidade.

"Eu sempre senti falta dele", conta a filha. "Mas também sinto sua presença. Talvez eu a imagine. Talvez essas coisas não passem de truques do cérebro ou da memória. Quando você conhece alguém de forma tão íntima a ponto de poder dizer exatamente o que ele teria pensado, dito ou feito em qualquer situação, a ausência se torna presença, enfronhada nas memórias que restaram.

"Há alguns anos, quando tive que me submeter a uma pequena cirurgia sob o efeito de uma anestesia geral, vivenciei uma coisa estranha que nunca havia sentido antes. Não sei por que, mas, assim que a anestesia foi ministrada, de repente me lembrei de um momento muito feliz com ele. A sensação foi sublime. O estranho é que a anestesista teve dificuldade de me acordar depois da operação, mesmo a dose tendo sido muito pequena. Eles não conseguiram entender o que havia acontecido. Eu posso estar sendo ridícula, mas gosto de pensar que talvez, de alguma maneira, eu estivesse com ele de novo, mesmo que só por um momento.

“Isso também pode parecer estranho: sempre que vejo um esquilo, eu penso que Freddie está por perto. Nós costumávamos sair de casa para tentar avistá-los nos altos das árvores. Ele me contou que, quando era criança em Zanzibar, ele e seus três melhores amigos (Ahmed, Ibrahim e Mustapha) às vezes saíam com a missão de procurar gálagos. Ele me contou que era muito difícil vê-los nas árvores — como os esquilos. Por isso essas criaturinhas sempre me fazem lembrar dele. Talvez façamos essas conexões para podermos nos confortar. Mas talvez não sejam coincidências. Afinal, os gálagos são biologicamente bem próximos dos esquilos.

“Acima de tudo, eu amo a ideia do meu pai vindo a mim do Mundo dos Pensamentos, rodopiando pela casa e zelando por seus preciosos netos.”

NOTAS

CAPÍTULO 1

1 *Love of My Life*, de Lesley-Ann Jones, publicado em capa dura pela Coronet/Hodder & Stoughton, em 2021, e em brochura em 2022.

2 Kenny Everett morreu de aids em 4 de abril de 1995, quatro anos depois do amigo Freddie, aos cinquenta anos.

CAPÍTULO 2

1 "Time", canção escrita por Dave Clark e Jeff Daniels para o musical homônimo (do qual Clark foi um dos autores), em 1986. A gravação teve Mike Moran nos teclados e Ray Russell na guitarra. Freddie também gravou a música "In My Defence", composta pelos mesmos autores e David Soames. Embora as duas músicas apareçam no disco com os intérpretes do musical, Freddie não atuou no palco. O vídeo promocional de "Time" foi gravado no teatro Dominion, em Tottenham Court Road, Londres, onde mais tarde seria encenado o musical do Queen, *We Will Rock You.*

2 Roger Taylor é pai de Felix Luther Taylor (22 de maio de 1980), que também é artista, e Rory Eleanor Taylor (29 de maio de 1986), uma médica, do casamento com Dominique Beyrand — que ele conheceu em 1976 e com quem se casaria mais tarde, por apenas um mês, em 1988. Seus outros filhos são Rufus Tiger Taylor (8 de março de 1991), que é baterista; Tigerlily Taylor (10 de outubro de 1994), modelo, e Lola Daisy May Leng Taylor (2 de abril de 2000), atriz. A mãe destes é a ex-modelo Debbie Leng. No momento em que escrevo este livro, Roger está casado com a atriz sul-africana Sarina Potgieter.

3 Não que um exame de DNA pudesse ser feito em 1976. Esse tipo de teste ainda não existia. O mapeamento do DNA foi utilizado pela primeira vez na medicina legal inglesa em 1986. Antes disso, os médicos dependiam de exames do tipo sanguíneo e outras proteínas para determinar a possibilidade de alguém ser ou não filho de um determinado pai. Muitas vezes, os resultados eram inconclusivos. Só a partir da década de 1990 os exames passaram a ser confiáveis.

4 O profeta Zoroastro, também conhecido como Zaratustra, pode ter sido contemporâneo de Ciro, o Grande, soberano do império persa no séc. VI a.C. No entanto, indícios linguísticos e arqueológicos sugerem que ele possa ter vivido algum tempo antes, provavelmente entre 1500 e 1200 a.C.

CAPÍTULO 3

1 *O Shahnameh*, ou o "Livro dos Reis", é um poema épico escrito em persa clássico pelo poeta Ferdowsi entre 977 e 1010 d.C. Aclamado hoje como o épico nacional da região do Irã, conta a história e a mitologia do Irã desde a criação do mundo até a conquista muçulmana, no séc. VII.

2 A língua indo-ariana guzerate, derivada do sânscrito (a antiga e sagrada língua do hinduísmo), vem do estado indiano de Gujarate. Falada atualmente por 55,5 milhões de pessoas, é a sexta mais popular da Índia. O guzerate também é a quarta língua estrangeira mais popular em Londres, atrás de bengalês (oficialmente, a segunda língua da cidade), polonês e turco.

3 O mestre em artes Oswald D. Bason foi diretor da St. Peter's School por vinte e sete anos, entre 1947 e 1974, e professor de Freddie. Foi o primeiro diretor indiano da escola, assim como o primeiro clérigo não britânico a exercer a direção. O grande dormitório de Bason Hall na escola recebeu esse nome em sua homenagem.

4 A represa de Dhom, construída entre 1976 e 1982, muitos anos depois de Freddie ter deixado a escola, foi feita para inundar o vale, permitir a irrigação para uso da indústria e da agricultura e

viabilizar o suprimento de água para as cidades e os vilarejos da região, inclusive Panchgani-Mahabaleshwar. A represa também gera energia hidrelétrica.

CAPÍTULO 4

1 Bíblia Sagrada. Mateus, 6:5-8.

CAPÍTULO 5

1 Os documentos do pedido de cidadania de Freddie foram registrados, mantidos e estão disponíveis para o público no National Archives (Arquivo Nacional), Kew, Richmond, Surrey, Inglaterra.

CAPÍTULO 6

1 Joe Fannelli ganhou o apelido de "Liza" porque seu sobrenome fazia Freddie se lembrar da atriz americana Liza Minnelli. Vários outros homens do círculo do cantor receberam nomes drag ou de mulher: Roger Taylor virou "Liz", em homenagem à atriz Liz Taylor. Brian May era "Maggie" (como na música "Maggie May", de Rod Stewart); Peter Freestone era "Phoebe"; John Reid, "Beryl"; Elton John, "Sharon"; Rod Stewart, "Phyllis"; e Paul Prenter, "Trixie". O próprio Freddie era "Melina", inspirado na atriz grega Melina Mercouri. Invertendo o trocadilho, Mary Austin era "Steve". Seu apelido fora inspirado pelo astronauta Steve Austin, da série *O Homem de Seis Milhões de Dólares*, um personagem muito popular interpretado por Lee Majors. Eles podiam reconstruí-lo. Eles tinham a tecnologia. Existe uma sugestão, sem qualquer prova, de que o artista Long John Baldry, pioneiro da cena do rock e do blues na década de 1960 e que chegou ao primeiro lugar na parada britânica em novembro de 1967 com "Let the Heartaches Begin", teria dado início a essa moda, dando apelidos a Elton John e Rod Stewart, com quem ele mesmo montou bandas antes do grande sucesso que ambos tiveram. Como Baldry morreu em 2005, não foi possível checar com ele.

2 *O Estranho Caso de Dr. Jekyll e Mr. Hyde*, ou *O médico e o monstro*, publicado em 1886, é uma lendária novela de terror gótico, de autoria

de Robert Louis Stevenson, que explora o bem e o mal num mesmo personagem. Gizmo e Mogwai apareceram na comédia de terror *Gremlins*, de 1984.

3 Numa entrevista gravada em 2013, Thierry Amsallem conta que tinha vinte e três anos quando conheceu Claude Nobs, o que, feitos os cálculos, se deu em 1987. Thierry também contou algumas histórias num documentário de 2023 do blick.ch, *Découvrez les chalets de Claude Nobs et leurs secrets* ("Descubra os chalés de Claude Nobs e seus segredos"), disponível na internet em francês. Blick é o maior jornal e website em língua alemã da Suíça. Ele concedeu uma longa entrevista para o Festival de Jazz de Montreux daquele ano e já falou diversas vezes nos eventos sobre Freddie Mercury em Montreux. Hoje ele é bastante reconhecido pelo belíssimo papel que vem tendo na preservação do trabalho da vida inteira de seu falecido parceiro Claude Nobs.

4 Vicky Vocat trabalhava para Claude Nobs e chegou a ser administradora do Mountain Studios. Posteriormente, seria porta-voz da instituição de caridade Mercury Phoenix Trust para conscientização e prevenção do HIV e da aids. Em meados da década de 1990, o engenheiro e produtor David Richards adquiriu o estúdio do Queen e o realocou para Attalens. Foi proprietário e administrador do estúdio até morrer, em 2013. Mais tarde, o edifício do Montreux Casino Barrière manteria uma exibição pequena e permanente sobre o Queen, que incluía gravações históricas, filmes e vídeos de shows, um vídeo com o making of do último disco da banda, *Made in Heaven*, fotos, alguns figurinos e outros objetos de interesse. O "Funky Claude", como o Deep Purple o apelidou na música "Smoke on the Water", do disco *Machine Head* (1972), sofreu um acidente na véspera do Natal de 2012, praticando esqui cross-country. Ele entrou em coma e morreu cerca de duas semanas depois.

5 Mais à frente, Jo Burt teria sua própria banda, a Jo Burt Experience, agora rebatizada de Jo Burt and the Lazy Farquhars, de música "anglicana" — segundo ele, um "rock de Nashville com sotaque inglês".

6 *Repos du guerrier* é uma expressão em francês que significa "repouso do guerreiro". Também foi o título de um filme do diretor francês Roger Vadim, de 1962. Quando um nobre guerreiro volta para casa depois de uma longa ausência e de uma batalha difícil, ele encontra a paz, o amor e a tranquilidade, assim como um merecido descanso ao lado de sua amada.

CAPÍTULO 9

1 *Un autre monde*, de J.J. Grandville, com ilustrações de Grandville e texto de Taxile Delord, foi publicado em francês em 1844.

CAPÍTULO 11

1 Bernard Haitink (1929-2021) foi o principal maestro da Orquestra Filarmônica de Londres de 1967 a 1979, diretor musical da Ópera de Glyndebourne por dez anos a partir de 1978 e da Royal Opera House Covent Garden de 1987 a 2002. Seu último concerto foi com a Filarmônica de Viena no KKL Luzern — o Centro de Cultura e Congressos de Lucerna, na Suíça —, em 6 de setembro de 2019, quando já tinha quase noventa anos. Morreu em outubro de 2021, aos noventa e dois anos.

2 A edição especial de 2012 do disco *Barcelona* foi feita com a Orquestra FILM-harmônica de Praga, formada por alguns dos músicos mais importantes da Orquestra Filarmônica Tcheca e da Orquestra Sinfônica de Praga, e percussão ao vivo.

3 O single "Barcelona", lançado em 1987, acabaria se tornando o hino dos Jogos Olímpicos de Verão de 1992, realizados na cidade entre 25 de julho e 9 de agosto daquele ano. Os Jogos tiveram início quase que exatamente oito meses depois que Freddie morreu. Na cerimônia de abertura, Montserrat cantou com os tenores espanhóis Plácido Domingo e José Carreras.

4 A carreira de cinquenta anos de Montserrat Caballé terminou com sua morte em 6 de outubro de 2018, quando ela tinha oitenta e cinco anos, vinte e sete anos depois da morte de Freddie.

CAPÍTULO 12

1 O mercurocromo, ou merbromina, um antisséptico que mistura mercúrio com bromina, é venenoso e muito perigoso se for ingerido. Em outubro de 1998, a FDA dos Estados Unidos alterou a classificação da substância, que deixou de ser "geralmente reconhecida como segura" e passou a ser "não testada", o que, na prática, acabou com sua ampla distribuição nos Estados Unidos. No Reino Unido, ela ainda é vendida como solução antisséptica, também nas formas de líquido e adesivo, sob a marca Mercurochrome.

2 Com 2.400 quilômetros de extensão, o Amu Darya, historicamente conhecido como Oxus, é um imenso rio que atravessa a Ásia Central, cortando o Tajiquistão, o Turcomenistão, o Uzbequistão e o Afeganistão. Como comparação, o maior rio do Reino Unido é o Severn, com 354 quilômetros e o maior dos Estados Unidos é o Missouri, conhecido como "the Big Muddy" (O Grande Lamacento), com 3.767 quilômetros. *Daryā* é a palavra persa para lago ou mar. Os textos árabes medievais chamam esse rio de *Jeyhoun*, derivado de *Gihon*, palavra hebraica que significa "jorrar" ou "irromper". É o nome bíblico de um dos quatro rios do Jardim do Éden — os outros são o Tigre, o Eufrates e o Pison.

CAPÍTULO 13

1 Richard Berkowitz, Michael Callen, Dr Joseph Sonnabend, *How to Have Sex in an Epidemic*. AIDS Medical Foundation, maio de 1983.

Richard Berkowitz, "Staying Alive in the Year of the Plague", *Mandate*, novembro de 1983.

A National Gay Health Education Foundation organizou a Primeira Conferência Internacional de Saúde para Gays e Lésbicas no Loeb Student Center da Universidade de Nova York, em junho de 1984.

How to Have Safe Sex in a Bathhouse foi uma apresentação na Flórida encomendada por Jack Campbell, CEO e fundador da Club Bath Chain (CBC), em fevereiro de 1985.

2 Do romance *Kafka à Beira-Mar*. Traduzido do japonês para o inglês por Philip Gabriel.

CAPÍTULO 14

1 Citado por Rudi Dolezal, em fevereiro de 2019.

2 Um furisode é um quimono japonês formal, com mangas longas e largas.

AGRADECIMENTOS

Escritores trabalham em isolamento, sustentados pela insônia, por suplementos e biscoitos. Dependemos de um pequeno exército para transformar nosso trabalho em livros publicados. Sou muito grata a John Bond, Julia Koppitz, Kiana Palombo e a todos os funcionários ou pessoas ligadas à Whitefox, especialmente Nicola Bigwood e Gill Phillips, que ajudaram a criar e publicar este livro; e para Bridie Shine, mestra em artes, por sua longa pesquisa sobre gênero e sexualidade que forneceu as informações para este livro.

Por toda a amizade e o apoio que me deram a vida inteira, sou extremamente grata a Maureen Ong, Ghee Ong, Jan Moore, Sue Foo, Nelson Foo, Jitna Por, Chye Por, Penny Crosby, Kate Peacock, Julie Ives-Routleff e Karen French; e também a Gönül Güney, Lisa Tsang, Tessa Niles, Pauline Cutler, Richard Hughes, Martin Barden, Ed Phillips, Alison Joyce, Suki Yamamoto, Berni Kilmartin, Leo McLoughlin, Fiz Shapur, Aoibheann Greene, Simon Napier-Bell, Yotin Chaijanla, Clem Cattini, Brian Bennett, Gill Cornell, Jaqui Delbaere e Joan Chappell.

Com amor para Misa, Peter, Ella e Petra; Wendy, Phil e Jess; Gareth, Bev, Cleo e Jesse; Bev, Rob, Nick, Alex e Christian; e a Sam, Chris, Adam e Matty Boy. Hoje é a NASA; amanhã, o universo.

Este livro é dedicado aos meus queridos filhos Mia, Henry e Bridie; à minha mãe, Kathleen, e ao meu pai, Ken; a Lynn Ashby, cuja fé e paixão conduziram a nossa causa e fizeram com que tudo se tornasse possível; e, por fim, à querida memória de Norbert Muller. Daqui partiu um nobre coração.

laj

Setembro de 2025

Impressão e Acabamento:
GEOGRÁFICA EDITORA LTDA.